营业税改征增值税实战操作

栾庆忠 ⊙ 著

『创业中国年度十大杰出会计师』教您实战营改增

中国市场出版社
China Market Press

图书在版编目（CIP）数据

营业税改征增值税实战操作/栾庆忠著．—北京：中国市场出版社，2013.3
ISBN 978-7-5092-1028-4

Ⅰ. ①营… Ⅱ. ①栾… Ⅲ. ①增值税-税收会计-基本知识-中国 Ⅳ. ①F812.42

中国版本图书馆 CIP 数据核字（2013）第 043634 号

书　　名：	营业税改征增值税实战操作
作　　者：	栾庆忠　著
责任编辑：	胡超平
出版发行：	中国市场出版社
地　　址：	北京市西城区月坛北小街 2 号院 3 号楼（100837）
电　　话：	编辑部（010）68037344　读者服务部（010）68022950
	发行部（010）68021338　68020340　68053489
	68024335　68033577　68033539
经　　销：	新华书店
印　　刷：	河北省高碑店市鑫宏源印刷包装有限公司
规　　格：	787×1092 毫米　1/16　18.5 印张　275 千字
版　　本：	2013 年 3 月第 1 版
印　　次：	2013 年 3 月第 1 次印刷
书　　号：	ISBN 978-7-5092-1028-4
定　　价：	50.00 元

前 言

从2012年1月1日起，在上海市交通运输业和部分现代服务业开展营业税改征增值税（简称"营改增"）试点。自2012年8月1日起至年底，将交通运输业和部分现代服务业营业税改征增值税试点范围，由上海市分批扩大至北京、天津、江苏、浙江、安徽、福建、湖北、广东和厦门、深圳10个省（直辖市、计划单列市）。2013年，将有序扩大试点范围，适时将邮电通信、铁路运输、建筑安装等行业纳入改革试点。根据国家和地方财力可能，逐步将营改增扩大到全国。

面对这一重大改革，不论是营改增试点纳税人还是原增值税纳税人都将因税收政策的变化而受到不同程度的影响。此次营改增的改革先在部分地区和部分行业进行试点，但其税收政策却代表着将来全国范围内增值税改革的发展方向。为使纳税人更快掌握营改增税收政策的精髓，全面学习营改增操作实务，减少税务风险，在中国市场出版社胡超平副总编辑的提议下，我编写了这本书。

本书分为三部分，第一部分为第一章至第三章，主要是讲述营改增税收政策；第二部分为第四章和第五章，主要讲述营改增纳税人实际账务处理和纳税申报操作；第三部分为第六章，主要讲述营改增纳税人可能面临的增值税税务风险。

虽然，《增值税纳税实务与节税技巧》（2010年9月第一版，2013年1月第二版）第一版的封面内容被人模仿，但书之特色无法模仿！本书承继了《增值税纳税实务与节税技巧》"实战性、操作性、可读性"的特色，融汇最新营改增税收政策，全面讲解营改增操作实务，重点、难点、热点、盲点，点点精彩，融法于例，以例讲法，帮您轻松掌握营改增政策精髓和实战操作技能！

虽然现在市面上也有不少营改增的书籍，但我相信，本书一定会让您感到与众不同！

借此机会，我再次衷心地感谢所有的读者朋友！读者的支持和厚爱就是我创作的动力和源泉，读者的需求和建议就是我创作的方向和目标。财税工作让我们相识，网络架起了我们沟通的桥梁，拉近了我们的距离，在感谢读者的同时，我希望能够得到读者的宝贵意见和建议，希望和大家经常交流财税方面的业务。大家可以通过电子邮箱（caishuiywjl@163.com）与我交流。

本书在写作过程中，就营改增相关涉税事项与北京华兴盛税务师事务所有限责任公司陈志坚副总经理（中国注册税务师，纳税服务网特聘专家，曾负责过诸多大中型国有及上市公司的审计税务咨询工作，具有丰富的会计报表审计、IPO改制审计、经济责任审计、清产核资审计、管理咨询、税务咨询工作经验。凭借扎实的专业功底接受政府部门的抽调，深度参与国家营业税改征增值税的相关工作）进行了交流，在此表示衷心的感谢！

本书在写作过程中，还参考了《营业税改征增值税政策操作指南与会计实务》一书，参考了北京、江苏等省营改增培训资料，在此一并表示感谢！

在写作过程中，本书严格按照最新税收政策进行编写，精益求精，力求做到全面、权威、实用、专业、准确，但是限于时间和水平，本书难免会存在一些疏漏和不足之处，敬请广大读者批评指正。本书观点和建议仅供读者参考，切忌生搬硬套，实际工作中须特别关注税法政策的变化和主管税务机关的规定。

栾庆忠

2013年2月

目录

第一章 营业税改征增值税政策详解 ………… 1

一、纳税人和扣缴义务人 ………………… 2

二、应税服务范围 ………………………… 6

三、税率和征收率 ………………………… 11

四、应纳税额的计算 ……………………… 12

　（一）一般纳税人提供应税服务适用一般计税方法计税 ………… 12

　（二）小规模纳税人提供应税服务适用简易计税方法计税 ………… 14

　（三）一般纳税人提供特定应税服务可以选择简易计税方法计税 …… 15

　（四）增值税差额征税 ………………… 15

　（五）扣缴税额 ………………………… 20

五、增值税扣税凭证 ……………………… 21

　（一）增值税扣税凭证的种类 ………… 21

　（二）增值税扣税凭证抵扣期限 ……… 25

　（三）一般纳税人发票的认证 ………… 27

　（四）一般纳税人发票的采集 ………… 28

六、增值税专用发票的重要事项 ………… 28

　（一）增值税专用发票限额管理 ……… 28

　（二）增值税专用发票的领购 ………… 29

　（三）增值税专用发票的开具 ………… 30

目录 CONTENTS

（四）一般纳税人作废增值税专用发票重新开具的税法规定 ……… 30
（五）一般纳税人开具红字增值税专用发票的规定 ……………… 31
（六）一般纳税人增值税专用发票抄报税 ……………………… 33
（七）一般纳税人丢失增值税专用发票的处理 ………………… 33
（八）一般纳税人收到失控增值税专用发票的处理 …………… 35
（九）一般纳税人用加油卡加油可否要求加油站直接开具专用发票 …… 36
（十）增值税专用发票的其他规定 …… 36

七、不得从销项税额中抵扣的进项税额 …… 37

八、兼营业务 …………………………… 39

九、混业经营 …………………………… 39

十、增值税纳税义务发生时间 ………… 40

十一、原增值税纳税人与营改增纳税人发生业务适用的有关政策 …… 42
（一）进项税额 ………………………… 42
（二）一般纳税人认定 ………………… 43
（三）增值税期末留抵税额 …………… 44

十二、增值税一般纳税人资格认定 …… 44

（一）一般纳税人认定的三种情况 …… 44
　（二）一般纳税人认定的程序 …… 45
　（三）一般纳税人辅导期管理 …… 48
十三、试点地区发票使用问题 …………… 49
十四、总分机构试点纳税人增值税计算缴纳
　　　办法 …………………………………… 52
十五、增值税的起征点 …………………… 55
十六、增值税纳税地点与纳税期限 ……… 56

**第二章　营业税改征增值税试点应税服务
　　　　过渡政策** ………………………… 57
一、税收优惠过渡政策 …………………… 58
　（一）直接免税的营改增试点服务 …… 58
　（二）增值税即征即退的营改增试点
　　　　服务 …………………………… 63
　（三）增值税优惠项目备案或报批报
　　　　送资料 ………………………… 64
　（四）享受增值税税收优惠政策必须
　　　　注意的事项 ……………………… 66
二、尚未执行完毕的试点前租赁合同的
　　过渡政策 ………………………………… 69
三、跨税种事项 …………………………… 71

3

目录 CONTENTS

第三章 营业税改征增值税试点应税服务出口政策与实务操作 ……………… 73

一、适用零税率的应税服务 …………… 74
 （一）国际运输服务 …………… 74
 （二）向境外单位提供研发服务、设计服务 …………… 74
 （三）营改增试点地区的试点纳税人提供的往返台湾、香港、澳门的交通运输服务以及在台湾、香港、澳门提供的交通运输服务，适用增值税零税率 …………… 75

二、适用增值税零税率应税服务免抵退税办法 …………… 75
 （一）免抵退税办法的计算 ………… 75
 （二）出口退（免）税认定 ………… 78
 （三）增值税纳税和免抵退税相关申报 …………… 78

三、免征增值税的应税服务 …………… 81

第四章 营业税改征增值税试点纳税人实务操作 …………… 83

一、纳税人增值税会计科目的设置 ……… 84

（一）一般纳税人增值税会计科目的
　　　设置 …………………………… 84
（二）小规模纳税人增值税会计科目
　　　的设置 ………………………… 87
二、纳税人购入货物或接受应税劳务（服务）
　　的增值税账务处理 ………………… 87
三、纳税人接受捐赠转入货物的增值税
　　账务处理 …………………………… 90
四、纳税人接受投资转入货物的增值税
　　账务处理 …………………………… 90
五、纳税人利润分配转入的货物的增值税
　　账务处理 …………………………… 91
六、纳税人购进货物、接受加工修理修配劳
　　务或者应税服务用于非应税项目或免税
　　项目的增值税账务处理 …………… 91
七、纳税人货物非正常损失及改变用途等
　　相关的交通运输业服务的增值税账
　　务处理 ……………………………… 92
八、接受境外单位提供应税服务扣缴税款的
　　账务处理 …………………………… 94
九、纳税人提供应税服务的增值税
　　账务处理 …………………………… 95

目录 CONTENTS

十、纳税人适用简易计税方法的应税项目的增值税账务处理 ……………………… 96

十一、纳税人提供应税服务的价格明显偏低或者偏高且不具有合理商业目的、视同提供应税服务的增值税账务处理 ……… 97

十二、纳税人视同销售的增值税账务处理 …………………………………… 98

十三、纳税人提供应税服务收取价外费用的增值税账务处理 …………………… 100

十四、现金折扣、商业折扣、销售折让的增值税账务处理 ………………………… 101

 （一）现金折扣 …………………… 101
 （二）商业折扣 …………………… 102
 （三）销售折让 …………………… 103

十五、纳税人混业经营的账务处理 …… 104

十六、纳税人兼营营业税应税项目、免征增值税项目等情况的账务处理 105

十七、纳税人差额征税的账务处理 ……………………………………… 107

 （一）一般纳税人的账务处理 ……………………………………… 107
 （二）小规模纳税人的账务处理 …… 110

目录

十八、纳税人新增固定资产的
　　账务处理 …………………… 111
　（一）外购固定资产的账务
　　　　处理 …………………… 112
　（二）捐赠转入固定资产的账务
　　　　处理 …………………… 113
　（三）接受投资转入的固定资产的
　　　　账务处理 ……………… 114
　（四）自行建造固定资产的账务
　　　　处理 …………………… 114
十九、纳税人已抵扣进项税额的固定资产进
　　项税转出的增值税账务处理 …… 114
二十、纳税人销售自己使用过的固定资产的
　　账务处理 …………………… 115
二十一、纳税人取得过渡性财政扶持资金的
　　　账务处理 ………………… 118
二十二、纳税人增值税优惠政策的账务
　　　处理 ……………………… 118
　（一）增值税"直接免征"的账务
　　　　处理 …………………… 118
　（二）增值税"直接减征"的账务
　　　　处理 …………………… 120

目录 CONTENTS

  （三）增值税"即征即退"、"先征后退"、"先征后返"的账务处理 ………… 121

二十三、纳税人增值税税控系统专用设备和技术维护费用抵减增值税额的账务处理 ………………………… 124

  （一）增值税一般纳税人的账务处理 ……………………………… 125

  （二）小规模纳税人的账务处理 ……………………………… 126

二十四、纳税人增值税期末留抵税额的账务处理 ……………………… 127

二十五、纳税人月末缴纳增值税的账务处理 ……………………………… 131

二十六、纳税人增值税检查调整的账务处理 ……………………………… 132

  （一）年终结账前查补进项税方面的账务调整 …………………… 132

  （二）年终结账后对以往年度增值税查补的调整 ………………… 134

二十七、辅导期一般纳税人的特殊账务处理 ……………………………… 136

（一）"待抵扣进项税额"的账务
　　　处理 …………………………… 136
（二）"增购发票预缴税款"的账务
　　　处理 …………………………… 136
二十八、试点零税率应税服务出口免抵退税
　　　的账务处理 ………………………… 138

**第五章　营业税改征增值税试点地区纳税申报
　　　实务操作** ……………………… 143
一、试点地区增值税纳税申报有关
　　事项 ……………………………………… 144
（一）纳税申报表及其附列资料 …… 144
（二）纳税申报其他资料 …………… 146
（三）增值税一般纳税人"一窗式"比对
　　　的基本内容 …………………… 146
（四）增值税一般纳税人"一窗式"比对
　　　基本流程 ……………………… 148
（五）一般纳税人申报表填列特别需要
　　　注意的事项 …………………… 149
（六）小规模纳税人申报表填列特别需要
　　　注意的事项 …………………… 153
二、试点地区增值税纳税申报表及其附列
　　资料的填写示范 ………………………… 153

目录 CONTENTS

附件1：《增值税纳税申报表（适用于增值税一般纳税人）》及其附列资料填表说明 …………………… 162

附件2：《增值税纳税申报表（适用于增值税小规模纳税人）》及其附列资料填表说明 …………………… 180

第六章 营业税改征增值税纳税人常见税务风险 ………………… 185

一、销项税额的税务风险 ………… 186
  （一）增值税纳税义务发生时间 …… 186
  （二）视同提供应税服务行为 ……… 187
  （三）差额征税 …………………… 187
  （四）销售额 ……………………… 188
  （五）价外费用 …………………… 189
  （六）适用税率 …………………… 189
  （七）兼营行为 …………………… 190
  （八）销售收入完整性 …………… 190

二、进项税额的税务风险 ………… 190
  （一）增值税扣税凭证 …………… 190
  （二）不应该抵扣而抵扣进项税额 …………………………… 191

（三）应作进项税额转出而未作进项税额转出 …………………… 193
（四）扣税凭证要符合规定，资料要齐全 …………………… 193
（五）抵扣率要准确 …………………… 194
三、发票使用管理税务风险 …………… 194
（一）不得开具增值税专用发票而开具 …………………… 195
（二）增值税发票不及时认证 … 195
（三）虚开发票 ………………… 196
（四）接受非试点地区运输费用结算单据 …………………… 198
四、税控设备管理税务风险 …………… 200
（一）防伪税控专用设备被盗、丢失 …………………… 200
（二）未按照规定安装、使用税控装置 …………………… 200
五、逾期申报、逾期缴税的税务风险 …………………………… 201
（一）逾期申报 ………………… 201
（二）逾期缴税 ………………… 201
六、纳税人销售额超过小规模纳税人标准不认定的税务风险 ……… 202

目录 CONTENTS

七、账务处理的税务风险 …………… 202
八、财政补贴申请材料的操作风险 …… 203
九、节税筹划的操作风险 …………… 204

附录一 营业税改征增值税相关政策一览 ………… 206

附录二 营业税改征增值税相关政策 …… 208
财政部 国家税务总局关于印发《营业税改征增值税试点方案》的通知 …………… 208
财政部 国家税务总局关于在上海市开展交通运输业和部分现代服务业营业税改征增值税试点的通知 …………… 211
国家税务总局关于上海市营业税改征增值税试点增值税一般纳税人资格认定有关事项的公告 …………… 236
国家税务总局关于调整增值税纳税申报有关事项的公告 …………… 237
国家税务总局关于启用货物运输业增值税专用发票的公告 …………… 239
国家税务总局关于营业税改征增值税试点有关税收征收管理问题的公告 ………… 240

财政部 国家税务总局关于应税服务适用增值税零税率和免税政策的通知 ………… 243

总机构试点纳税人增值税计算缴纳暂行办法 ………… 244

财政部 国家税务总局关于交通运输业和部分现代服务业营业税改征增值税试点若干税收政策的通知 ………… 246

财政部 国家税务总局关于交通运输业和部分现代服务业营业税改征增值税试点若干税收政策的补充通知 ………… 249

财政部 国家税务总局关于在北京等8省市开展交通运输业和部分现代服务业营业税改征增值税试点的通知 ………… 250

关于营业税改征增值税试点中文化事业建设费征收有关问题的通知 ………… 253

财政部关于印发《营业税改征增值税试点有关企业会计处理规定》的通知 ………… 254

国家税务总局关于发布《营业税改征增值税试点地区适用增值税零税率应税服务免抵退税管理办法（暂行）》的公告 ……… 257

国家税务总局关于北京等8省市营业税改征增值税试点增值税一般纳税人资格认定有关事项的公告 ………… 263

目录
CONTENTS

国家税务总局关于北京等8省市营业税改征增值税试点有关税收征收管理问题的公告 …………………… 264

国家税务总局关于北京等8省市营业税改征增值税试点增值税纳税申报有关事项的公告 …………………… 267

财政部 国家税务总局关于交通运输业和部分现代服务业营业税改征增值税试点应税服务范围等若干税收政策的补充通知 …… 269

财政部 国家税务总局关于营业税改征增值税试点中文化事业建设费征收问题的补充通知 …………………………………… 271

国家税务总局关于营业税改征增值税试点文化事业建设费缴费信息登记有关事项的公告 …………………………………… 273

国家税务总局关于营业税改征增值税试点文化事业建设费申报有关事项的公告 ……… 274

财政部 国家税务总局关于印发《总分支机构试点纳税人增值税计算缴纳暂行办法》的通知 …………………………………… 275

财政部 国家税务总局关于部分航空公司执行总分机构试点纳税人增值税计算缴纳暂行办法的通知 ……………………………… 277

第一章 营业税改征增值税政策详解

一、纳税人和扣缴义务人

1. 在中华人民共和国境内（以下称境内）提供交通运输业和部分现代服务业服务（以下称应税服务）的单位和个人，为增值税纳税人。

单位，是指企业、行政单位、事业单位、军事单位、社会团体及其他单位。

个人，是指个体工商户和其他个人。

2. 单位以承包、承租、挂靠方式经营的，承包人、承租人、挂靠人（以下称承包人）以发包人、出租人、被挂靠人（以下称发包人）名义对外经营并由发包人承担相关法律责任的，以该发包人为纳税人。否则，以承包人为纳税人。

[温馨提醒]

以承包人名义对外经营，以承包人为增值税纳税人；以发包人名义对外经营但发包人不承担相关法律责任的，以承包人为增值税纳税人；以试点地区外的发包人名义对外经营并由发包人承担相关法律责任的，以该发包人为营业税纳税人，仍缴纳营业税。

【例1-1】 李某（试点地区纳税人）与试点地区纳税人S运输公司签订挂靠协议，以S运输公司名义对外经营，但领取独立营运证件，自备运输工具在试点地区独立开展运输服务并承担法律责任，那么按照规定李某应办理税务登记，并确定为增值税纳税人，缴纳增值税。

李某（试点地区纳税人）与试点地区纳税人S运输公司签订挂靠协议，以S运输公司名义对外经营并由S运输公司承担相关法律责任的，以S运输公司为增值税纳税人，缴纳增值税。

李某（试点地区纳税人）与非试点地区纳税人F运输公司签订挂靠协议，以F运输公司名义对外经营，但领取独立营运证件，自备运输工具在试点地区独立开展运输服务并承担法律责任，那么按照规定李某应办理税务登记，并确定为增值税纳税人，缴纳增值税。

李某（试点地区纳税人）与非试点地区纳税人F运输公司签订挂靠协

议，以 F 运输公司名义对外经营并由 F 运输公司承担相关法律责任的，以 F 运输公司为营业税纳税人，仍缴纳营业税。

3. 纳税人分为一般纳税人和小规模纳税人。

应税服务的年应征增值税销售额（以下称应税服务年销售额）超过财政部和国家税务总局规定标准的纳税人为一般纳税人，未超过规定标准的纳税人为小规模纳税人。

应税服务年销售额标准为 500 万元（含本数），财政部和国家税务总局可以根据试点情况对应税服务年销售额标准进行调整。

应税服务年销售额超过规定标准的其他个人不属于一般纳税人；非企业性单位、不经常提供应税服务的企业和个体工商户可选择按照小规模纳税人纳税。

试点纳税人中的一般纳税人提供的公共交通运输服务（包括轮客渡、公交客运、轨道交通、出租车），可以选择按照简易计税方法计算缴纳增值税。

[温馨提醒]

1. 应税服务年销售额，是指试点纳税人在连续不超过 12 个月的经营期内，提供交通运输业和部分现代服务业服务的累计销售额，含免税、减税销售额。特别注意两点：(1) 年销售额的判定并不是指公历年，而是规定在连续 12 个月内，含未取得营业收入的月份；(2) 应税服务年销售额包括免税、减税销售额。

2. 应税货物及劳务的销售额与应税服务的销售额，应分别按各自标准判断是否符合一般纳税人认定的条件。兼营应税货物及劳务与应税服务的，只要符合其中一项标准就均应认定为一般纳税人，且一经认定，所有销售额均适用一般纳税人计税方法，不得对未达标部分单独适用小规模纳税人计税方法。

[相关链接]

经营应税货物及劳务的增值税一般纳税人资格认定条件有两类，分别为：

1. 增值税纳税人（以下简称纳税人），年应税销售额超过财政部、国家税务总局规定的小规模纳税人标准的，除特殊规定外，应当向主管税务机关申请一般纳税人资格认定。

（1）年应税销售额，是指纳税人在连续不超过 12 个月的经营期内（含未取得销售收入的月份）累计应征增值税销售额，包括纳税申报销售额、稽查查补销售额、纳税评估调整销售额、税务机关代开发票销售额和免税销售额。稽查查补销售额和纳税评估调整销售额计入查补税款申报当月的销售额，不计入税款所属期销售额。

（2）超过财政部、国家税务总局规定的小规模纳税人标准是指：从事货物生产或者提供应税劳务的纳税人，以及以从事货物生产或者提供应税劳务为主，并兼营货物批发或者零售的纳税人，年应征增值税销售额在 50 万元以上的；除此规定以外的纳税人，年应税销售额在 80 万元以上的。以从事货物生产或者提供应税劳务为主，是指纳税人的年货物生产或者提供应税劳务的销售额占年应税销售额的比重在 50% 以上。

（3）特殊规定是指不办理一般纳税人资格认定的纳税人，具体有：

①个体工商户以外的其他个人，即自然人；

②选择按照小规模纳税人纳税的非企业性单位，即行政单位、事业单位、军事单位、社会团体和其他单位；

③选择按照小规模纳税人纳税的不经常发生应税行为的企业，即非增值税纳税人。

2. 年应税销售额未超过财政部、国家税务总局规定的小规模纳税人标准以及新开业的纳税人，可以向主管税务机关申请一般纳税人资格认定。

对提出申请并且同时符合下列条件的纳税人，主管税务机关应当为其办理一般纳税人资格认定：

（1）有固定的生产经营场所；

（2）能够按照国家统一的会计制度规定设置账簿，根据合法、有效凭证核算，能够提供准确税务资料。

4. 小规模纳税人会计核算健全，能够提供准确税务资料的，可以向主管税务机关申请一般纳税人资格认定，成为一般纳税人。

会计核算健全，是指能够按照国家统一的会计制度规定设置账簿，根据合法、有效凭证核算。

5. 符合一般纳税人条件的纳税人应当向主管税务机关申请一般纳税人资格认定。具体认定办法由国家税务总局制定。

除国家税务总局另有规定外，一经认定为一般纳税人后，不得转为小规模纳税人。

6. 中华人民共和国境外（以下称境外）的单位或者个人在境内提供应税服务，在境内未设有经营机构的，以其代理人为增值税扣缴义务人；在境内没有代理人的，以接受方为增值税扣缴义务人。

[温馨提醒]

1. 在境内未设有经营机构是存在扣缴义务人的前提，若是在境内设有经营机构，则不存在扣缴义务人的问题。

2. 在境内提供应税服务，是指应税服务提供方或者接受方在境内。下列情形不属于在境内提供应税服务：

(1) 境外单位或者个人向境内单位或者个人提供完全在境外消费的应税服务。

(2) 境外单位或者个人向境内单位或者个人出租完全在境外使用的有形动产。

(3) 财政部和国家税务总局规定的其他情形。

3. 代扣代缴增值税的情形：

(1) 以境内代理人为扣缴义务人的，境内代理人和接受方的机构所在地或者居住地均在试点地区；

(2) 以接受方为扣缴义务人的，接受方的机构所在地或者居住地在试点地区。

4. 不符合上述情形的，仍按照现行营业税有关规定代扣代缴营业税。

7. 两个或者两个以上的纳税人，经财政部和国家税务总局批准可以视为一个纳税人合并纳税。具体办法由财政部和国家税务总局另行制定。

[营改增税收政策]

《财政部 国家税务总局关于在上海市开展交通运输业和部分现代服务业营业税改征增值税试点的通知》（财税〔2011〕111号）附件1《交通运输业和部分现代服务业营业税改征增值税试点实施办法》

二、应税服务范围

1. 应税服务，是指陆路运输服务、水路运输服务、航空运输服务、管道运输服务、研发和技术服务、信息技术服务、文化创意服务、物流辅助服务、有形动产租赁服务、鉴证咨询服务。

应税服务的具体范围按照《应税服务范围注释》和正式文件补充规定执行。试点纳税人经营行为是否征收增值税，应以《应税服务范围注释》和正式文件补充规定作为独立和唯一的判断标准。

2. 提供应税服务，是指有偿提供应税服务。

有偿，是指取得货币、货物或者其他经济利益。

非营业活动中提供的交通运输业和部分现代服务业服务不属于提供应税服务。非营业活动是指：

（1）非企业性单位按照法律和行政法规的规定，为履行国家行政管理和公共服务职能收取政府性基金或者行政事业性收费的活动。

（2）单位或者个体工商户聘用的员工为本单位或者雇主提供交通运输业和部分现代服务业服务。

（3）单位或者个体工商户为员工提供交通运输业和部分现代服务业服务。

（4）财政部和国家税务总局规定的其他情形。

3. 在境内提供应税服务，是指应税服务提供方或者接受方在境内。

下列情形不属于在境内提供应税服务：

（1）境外单位或者个人向境内单位或者个人提供完全在境外消费的应税服务。

（2）境外单位或者个人向境内单位或者个人出租完全在境外使用的有

形动产。

(3) 财政部和国家税务总局规定的其他情形。

4. 单位和个体工商户的下列情形，视同提供应税服务：

(1) 向其他单位或者个人无偿提供交通运输业和部分现代服务业服务，但以公益活动为目的或者以社会公众为对象的除外。

(2) 财政部和国家税务总局规定的其他情形。

5. 应税服务范围注释详细规定，见表1-1。

表1-1

应税服务范围注释详细规定——交通运输业		
行业名称	税率（征收率）	应税服务范围注释
陆路运输服务	11%（税率）、3%（征收率）	陆路运输服务，是指通过陆路（地上或者地下）运送货物或者旅客的运输业务活动，包括公路运输、缆车运输、索道运输及其他陆路运输，暂不包括铁路运输。
水路运输服务	11%（税率）、3%（征收率）	水路运输服务，是指通过江、河、湖、川等天然、人工水道或者海洋航道运送货物或者旅客的运输业务活动。 远洋运输的程租、期租业务，属于水路运输服务。 程租业务，是指远洋运输企业为租船人完成某一特定航次的运输任务并收取租赁费的业务。 期租业务，是指远洋运输企业将配备有操作人员的船舶承租给他人使用一定期限，承租期内听候承租方调遣，不论是否经营，均按天向承租方收取租赁费，发生的固定费用均由船东负担的业务。
航空运输服务	11%（税率）、3%（征收率）	航空运输服务，是指通过空中航线运送货物或者旅客的运输业务活动。 航空运输的湿租业务，属于航空运输服务。 湿租业务，是指航空运输企业将配备有机组人员的飞机承租给他人使用一定期限，承租期内听候承租方调遣，不论是否经营，均按一定标准向承租方收取租赁费，发生的固定费用均由承租方承担的业务。
管道运输服务	11%（税率）、3%（征收率）	管道运输服务，是指通过管道设施输送气体、液体、固体物质的运输业务活动。

续表

应税服务范围注释详细规定——部分现代服务业		
行业名称	税率（征收率）	应税服务范围注释
研发和技术服务	6%（税率）、3%（征收率）	研发和技术服务，包括研发服务、技术转让服务、技术咨询服务、合同能源管理服务、工程勘察勘探服务。 1. 研发服务，是指就新技术、新产品、新工艺或者新材料及其系统进行研究与试验开发的业务活动。 2. 技术转让服务，是指转让专利或者非专利技术的所有权或者使用权的业务活动。 3. 技术咨询服务，是指对特定技术项目提供可行性论证、技术预测、专题技术调查、分析评价报告和专业知识咨询等业务活动。 4. 合同能源管理服务，是指节能服务公司与用能单位以契约形式约定节能目标，节能服务公司提供必要的服务，用能单位以节能效果支付节能服务公司投入及其合理报酬的业务活动。 5. 工程勘察勘探服务，是指在采矿、工程施工以前，对地形、地质构造、地下资源蕴藏情况进行实地调查的业务活动。
信息技术服务	6%（税率）、3%（征收率）	信息技术服务，是指利用计算机、通信网络等技术对信息进行生产、收集、处理、加工、存储、运输、检索和利用，并提供信息服务的业务活动。包括软件服务、电路设计及测试服务、信息系统服务和业务流程管理服务。 1. 软件服务，是指提供软件开发服务、软件咨询服务、软件维护服务、软件测试服务的业务行为。 2. 电路设计及测试服务，是指提供集成电路和电子电路产品设计、测试及相关技术支持服务的业务行为。 3. 信息系统服务，是指提供信息系统集成、网络管理、桌面管理与维护、信息系统应用、基础信息技术管理平台整合、信息技术基础设施管理、数据中心、托管中心、安全服务的业务行为。 4. 业务流程管理服务，是指依托计算机信息技术提供的人力资源管理、财务经济管理、金融支付服务、内部数据分析、呼叫中心和电子商务平台等服务的业务活动。
文化创意服务	6%（税率）、3%（征收率）	文化创意服务，包括设计服务、商标著作权转让服务、知识产权服务、广告服务和会议展览服务。 1. 设计服务，是指把计划、规划、设想通过视觉、文字等形式传递出来的业务活动。包括工业设计、造型设计、服装设计、环境设计、平面设计、包装设计、动漫设计、展示设计、网站设计、机械设计、工程设计、创意策划等。 2. 商标著作权转让服务，是指转让商标、商誉和著作权的业务活动。

续表

行业名称	税率（征收率）	应税服务范围注释
		3. 知识产权服务，是指处理知识产权事务的业务活动。包括对专利、商标、著作权、软件、集成电路布图设计的代理、登记、鉴定、评估、认证、咨询、检索服务。 4. 广告服务，是指利用图书、报纸、杂志、广播、电视、电影、幻灯、路牌、招贴、橱窗、霓虹灯、灯箱、互联网等各种形式为客户的商品、经营服务项目、文体节目或者通告、声明等委托事项进行宣传和提供相关服务的业务活动。包括广告的策划、设计、制作、发布、播映、宣传、展示等。 5. 会议展览服务，是指为商品流通、促销、展示、经贸洽谈、民间交流、企业沟通、国际往来等举办的各类展览和会议的业务活动。
物流辅助服务	6%（税率）、3%（征收率）	物流辅助服务，包括航空服务、港口码头服务、货运客运场站服务、打捞救助服务、货物运输代理服务、代理报关服务、仓储服务和装卸搬运服务。 1. 航空服务，包括航空地面服务和通用航空服务。 航空地面服务，是指航空公司、飞机场、民航管理局、航站等向在我国境内航行或者在我国境内机场停留的境内外飞机或者其他飞行器提供的导航等劳务性地面服务的业务活动。包括旅客安全检查服务、停机坪管理服务、机场候机厅管理服务、飞机清洗消毒服务、空中飞行管理服务、飞机起降服务、飞行通讯服务、地面信号服务、飞机安全服务、飞机跑道管理服务、空中交通管理服务等。 通用航空服务，是指为专业工作提供飞行服务的业务活动，包括航空摄影，航空测量，航空勘探，航空护林，航空吊挂播洒，航空降雨等。 2. 港口码头服务，是指港务船舶调度服务、船舶通讯服务、航道管理服务、航道疏浚服务、灯塔管理服务、航标管理服务、船舶引航服务、理货服务、系解缆服务、停泊和移泊服务、海上船舶溢油清除服务、水上交通管理服务、船只专业清洗消毒检测服务和防止船只漏油服务等为船只提供服务的业务活动。 3. 货运客运场站服务，是指货运客运场站（不包括铁路运输）提供的货物配载服务、运输组织服务、中转换乘服务、车辆调度服务、票务服务和车辆停放服务等业务活动。 4. 打捞救助服务，是指提供船舶人员救助、船舶财产救助、水上救助和沉船沉物打捞服务的业务活动。 5. 货物运输代理服务，是指接受货物收货人、发货人的委托，以委托人的名义或者以自己的名义，在不直接提供货物运输劳务情况下，为委托人办理货物运输及相关业务手续的业务活动。

续表

行业名称	税率（征收率）	应税服务范围注释
		6. 代理报关服务，是指接受进出口货物的收、发货人委托，代为办理报关手续的业务活动。 7. 仓储服务，是指利用仓库、货场或者其他场所代客贮放、保管货物的业务活动。 8. 装卸搬运服务，是指使用装卸搬运工具或人力、畜力将货物在运输工具之间、装卸现场之间或者运输工具与装卸现场之间进行装卸和搬运的业务活动。
有形动产租赁服务	17%（税率）、3%（征收率）	有形动产租赁，包括有形动产融资租赁和有形动产经营性租赁。 1. 有形动产融资租赁，是指具有融资性质和所有权转移特点的有形动产租赁业务活动。即出租人根据承租人所要求的规格、型号、性能等条件购入有形动产租赁给承租人，合同期内设备所有权属于出租人，承租人只拥有使用权，合同期满付清租金后，承租人有权按照残值购入有形动产，以拥有其所有权。不论出租人是否将有形动产残值销售给承租人，均属于融资租赁。 2. 有形动产经营性租赁，是指在约定时间内将物品、设备等有形动产转让他人使用且租赁物所有权不变更的业务活动。 远洋运输的光租业务、航空运输的干租业务，属于有形动产经营性租赁。 光租业务，是指远洋运输企业将船舶在约定的时间内出租给他人使用，不配备操作人员，不承担运输过程中发生的各项费用，只收取固定租赁费的业务活动。 干租业务，是指航空运输企业将飞机在约定的时间内出租给他人使用，不配备机组人员，不承担运输过程中发生的各项费用，只收取固定租赁费的业务活动。
鉴证咨询服务	6%（税率）、3%（征收率）	鉴证咨询服务，包括认证服务、鉴证服务和咨询服务。 1. 认证服务，是指具有专业资质的单位利用检测、检验、计量等技术，证明产品、服务、管理体系符合相关技术规范、相关技术规范的强制性要求或者标准的业务活动。 2. 鉴证服务，是指具有专业资质的单位，为委托方的经济活动及有关资料进行鉴证，发表具有证明力的意见的业务活动。包括会计、税务、资产评估、律师、房地产土地评估、工程造价的鉴证。 3. 咨询服务，是指提供和策划财务、税收、法律、内部管理、业务运作和流程管理等信息或者建议的业务活动。

续表

行业名称	税率（征收率）	应税服务范围注释
补充规定	根据税目确定税率或征收率	建筑图纸审核服务、环境评估服务、医疗事故鉴定服务，按照"鉴证服务"征收增值税；代理记账服务按照"咨询服务"征收增值税；文印晒图服务按照"设计服务"征收增值税；组织安排会议或展览的服务按照"会议展览服务"征收增值税；港口设施经营人收取的港口设施保安费按照"港口码头服务"征收增值税；网站对非自有的网络游戏提供的网络运营服务按照"信息系统服务"征收增值税；出租车公司向出租车司机收取的管理费用，出租车属于出租车公司的，按照"陆路运输服务"征收增值税，出租车属于出租车司机的，不征收增值税。船舶代理服务属于"货物运输代理服务"，国际船舶代理服务属于国际货物运输代理服务。

[营改增税收政策]

1.《财政部 国家税务总局关于交通运输业和部分现代服务业营业税改征增值税试点应税服务范围等若干税收政策的补充通知》（财税〔2012〕86号）

2.《财政部 国家税务总局关于在上海市开展交通运输业和部分现代服务业营业税改征增值税试点的通知》（财税〔2011〕111号）

三、税率和征收率

1. 增值税税率：

（1）提供有形动产租赁服务，税率为17%。

（2）提供交通运输业服务，税率为11%。

（3）提供现代服务业服务（有形动产租赁服务除外），税率为6%。

（4）财政部和国家税务总局规定的应税服务，税率为零。

2. 增值税征收率为3%，适用于以下情况：

（1）小规模纳税人。

（2）一般纳税人提供财政部和国家税务总局规定的特定应税服务，可以选择适用简易计税方法计税，但一经选择，36个月内不得变更。

[营改增税收政策]

《财政部 国家税务总局关于在上海市开展交通运输业和部分现代服务业营业税改征增值税试点的通知》(财税〔2011〕111号)附件1《交通运输业和部分现代服务业营业税改征增值税试点实施办法》

四、应纳税额的计算

增值税的计税方法,包括一般计税方法和简易计税方法。

(一) 一般纳税人提供应税服务适用一般计税方法计税

一般计税方法下的应纳税额,是指当期销项税额抵扣当期进项税额后的余额。应纳税额计算公式为:

$$应纳税额 = 当期销项税额 - 当期进项税额$$

[温馨提醒]

当期销项税额小于当期进项税额不足抵扣时,其不足部分可以结转下期继续抵扣。

1. 销项税额,是指纳税人提供应税服务按照销售额和增值税税率计算的增值税额。销项税额计算公式为:

$$销项税额 = 销售额 \times 税率$$
$$销售额 = 含税销售额 \div (1 + 税率)$$

销售额,是指纳税人提供应税服务取得的全部价款和价外费用。

[温馨提醒]

增值税应税服务的计税依据为不含税销售额,这一点与营业税计税依据不同。

价外费用，是指价外收取的各种性质的价外收费，但不包括代为收取的政府性基金或者行政事业性收费。

价外费用包括价外向购买方收取的手续费、补贴、基金、集资费、返还利润、奖励费、违约金、滞纳金、延期付款利息、赔偿金、代收款项、代垫款项、包装费、包装物租金、储备费、优质费、运输装卸费以及其他各种性质的价外收费。

纳税人提供应税服务的价格明显偏低或者偏高且不具有合理商业目的的，或者发生视同提供应税服务而无销售额的，主管税务机关有权按照下列顺序确定销售额：

（1）按照纳税人最近时期提供同类应税服务的平均价格确定。

（2）按照其他纳税人最近时期提供同类应税服务的平均价格确定。

（3）按照组成计税价格确定。组成计税价格的公式为：

$$组成计税价格=成本\times(1+成本利润率)$$

成本利润率由国家税务总局确定。

纳税人按照人民币以外的货币结算销售额的，应当折合成人民币计算，折合率可以选择销售额发生的当天或者当月1日的人民币汇率中间价。纳税人应当在事先确定采用何种折合率，确定后12个月内不得变更。

2. 进项税额，是指纳税人购进货物或者接受加工修理修配劳务和应税服务，支付或者负担的增值税税额。

下列进项税额准予从销项税额中抵扣：

（1）从销售方或者提供方取得的增值税专用发票上注明的增值税额。

（2）从海关取得的海关进口增值税专用缴款书上注明的增值税额。

（3）购进农产品，除取得增值税专用发票或者海关进口增值税专用缴款书外，按照农产品收购发票或者销售发票上注明的农产品买价和13%的扣除率计算的进项税额。计算公式为：

$$进项税额=买价\times 扣除率$$

买价，是指纳税人购进农产品在农产品收购发票或者销售发票上注明的价款和按照规定缴纳的烟叶税。

(4) 接受交通运输业服务,除取得增值税专用发票外,按照运输费用结算单据上注明的运输费用金额和 7‰ 的扣除率计算的进项税额。进项税额计算公式为:

$$进项税额 = 运输费用金额 \times 扣除率$$

运输费用金额,是指运输费用结算单据上注明的运输费用(包括铁路临管线及铁路专线运输费用)、建设基金,不包括装卸费、保险费等其他杂费。

试点纳税人接受试点纳税人中的小规模纳税人提供的交通运输业服务,按照取得的增值税专用发票上注明的价税合计金额和 7‰ 的扣除率计算进项税额。

试点纳税人从试点地区取得的该地区试点实施之日(含)以后开具的运输费用结算单据(铁路运输费用结算单据除外),不得作为增值税扣税凭证。

(5) 接受境外单位或者个人提供的应税服务,从税务机关或者境内代理人取得的解缴税款的中华人民共和国税收通用缴款书(以下称"通用缴款书")上注明的增值税额。

[温馨提醒]

以通用缴款书作为扣税凭证,需满足两个条件:一是代扣代缴增值税,二是应税服务。

(1) 接受境外单位或个人提供的营业税服务,代扣代缴营业税的税收通用缴款书不允许抵扣。

(2) 接受境外单位或个人在境内提供的加工修理修配劳务,代扣代缴增值税的税收通用缴款书不允许抵扣。

3. 纳税人提供的适用一般计税方法计税的应税服务,因服务中止或者折让而退还给购买方的增值税额,应当从当期的销项税额中扣减;发生服务中止、购进货物退出、折让而收回的增值税额,应当从当期的进项税额中扣减。

(二)小规模纳税人提供应税服务适用简易计税方法计税

简易计税方法下的应纳税额,是指按照销售额和增值税征收率计算的增值税额，不得抵扣进项税额。应纳税额计算公式为：

应纳税额＝销售额×征收率

销售额＝含税销售额÷(1＋征收率)

纳税人提供的适用简易计税方法计税的应税服务，因服务中止或者折让而退还给接受方的销售额，应当从当期销售额中扣减。扣减当期销售额后仍有余额造成多缴的税款，可以从以后的应纳税额中扣减。

一般纳税人提供财政部和国家税务总局规定的特定应税服务，可以选择适用简易计税方法计税，但一经选择，36个月内不得变更。

（三）一般纳税人提供特定应税服务可以选择按简易计税方法计税

一般纳税人提供以下特定应税服务可以选择按简易计税方法计税：

1. 试点纳税人中的一般纳税人提供的公共交通运输服务（包括轮客渡、公交客运、轨道交通、出租车），可以选择按照简易计税方法计算缴纳增值税。

2. 试点纳税人中的一般纳税人，以试点实施之前购进或者自制的有形动产为标的物提供的经营租赁服务，试点期间可以选择适用简易计税方法计算缴纳增值税。

3. 长途客运、班车（指按固定路线、固定时间运营并在固定停靠站停靠的运送旅客的陆路运输服务）、地铁、城市轻轨服务属于《交通运输业和部分现代服务业营业税改征增值税试点有关事项的规定》（财税〔2011〕111号）第一条第（五）项第2款规定的公共交通运输服务。试点纳税人中的一般纳税人提供上述服务，可以选择按照简易计税方法计算缴纳增值税。

（四）增值税差额征税

1.《财政部 国家税务总局关于在上海市开展交通运输业和部分现代服务业营业税改征增值税试点的通知》（财税〔2011〕111号）附件2第一条第（三）项规定：

（1）试点纳税人提供应税服务，按照国家有关营业税政策规定差额征收营业税的，允许其以取得的全部价款和价外费用，扣除支付给非试点纳税人（指试点地区不按照《试点实施办法》缴纳增值税的纳税人和非试点地区的纳税人)价款后的余额为销售额。

(2) 试点纳税人中的小规模纳税人提供交通运输业服务和国际货物运输代理服务,按照国家有关营业税政策规定差额征收营业税的,其支付给试点纳税人的价款,也允许从其取得的全部价款和价外费用中扣除。

(3) 试点纳税人中的一般纳税人提供国际货物运输代理服务,按照国家有关营业税政策规定差额征收营业税的,其支付给试点纳税人的价款,也允许从其取得的全部价款和价外费用中扣除;其支付给试点纳税人的价款,取得增值税专用发票的,不得从其取得的全部价款和价外费用中扣除。

(4) 除国际货运代理服务以外的其他应税服务,支付给试点纳税人的价款不允许从其取得的全部价款和价外费用中扣除。

允许扣除价款的项目,应当符合国家有关营业税差额征税政策的规定。

[温馨提醒]

原营业税政策对此税目已有差额征税的规定,如果原营业税政策没有相关规定,则扩围后也不能享受。

按照国家有关营业税政策规定,将增值税差额征税应税项目及允许扣除价款项目的具体规定整理成表,见表1-2。

表1-2　　增值税差额征税应税服务项目及允许扣除价款项目的具体规定

项目	税法规定	参考文件
交通运输业服务	纳税人将承揽的运输业务分给其他单位或者个人的,以其取得的全部价款和价外费用扣除其支付给其他单位或者个人的运输费用后的余额为营业额。	《中华人民共和国营业税暂行条例》第五条第(一)项
	经地方税务机关批准使用运输企业发票,按"交通运输业"税目征收营业税的单位将承担的运输业务分给其他运输企业并由其统一收取价款的,以其取得的全部收入减去支付给其他运输企业的运费后的余额为营业额。	《财政部 国家税务总局关于营业税若干政策问题的通知》(财税〔2003〕16号)第三条第(十六)项
	公路、内河联合货物运输业务,是指其一项货物运输业务由两个或两个以上的运输单位(或个人)共同完成的货物运输业务。运输单位(或个人)应以收取的全部价款向付款人开具货运发票,合作运输单位(或个人)以向运输单位(或个人)收取的全部价款向该运输单位(或个人)开具货运发票,运输单位(或个人)应以合作运输单位(或个人)向其开具的货运发票作为差额缴纳营业税的扣除凭证。	《国家税务总局关于新版公路、内河货物运输业统一发票有关使用问题的通知》(国税发〔2007〕101号)第一条

续表

项目	税法规定	参考文件
	中国国际航空股份有限公司（简称国航）与中国国际货运航空有限公司（简称货航）开展客运飞机腹舱联运业务时，国航以收到的腹舱收入为营业额；货航以其收到的货运收入扣除支付给国航的腹舱收入的余额为营业额，营业额扣除凭证为国航开具的"航空货运单"。	《国家税务总局关于客运飞机腹舱联运收入营业税问题的通知》（国税函〔2005〕202号）
	试点企业开展物流业务应按其收入性质分别核算。提供运输劳务取得的运输收入按"交通运输业"税目征收营业税并开具货物运输业发票。凡未按规定分别核算其营业税应税收入的，一律按"服务业"税目征收营业税。 试点企业将承揽的运输业务分给其他单位并由其统一收取价款的，应以该企业取得的全部收入减去付给其他运输企业的运费后的余额为营业额计算征收营业税。 此处试点企业指国家发改委和国家税务总局联合确认纳入试点名单的物流企业及所属企业。	《国家税务总局关于试点物流企业有关税收政策问题的通知》（国税发〔2005〕208号）第一条第（一）项
	提供船舶代理服务的单位和个人，受船舶所有人、船舶经营人或者船舶承租人委托向运输服务接受方或者运输服务接受方代理人收取的运输服务收入，应当按照水路运输服务缴纳增值税。	《财政部 国家税务总局关于交通运输业和部分现代服务业营业税改征增值税试点若干税收政策的通知》（财税〔2011〕133号）第四条第三款
	对航空运输企业从事包机业务向包机公司收取的包机费，按"交通运输业"税目征收营业税。 包机业务，是指航空运输企业与包机公司签订协议，由航空运输企业负责运送旅客或货物，包机公司负责向旅客或货主收取运营收入，并向航空运输企业支付固定包机费用的业务。	《国家税务总局关于航空运输企业包机业务征收营业税问题的通知》（国税发〔2000〕139号）
仓储业务	试点企业将承揽的仓储业务分给其他单位并由其统一收取价款的，应以该企业取得的全部收入减去付给其他仓储合作方的仓储费后的余额为营业额计算征收营业税。 此处试点企业指国家发改委和国家税务总局联合确认纳入试点名单的物流企业及所属企业。	《国家税务总局关于试点物流企业有关税收政策问题的通知》（国税发〔2005〕208号）第一条第（二）项
勘察设计劳务	对勘察设计单位将承担的勘察设计劳务分包或转包给其他勘察设计单位或个人并由其统一收取价款的，以其取得的勘察设计总包收入减去支付给其他勘察设计单位或个人的勘察设计费后的余额为营业税计税营业额。	《国家税务总局关于勘察设计劳务征收营业税问题的通知》（国税函〔2006〕1245号）
代理业务	纳税人从事代理业务，应以其向委托人收取的全部价款和价外费用减除现行税收政策规定的可扣除部分后的余额为计税营业额。	《国家税务总局关于代理业营业税计税依据确定问题的批复》（国税函〔2007〕908号）

续表

项目	税法规定	参考文件
	知识产权服务,是指处理知识产权事务的业务活动。包括对专利、商标、著作权、软件、集成电路布图设计的代理、登记、鉴定、评估、认证、咨询、检索服务。	《财政部 国家税务总局关于在上海市开展交通运输业和部分现代服务业营业税改征增值税试点的通知》(财税〔2011〕111号)附件1第二条第(三)项
	从事广告代理业务的,以其全部收入减去支付给其他广告公司或广告发布者(包括媒体、载体)的广告发布费后的余额为营业额。	《财政部 国家税务总局关于营业税若干政策问题的通知》(财税〔2003〕16号)第三条第(十八)项
	货物运输代理服务,是指接受货物收货人、发货人的委托,以委托人的名义或者以自己的名义,在不直接提供货物运输劳务情况下,为委托人办理货物运输及相关业务手续的业务活动。	《财政部 国家税务总局关于在上海市开展交通运输业和部分现代服务业营业税改征增值税试点的通知》(财税〔2011〕111号)附件1第二条第(四)项
	船舶代理服务按照港口码头服务缴纳增值税。 船舶代理服务,是指接受船舶所有人或者船舶承租人、船舶经营人的委托,经营办理船舶进出港口手续,联系安排引航、靠泊和装卸;代签提单、运输合同,代办接受订舱业务;办理船舶、集装箱以及货物的报关手续;承揽货物、组织货载,办理货物、集装箱的托运和中转;代收运费,代办结算;组织客源,办理有关海上旅客运输业务;其他为船舶提供的相关服务。	《财政部 国家税务总局关于交通运输业和部分现代服务业营业税改征增值税试点若干税收政策的通知》(财税〔2011〕133号)第四条
	无船承运业务是指无船承运业务经营者以承运人身份接受托运人的货载,签发自己的提单或其他运单单证,向托运人收取运费,通过国际船舶运输经营者完成国际海上货物运输,承担承运人责任的国际海上运输经营活动。 无船承运业务应按照"服务业——代理业"税目征收营业税。 纳税人从事无船承运业务,以其向委托人收取的全部价款和价外费用扣除其支付的海运费以及报关、港杂、装卸费用后的余额为计税营业额申报缴纳营业税。 纳税人从事无船承运业务,应按照其从事无船承运业务取得的全部价款和价外费用向委托人开具发票,同时应凭其取得的开具给本纳税人的发票或其他合法有效凭证作为差额缴纳营业税的扣除凭证。	《国家税务总局关于无船承运业务有关营业税问题的通知》(国税函〔2006〕1312号)
	对包机公司向旅客或货主收取的运营收入,应按"服务业——代理"项目征收营业税,其营业额为向旅客或货主收取的全部价款和价外费用减除支付给航空运输企业的包机费后的余额。 包机业务,是指航空运输企业与包机公司签订协议,由航空运输企业负责运送旅客或货物,包机公司负责向旅客或货主收取运营收入,并向航空运输企业支付固定包机费用的业务。	《国家税务总局关于航空运输企业包机业务征收营业税问题的通知》(国税发〔2000〕139号)

续表

项目	税法规定	参考文件
	代理报关业务，是指接受进出口货物收、发货人的委托，代为办理报关相关手续的业务，应按照"服务业——代理业"税目征收营业税。纳税人从事代理报关业务，以其向委托人收取的全部价款和价外费用扣除以下项目金额后的余额为计税营业额申报缴纳营业税： 1. 支付给海关的税金、签证费、滞报费、滞纳金、查验费、打单费、电子报关平台费、仓储费； 2. 支付给检验检疫单位的三检费、熏蒸费、消毒费、电子保险平台费； 3. 支付给预录入单位的预录费； 4. 国家税务总局规定的其他费用。	《国家税务总局关于加强代理报关业务营业税征收管理有关问题的通知》（国税函〔2006〕1310号）
有形动产融资租赁	有形动产融资租赁，是指具有融资性质和所有权转移特点的有形动产租赁业务活动。即出租人根据承租人所要求的规格、型号、性能等条件购入有形动产租赁给承租人，合同期内设备所有权属于出租人，承租人只拥有使用权，合同期满付清租金后，承租人有权按照残值购入有形动产，以拥有其所有权。不论出租人是否将有形动产残值销售给承租人，均属于融资租赁。	《财政部 国家税务总局关于在上海市开展交通运输业和部分现代服务业营业税改征增值税试点的通知》（财税〔2011〕111号）附件1第二条第（五）项
	经中国人民银行、外经贸部和国家经贸委批准经营融资租赁业务的单位从事融资租赁业务的，以其向承租者收取的全部价款和价外费用（包括残值）减除出租方承担的出租货物的实际成本后的余额为营业额。 以上所称出租货物的实际成本，包括由出租方承担的货物的购入价、关税、增值税、消费税、运杂费、安装费、保险费和贷款的利息（包括外汇借款和人民币借款利息）。	《财政部 国家税务总局关于营业税若干政策问题的通知》（财税〔2003〕16号）第三条第（十一）项

2.《财政部 国家税务总局关于交通运输业和部分现代服务业营业税改征增值税试点若干税收政策的通知》（财税〔2011〕133号）第五条规定：

试点纳税人中的一般纳税人按《试点有关事项的规定》第一条第（三）项确定销售额时，其支付给非试点纳税人价款中，不包括已抵扣进项税额的货物、加工修理修配劳务的价款。

3. 试点纳税人从全部价款和价外费用中扣除上述价款，应当取得符合法律、行政法规和国家税务总局有关规定的凭证。否则，不得扣除。

上述凭证是指：

（1）支付给境内单位或者个人的款项，且该单位或者个人发生的行为属于增值税或营业税征收范围的，以该单位或者个人开具的发票为合法有效凭证。

（2）支付的行政事业性收费或者政府性基金，以开具的财政票据为合法有效凭证。

（3）支付给境外单位或者个人的款项，以该单位或者个人的签收单据为合法有效凭证，税务机关对签收单据有疑义的，可以要求其提供境外公证机构的确认证明。

（4）国家税务总局规定的其他凭证。

3. 计税销售额公式。

$$计税销售额 = \left[取得的全部含税价款和价外费用 - 支付给其他单位或个人的含税价款\right] \div \left(1 + 对应税服务适用的增值税税率或征收率\right)$$

【例1-2】 甲公司9月取得的应税服务含税销售额为80万元，按政策规定扣除项目金额为100万元，9月扣除项目的期初余额为0，10月取得的应税服务含税销售额为300万元，按政策规定扣除项目金额为200万元，应税服务扣除项目和计税销售额（含税）的计算见表1-3。

表1-3   单位：万元

月份	本期应税服务价税合计额	应税服务扣除项目					计税销售额（含税）
		期初余额	本期发生额	本期应扣除金额	本期实际扣除金额	期末余额	
—	1	2	3	4＝2＋3	5（5≤1且5≤4）	6＝4－5	7＝1－5
9月	80	0	100	100	80	20	0
10月	300	20	200	220	220	0	80

（五）扣缴税额

1. 境外单位或者个人在境内提供应税服务，在境内未设有经营机构的，扣缴义务人按照下列公式计算应扣缴税额：

$$应扣缴税额 = 接受方支付的价款 \div (1 + 税率) \times 税率$$

2. 未与我国政府达成双边运输免税安排的国家和地区的单位或者个人，向境内单位或者个人提供的国际运输服务，符合《交通运输业和部分现代服务业营业税改征增值税试点实施办法》第六条规定的，试点期间扣缴义务人暂按 3% 的征收率代扣代缴增值税。

应扣缴税额按照下列公式计算：

$$应扣缴税额 = 接受方支付的价款 \div (1 + 征收率) \times 征收率$$

[营改增税收政策]

1.《财政部 国家税务总局关于在上海市开展交通运输业和部分现代服务业营业税改征增值税试点的通知》(财税〔2011〕111号)附件1《交通运输业和部分现代服务业营业税改征增值税试点实施办法》

2.《财政部 国家税务总局关于在上海市开展交通运输业和部分现代服务业营业税改征增值税试点的通知》(财税〔2011〕111号)附件2《交通运输业和部分现代服务业营业税改征增值税试点有关事项的规定》

3.《财政部 国家税务总局关于交通运输业和部分现代服务业营业税改征增值税试点若干税收政策的通知》(财税〔2011〕133号)

4.《财政部 国家税务总局关于交通运输业和部分现代服务业营业税改征增值税试点若干税收政策的补充通知》(财税〔2012〕53号)

5.《财政部 国家税务总局关于交通运输业和部分现代服务业营业税改征增值税试点应税服务范围等若干税收政策的补充通知》(财税〔2012〕86号)

五、增值税扣税凭证

纳税人取得的增值税扣税凭证不符合法律、行政法规或者国家税务总局有关规定的，其进项税额不得从销项税额中抵扣。

(一) 增值税扣税凭证的种类

增值税扣税凭证，是指增值税专用发票、海关进口增值税专用缴款书、农产品收购发票、农产品销售发票、运输费用结算单据和通用缴款书。

1. 增值税专用发票（包括货物运输业增值税专用发票、税控系统开具的机动车销售统一发票），按增值税专用发票上注明的税额抵扣。但是，税务机关代开的货物运输业增值税专用发票,"税率"栏和"税额"栏均自动打印"＊＊＊",可按票面"价税合计"栏金额和7％的扣除率计算进项税额进行抵扣。

(1) 增值税专用发票,分为三联票和六联票两种:

三联票由发票联、抵扣联和记账联三联组成。其中,发票联作为购买方核算采购成本和增值税进项税额的记账凭证;抵扣联作为购买方报送主管税务机关认证和留存备查的凭证;记账联作为销售方核算销售收入和增值税销项税额的记账凭证。

六联票是由发票联、抵扣联和记账联三个基本联次附加其他联次构成,其他联次用途由一般纳税人自行确定。通常用于工业企业。

(2) 货物运输业增值税专用发票,是增值税一般纳税人提供货物运输服务(暂不包括铁路运输服务)开具的专用发票,其法律效力、基本用途、基本使用规定及安全管理要求等与现有增值税专用发票一致。

货物运输业增值税专用发票分为三联票和六联票两种。第一联:记账联,承运人记账凭证;第二联:抵扣联,受票方扣税凭证;第三联:发票联,受票方记账凭证;第四联至第六联由发票使用单位自行安排使用。

(3) 税控系统开具的机动车销售统一发票。增值税一般纳税人从事机动车(应征消费税的机动车和旧机动车除外)零售业务必须使用税控系统开具机动车销售统一发票。使用税控系统开具机动车销售统一发票视同增值税专用发票,属于增值税扣税凭证。

2. 海关进口增值税专用缴款书,按海关进口增值税专用缴款书上注明的税额抵扣。

目前货物进口环节的增值税是由海关负责代征的,试点纳税人在进口货物办理报关进口手续时,需向海关申报缴纳进口增值税并从海关取得完税证明,其取得的海关进口增值税专用缴款书上注明的增值税额准予抵扣。

海关进口增值税专用缴款书项目填写要齐全;提供相关单证;海关进口增值税专用缴款书原件、纸制抵扣清单及抵扣清单电子信息要一致,专用缴款书号码、进口口岸代码、进口口岸名称、填发日期、税款金额等项目一致,采集抵扣凭证份数与清单采集信息记录数目相符,纸质清单数据和清单电子信息一致。

海关进口增值税专用缴款书上标明有两个单位名称的,即既有代理进口单位名称又有委托进口单位名称的,只准予其中取得专用缴款书原件的一个单位抵扣税款。申报抵扣税款的委托进口单位,必须提供相应的海关进口增值税专用缴款书原件、委托代理合同及付款凭证,否则,不予抵扣进项税款。

3. 农产品收购发票或者销售发票,按照农产品收购发票或者销售发票上注明的农产品买价和13%的扣除率计算的进项税额抵扣。买价,包括纳税人购进农产品在农产品收购发票或者销售发票上注明的价款和按规定缴纳的烟叶税。进项税额计算公式为:

$$进项税额 = 买价 \times 13\%$$

农产品收购发票仅限于从事农业产品收购、加工、经营业务的增值税一般纳税人领购使用。增值税一般纳税人向农业生产者个人收购其自产农产品时,可以自行开具农产品收购发票。

增值税一般纳税人向农业生产单位收购农产品,以及向从事农产品经营的单位和个人购进农产品的,不得自行开具农产品收购发票,而应由农业生产单位或农产品经营者开具普通发票,或到税务机关申请代开发票;经营者是一般纳税人的可以按规定开具专用发票。

(1)《财政部 国家税务总局关于在部分行业试行农产品增值税进项税额核定扣除办法的通知》(财税〔2012〕38号)规定:

自2012年7月1日起,以购进农产品为原料生产销售液体乳及乳制品、酒及酒精、植物油的增值税一般纳税人,纳入农产品增值税进项税额核定扣除试点范围,其购进农产品无论是否用于生产上述产品,增值税进项税额均按照《农产品增值税进项税额核定扣除试点实施办法》的规定抵扣。除纳入农产品增值税进项税额核定扣除试点范围以外的纳税人,其购进农产品仍按现行增值税的有关规定抵扣农产品进项税额。

试点纳税人购进农产品不再凭增值税扣税凭证抵扣增值税进项税额,购进除农产品以外的货物、应税劳务和应税服务,增值税进项税额仍按现行有关规定抵扣。

（2）《财政部 国家税务总局关于收购烟叶支付的价外补贴进项税额抵扣问题的通知》（财税〔2011〕21号）规定：

烟叶收购单位收购烟叶时按照国家有关规定以现金形式直接补贴烟农的生产投入补贴（以下简称价外补贴），属于农产品买价，为"价款"的一部分。烟叶收购单位应将价外补贴与烟叶收购价格在同一张农产品收购发票或者销售发票上分别注明，否则，价外补贴不得计算增值税进项税额进行抵扣。

4. 运输费用结算单据。

（1）接受交通运输服务，按照非试点地区的单位和个人开具的运输费用结算单据（包括公路内河货物运输业统一发票、货票和中铁快运运单等铁路运输票据、其他运输费用结算单据）注明的运输费用金额，具体指运输费用结算单据上注明的运输费用（包括铁路临管线及铁路专线运输费用）、建设基金，不包括装卸费、保险费等其他杂费。运输费用和其他杂费合并开具运杂费的，不得抵扣。进项税额计算公式为：

$$进项税额＝运输费用金额（价税合计）\times 扣除率（7\%）$$

（2）按试点小规模纳税人向税务机关申请代开的货物运输业增值税专用发票上注明的价税合计数和7%的扣除率计算进项税额。进项税额计算公式为：

$$进项税额＝运输费用金额（价税合计）\times 扣除率（7\%）$$

（3）从试点地区的单位和个人取得的自该地区试点实施之日（含）以后开具的运输费用结算单据，不得作为增值税扣税凭证，但铁路运输费用结算单据除外。

5. 中华人民共和国通用税收缴款书。

纳税人接受境外单位或者个人提供应税服务，使用代扣代缴增值税而取得的中华人民共和国通用税收缴款书抵扣进项税额的，应当具备书面合同、付款证明和境外单位的对账单或者发票。资料不全的，其进项税额不得从销项税额中抵扣。

[温馨提醒]

境外单位或者个人提供应税服务，无论以境内代理人还是接受方为增值税扣缴义务人的，抵扣税款方均为接受方。

（二）增值税扣税凭证抵扣期限

1. 增值税一般纳税人取得的增值税专用发票（含货物运输业增值税专用发票）、公路内河货物运输业统一发票和机动车销售统一发票，应在开具之日起180日内到税务机关办理认证，并在认证通过的次月申报期内，向主管税务机关申报抵扣进项税额。取得的海关进口增值税专用缴款书应在开具之日起180日后的第一个纳税申报期结束以前，向主管税务机关申报抵扣进项税额。

[温馨提醒]

超过期限未认证的，不能再认证。

2. 增值税一般纳税人取得的增值税专用发票（含货物运输业增值税专用发票）、公路内河货物运输业统一发票、机动车销售统一发票以及海关缴款书，未在规定期限内到税务机关办理认证、申报抵扣或者申请稽核比对的，不得作为合法的增值税扣税凭证，不得计算进项税额抵扣。

[温馨提醒]

增值税进项税额抵扣的基本原则：当期认证当期抵扣，认证的当期未抵扣的，不能转下期再抵扣。

3. 对增值税一般纳税人发生真实交易但由于客观原因造成增值税扣税凭证逾期的，经主管税务机关审核、逐级上报，由国家税务总局认证、稽核比对后，对比对相符的增值税扣税凭证，允许纳税人继续抵扣其进项税额。增值税一般纳税人因客观原因造成增值税扣税凭证逾期的，可按照《逾期增值税扣税凭证抵扣管理办法》的规定，申请办理逾期抵扣手续。

增值税一般纳税人由于除下列客观原因以外的其他原因造成增值税扣

税凭证逾期的，仍应按照增值税扣税凭证抵扣期限有关规定执行：

（1）因自然灾害、社会突发事件等不可抗力因素造成增值税扣税凭证逾期；

（2）增值税扣税凭证被盗、抢，或者因邮寄丢失、误递导致逾期；

（3）有关司法、行政机关在办理业务或者检查中，扣押增值税扣税凭证，纳税人不能正常履行申报义务，或者税务机关信息系统、网络故障，未能及时处理纳税人网上认证数据等导致增值税扣税凭证逾期；

（4）买卖双方因经济纠纷，未能及时传递增值税扣税凭证，或者纳税人变更纳税地点，注销旧户和重新办理税务登记的时间过长，导致增值税扣税凭证逾期；

（5）由于企业办税人员伤亡、突发危重疾病或者擅自离职，未能办理交接手续，导致增值税扣税凭证逾期；

（6）国家税务总局规定的其他情形。

4. 增值税一般纳税人取得的增值税扣税凭证（增值税专用发票、海关进口增值税专用缴款书和公路内河货物运输业统一发票）已认证或已采集上报信息但未按照规定期限申报抵扣；实行纳税辅导期管理的增值税一般纳税人以及实行海关进口增值税专用缴款书"先比对后抵扣"管理办法的增值税一般纳税人，取得的增值税扣税凭证稽核比对结果相符但未按规定期限申报抵扣，属于发生真实交易且符合下列客观原因的，经主管税务机关审核，允许纳税人继续申报抵扣其进项税额。增值税一般纳税人发生符合规定未按期申报抵扣的增值税扣税凭证，可按照《未按期申报抵扣增值税扣税凭证抵扣管理办法》的规定，申请办理抵扣手续。

增值税一般纳税人除下列客观原因规定以外的其他原因造成增值税扣税凭证未按期申报抵扣的，仍按照现行增值税扣税凭证申报抵扣有关规定执行。

客观原因包括如下类型：

（1）因自然灾害、社会突发事件等不可抗力原因造成增值税扣税凭证未按期申报抵扣；

（2）有关司法、行政机关在办理业务或者检查中，扣押、封存纳税人

账簿资料,导致纳税人未能按期办理申报手续;

(3) 税务机关信息系统、网络故障,导致纳税人未能及时取得认证结果通知书或稽核结果通知书,未能及时办理申报抵扣;

(4) 由于企业办税人员伤亡、突发危重疾病或者擅自离职,未能办理交接手续,导致未能按期申报抵扣;

(5) 国家税务总局规定的其他情形。

(三) 一般纳税人发票的认证

1. 需要认证的发票:增值税专用发票;货物运输业增值税专用发票;机动车销售统一发票;公路、内河货物运输业统一发票。

用于抵扣增值税进项税额的专用发票应经税务机关认证相符(国家税务总局另有规定的除外)。认证相符的专用发票应作为购买方的记账凭证,不得退还销售方。专用发票抵扣联无法认证的,可使用专用发票发票联到主管税务机关认证。专用发票发票联复印件留存备查。

认证操作非常简单:扫描录入发票信息→上传认证信息→接收认证结果。

2. 经认证,有下列情形之一的,不得作为增值税进项税额的抵扣凭证,税务机关退还原件,购买方可要求销售方重新开具专用发票。

(1) 无法认证。指专用发票所列密文或者明文不能辨认,无法产生认证结果。

(2) 纳税人识别号认证不符。指专用发票所列购买方纳税人识别号有误。

(3) 专用发票代码、号码认证不符。指专用发票所列密文解译后与明文的代码或者号码不一致。

3. 经认证,有下列情形之一的,暂不得作为增值税进项税额的抵扣凭证,税务机关扣留原件,查明原因,分别情况进行处理。

(1) 重复认证。指已经认证相符的同一张专用发票再次认证。

(2) 密文有误。指专用发票所列密文无法解译。

(3) 认证不符。指纳税人识别号有误,或者专用发票所列密文解译后与明文不一致。

（4）列为失控专用发票。指认证时的专用发票已被登记为失控专用发票。

（四）一般纳税人发票的采集

需要采集的发票有：海关进口增值税专用缴款书；运输费用结算单据（包括铁路运输和非试点地区的航空运输、管道运输和海洋运输）。

这些发票无须认证，只需将其相关信息录入网上申报系统进行采集即可。

六、增值税专用发票的重要事项

（一）增值税专用发票限额管理

根据《增值税专用发票使用规定》（国税发〔2006〕156号）第五条，专用发票实行最高开票限额管理。最高开票限额，是指单份专用发票开具的销售额合计数不得达到的上限额度。

纳税人开票限额不能满足经营需要，可以向税务机关申请最高开票限额。最高开票限额为十万元及以下的，由区县级税务机关审批；最高开票限额为一百万元的，由地市级税务机关审批；最高开票限额为一千万元及以上的，由省级税务机关审批。

一般纳税人申请最高开票限额时，需提供下列材料：

（1）企业基本生产经营情况书面报告原件；

（2）企业法人、经办人员身份证明原件和复印件；

（3）《最高开票限额申请表》原件；

（4）《税务行政许可申请表》原件；

（5）对企业偶然发生大宗交易业务的，需要提供相关购销合同、协议或已认证的进项发票原件及复印件等；

（6）申请前一个月的增值税纳税申报表（主表）、资产负债表、利润表；

（7）税务机关规定应当提供的其他材料。

对以上材料，纳税人应当承诺其内容真实、可靠、完整，并加盖公章，其中原件核实后退还企业。

辅导期纳税人申请最高开票限额方法与一般纳税人相同，但主管税务机关对辅导期纳税人实行限量限额发售专用发票。

辅导期纳税人领购的专用发票未使用完而再次领购的，主管税务机关发售专用发票的份数不得超过核定的每次领购专用发票份数与未使用完的专用发票份数的差额。

（二）增值税专用发票的领购

一般纳税人凭发票领购簿、IC卡和经办人身份证明领购专用发票。

一般纳税人有下列情形之一的，不得领购开具专用发票：

（1）会计核算不健全，不能向税务机关准确提供增值税销项税额、进项税额、应纳税额数据及其他有关增值税税务资料的。上列其他有关增值税税务资料的内容，由省、自治区、直辖市和计划单列市国家税务局确定。

（2）有《税收征管法》规定的税收违法行为，拒不接受税务机关处理的。

（3）有下列行为之一，经税务机关责令限期改正而仍未改正的：

①虚开增值税专用发票；

②私自印制专用发票；

③向税务机关以外的单位和个人买取专用发票；

④借用他人专用发票；

⑤未按规定开具专用发票；

⑥未按规定保管专用发票和专用设备；

⑦未按规定申请办理防伪税控系统变更发行；

⑧未按规定接受税务机关检查。

有上述情形的，如已领购专用发票，主管税务机关应暂扣其结存的专用发票和IC卡。

税务机关核定的增值税专用发票领购数量不能满足日常经营需要时，可向主管税务机关申请进行增次增量。

(三) 增值税专用发票的开具

1. 专用发票应按下列要求开具：
（1）项目齐全，与实际交易相符；
（2）字迹清楚，不得压线、错格；
（3）发票联和抵扣联加盖发票专用章；
（4）按照增值税纳税义务的发生时间开具。

对不符合上述要求的专用发票，购买方有权拒收。

2. 一般纳税人销售货物或者提供应税劳务（服务）可汇总开具专用发票。汇总开具专用发票的，同时使用防伪税控系统开具《销售货物或者提供应税劳务（服务）清单》，并加盖发票专用章。

3. 一般纳税人销售货物或者提供应税劳务（服务），将价款和折扣额在同一张发票上分别注明的，以折扣后的价款为销售额；未在同一张发票上分别注明的，以价款为销售额，不得扣减折扣额。

4. 根据税法规定，下列情形不得开具增值税专用发票：
（1）向消费者个人销售货物或者应税劳务的；
（2）销售货物或者应税劳务适用免税规定的；
（3）小规模纳税人销售货物或者应税劳务的；
（4）商业企业一般纳税人零售的烟、酒、食品、服装、鞋帽（不包括劳保专用部分）、化妆品等消费品。
（5）商业企业向供货方收取的各种收入，一律不得开具增值税专用发票。
（6）增值税一般纳税人销售免税货物，一律不得开具专用发票，但国有粮食购销企业销售免税粮食除外。

违反规定开具专用发票的，则对其开具的销售额依照增值税适用税率全额征收增值税，不得抵扣进项税额，并按照《中华人民共和国发票管理办法》及其实施细则的有关规定予以处罚。

(四) 一般纳税人作废增值税专用发票重新开具的税法规定

一般纳税人在开具专用发票当月，发生销货退回、开票有误等情形，符合作废条件的可以直接作废发票,重新填写。

《国家税务总局关于修订〈增值税专用发票使用规定〉的通知》(国税发〔2006〕156号)第十三条规定:一般纳税人在开具专用发票当月,发生销货退回、开票有误等情形,收到退回的发票联、抵扣联符合作废条件的,按作废处理;开具时发现有误的,可即时作废。作废专用发票须在防伪税控系统中将相应的数据电文按"作废"处理,在纸质专用发票(含未打印的专用发票)各联次上注明'作废'字样,全联次留存。

《国家税务总局关于修订〈增值税专用发票使用规定〉的通知》(国税发〔2006〕156号)第二十条规定:同时具有下列情形的,为本规定所称作废条件:(1)收到退回的发票联、抵扣联时间未超过销售方开票当月;(2)销售方未抄税并且未记账;(3)购买方未认证或者认证结果为"纳税人识别号认证不符"、"专用发票代码、号码认证不符"。本规定所称抄税,是报税前用IC卡或者IC卡和软盘抄取开票数据电文。

(五)一般纳税人开具红字增值税专用发票的规定

一般纳税人取得专用发票后,发生销货退回、开票有误等情形但不符合作废条件的,或者因销货部分退回及发生销售折扣、折让的,应根据《国家税务总局关于修订〈增值税专用发票使用规定〉的通知》(国税发〔2006〕156号)、《国家税务总局关于纳税人折扣折让行为开具红字增值税专用发票问题的通知》(国税函〔2006〕1279号)、《关于修订增值税专用发票使用规定的补充通知》(国税发〔2007〕18号)、《国家税务总局关于红字增值税专用发票通知单管理系统推行工作的通知》(国税函〔2008〕761号)的相关规定进行处理。

针对不同情况,开具红字增值税专用发票有不同的处理办法。

1. 专用发票经认证结果为"认证相符"并且已经抵扣增值税进项税额的,由购买方向主管税务机关填报《开具红字增值税专用发票申请单》(以下简称《申请单》),在填报《申请单》时不填写相对应的蓝字专用发票信息。主管税务机关对一般纳税人填报的《申请单》进行审核后,出具《开具红字增值税专用发票通知单》(以下简称《通知单》)。销售方凭购买方提供的《通知单》开具红字专用发票,在防伪税控系统中以销项负数开具。购买方必须暂依《通知单》所列增值税税额从当期进项税额中转出,待取得销售方开具的红字专用发票后,与留存的《通知单》一并作为记账凭证。

2. 因专用发票抵扣联、发票联均无法认证的,由购买方填报《申请单》,并在申请单上填写具体原因以及相对应蓝字专用发票的信息,主管税务机关审核后出具《通知单》。购买方不作进项税额转出处理。

3. 购买方所购货物不属于增值税扣税项目范围,取得的专用发票未经认证的,由购买方填报《申请单》,并在申请单上填写具体原因以及相对应蓝字专用发票的信息,主管税务机关审核后出具《通知单》。购买方不作进项税额转出处理。

4. 因开票有误购买方拒收专用发票的,销售方须在专用发票认证期限内向主管税务机关填报《申请单》,并在《申请单》上填写具体原因以及相对应蓝字专用发票的信息,同时提供由购买方出具的写明拒收理由、错误具体项目以及正确内容的书面材料,主管税务机关审核确认后出具《通知单》。销售方凭《通知单》开具红字专用发票。

5. 因开票有误等原因尚未将专用发票交付购买方的,销售方须在开具有误专用发票的次月内向主管税务机关填报《申请单》,并在《申请单》上填写具体原因以及相对应蓝字专用发票的信息,同时提供由销售方出具的写明具体理由、错误具体项目以及正确内容的书面材料,主管税务机关审核确认后出具《通知单》。销售方凭《通知单》开具红字专用发票。

6. 发生销货退回或销售折让的,除按照办法1. 处理外,销售方还应在开具红字专用发票后将该笔业务的相应记账凭证复印件报送主管税务机关备案。

[温馨提醒]

1. 开具红字货运专用发票的《通知单》暂不通过系统开具和管理,除红字货运专用发票之外,全国国税系统必须使用红字发票通知单管理系统开具《通知单》,纳税人在开具红字增值税专用发票时必须凭《通知单》,未按规定开具红字增值税专用发票的,不得冲减本期的销售收入和销项税额。

2.《申请单》应加盖一般纳税人财务专用章,《通知单》应加盖主管税务机关印章,按月依次装订成册,并比照专用发票保管规定管理。

3.《通知单》应与《申请单》一一对应,红字专用发票应与《通知单》一一对应,但一份蓝字专用发票可以对应多份《通知单》,这是因为一份蓝字专用发票可以分多次冲销,但多份《通知单》的合计金额、税额不能大于该份蓝字专用发票的金额、税额,否则不允许开具。

4. 根据《通知单》开具红字专用发票后,在尚未抄税时发现开具的红字发票有误,可以作废已开具的红字发票,作废后仍可根据原《通知单》开具正确的红字发票,无须重新申请开具《通知单》。

5. 购买方取得的增值税专用发票未在认证期限内认证的,不能申请开具红字增值税专用发票。

6. 发票需要作废时,在作废纸质发票的同时,一定不要忘记作废系统发票。

(六) 一般纳税人增值税专用发票抄报税

一般纳税人开具专用发票应在增值税纳税申报期内抄税,并向主管税务机关报税,在申报所属月份内可分次向主管税务机关报税。

(七) 一般纳税人丢失增值税专用发票的处理

1. 一般纳税人丢失已开具专用发票的发票联和抵扣联,如果丢失前已认证相符的,购买方凭销售方提供的相应专用发票记账联复印件及销售方所在地主管税务机关出具的《丢失增值税专用发票已报税证明单》,经购买方主管税务机关审核同意后,可作为增值税进项税额的抵扣凭证;如果丢失前未认证的,购买方凭销售方提供的相应专用发票记账联复印件到主管税务机关进行认证,认证相符的凭该专用发票记账联复印件及销售方所在地主管税务机关出具的《丢失增值税专用发票已报税证明单》,经购买方主管税务机关审核同意后,可作为增值税进项税额的抵扣凭证。

2. 一般纳税人丢失已开具专用发票的抵扣联，如果丢失前已认证相符的，可使用专用发票发票联复印件留存备查；如果丢失前未认证的，可使用专用发票发票联到主管税务机关认证，专用发票发票联复印件留存备查。

3. 一般纳税人丢失已开具专用发票的发票联，可将专用发票抵扣联作为记账凭证，专用发票抵扣联复印件留存备查。

[温馨提醒]

必须按照《增值税专用发票使用规定》保管使用专用发票，否则造成被盗、丢失专用发票，就要按照《国家税务总局关于被盗、丢失增值税专用发票的处理意见的通知》（国税函〔1995〕292号）进行处理，可处以一万元以下的罚款，并可视具体情况，对丢失专用发票纳税人在一定期限内（最长不超过半年）停止领购专用发票（这可是会影响公司经营的大事）。对纳税人申报遗失的专用发票，如发现非法代开、虚开问题的，该纳税人应承担偷税、骗税的连带责任。

[相关链接]

1. 一般纳税人丢失海关进口增值税专用缴款书的处理

根据《国家税务总局关于调整增值税扣税凭证抵扣期限有关问题的通知》（国税函〔2009〕第617号）第四条规定，增值税一般纳税人丢失海关缴款书，应在规定期限内，凭报关地海关出具的相关已完税证明，向主管税务机关提出抵扣申请。主管税务机关受理申请后，应当进行审核，并将纳税人提供的海关缴款书电子数据纳入稽核系统进行比对。稽核比对无误后，方允许计算进项税额抵扣。

规定期限内是指：实行海关进口增值税专用缴款书"先比对后抵扣"管理办法的增值税一般纳税人规定期限为开具之日起180日内，未实行海关缴款书"先比对后抵扣"管理办法的增值税一般纳税人规定期限为开具之日起180日后的第一个纳税申报期结束以前。

2. 一般纳税人丢失增值税普通发票或运输发票的处理

根据《发票管理办法》第三十六条、《发票管理办法实施细则》第四十一条、第五十条的相关规定,丢失普通发票的纳税人应于丢失当日书面报告主管税务机关,填写《发票挂失声明申请审批表》等税务申请文书,在税务机关指定的报刊等媒介刊登公告声明作废,然后接受主管税务机关责令限改并处 10 000 元以下的罚款。

增值税普通发票一旦丢失,纳税人则无法凭借增值税普通发票进行账务处理,而只能够使用收据、复印件等其他证明材料入账(实际工作中,很多地市国税机关不允许使用发票复印件入账),这样将使财务工作显得很不规范,而且与之相关的成本费用在企业所得税汇算清缴时也不允许税前扣除。

运输发票在申报抵扣前一旦丢失,纳税人则无法从增值税销项税额中抵扣该运输发票所含的进项税额,购入物资的运费成本或销售货物支付的运输费用也将无法取得合规票据入账,凭借收据、复印件等其他证明材料入账的成本费用在企业所得税汇算清缴时也不允许税前扣除,给企业带来损失。

增值税专用发票的发票联和抵扣联丢失还有办法补救,但是,对于增值税普通发票或运输发票丢失的情况怎样处理,目前税法还没有明确的规定(有些地区的税务机关作出了相应的规定,可以按照当地税务机关规定办理)。因此,纳税人一定要高度重视增值税普通发票或运输发票的保管。

(八) 一般纳税人收到失控增值税专用发票的处理

一般纳税人收到的失控增值税专用发票可作为购买方抵扣增值税进项税额的凭证吗?

《国家税务总局关于失控增值税专用发票处理的批复》(国税函〔2008〕607号)规定:在税务机关按非正常户登记失控增值税专用发票(以下简称失控发票)后,增值税一般纳税人又向税务机关申请防伪税控报税的,其主管税务机关可以通过防伪税控报税子系统的逾期报税功能受理报税。

购买方主管税务机关对认证发现的失控发票，应按照规定移交稽查部门组织协查。属于销售方已申报并缴纳税款的，可由销售方主管税务机关出具书面证明，并通过协查系统回复购买方主管税务机关，该失控发票可作为购买方抵扣增值税进项税额的凭证。

[温馨提醒]

货运专用发票暂不纳入失控发票快速反应机制管理。

（九）一般纳税人用加油卡加油可否要求加油站直接开具专用发票

根据《成品油零售加油站增值税征收管理办法》（国家税务总局令〔2002〕2号）第十二条规定，发售加油卡、加油凭证销售成品油的纳税人（以下简称"预售单位"）在售卖加油卡、加油凭证时，应按预收账款方法作相关账务处理，不征收增值税。预售单位在发售加油卡或加油凭证时可开具普通发票，如购油单位要求开具增值税专用发票，待用户凭卡或加油凭证加油后，根据加油卡或加油凭证回笼纪录，向购油单位开具增值税专用发票。接受加油卡或加油凭证销售成品油的单位与预售单位结算油款时，接受加油卡或加油凭证销售成品油的单位根据实际结算的油款向预售单位开具增值税专用发票。

因此，加油站在售卖加油卡时，企业可以要求其提前开具普通发票，但不能提前开具增值税专用发票。只有待企业凭卡或加油凭证加油后，根据加油卡或加油凭证回笼记录，才能要求加油站开具增值税专用发票。

（十）增值税专用发票的其他规定

1. 小规模纳税人提供应税服务，接受方索取增值税专用发票的，可以向主管税务机关申请代开。

2. 纳税人提供应税服务，开具增值税专用发票后，因提供应税服务中止、折让、开票有误等情形，应当按照国家税务总局的规定开具红字增值税专用发票。未按照规定开具红字增值税专用发票的，不得扣减销项税额或者销售额。

3. 有下列情形之一者，应当按照销售额和增值税税率计算应纳税额，不得抵扣进项税额，也不得使用增值税专用发票：

（1）一般纳税人会计核算不健全，或者不能够提供准确税务资料的。

（2）应当申请办理一般纳税人资格认定而未申请的。

[营改增税收政策]

《财政部 国家税务总局关于在上海市开展交通运输业和部分现代服务业营业税改征增值税试点的通知》（财税〔2011〕111号）附件1《交通运输业和部分现代服务业营业税改征增值税试点实施办法》

七、不得从销项税额中抵扣的进项税额

下列项目的进项税额不得从销项税额中抵扣：

1. 用于适用简易计税方法计税项目、非增值税应税项目、免征增值税项目、集体福利或者个人消费的购进货物、接受加工修理修配劳务或者应税服务。其中涉及的固定资产、专利技术、非专利技术、商誉、商标、著作权、有形动产租赁，仅指专用于上述项目的固定资产、专利技术、非专利技术、商誉、商标、著作权、有形动产租赁。

[温馨提醒]

1. 非增值税应税项目，是指非增值税应税劳务、转让无形资产（专利技术、非专利技术、商誉、商标、著作权除外）、销售不动产以及不动产在建工程。

（1）非增值税应税劳务，是指《应税服务范围注释》所列项目以外的营业税应税劳务。

（2）不动产，是指不能移动或者移动后会引起性质、形状改变的财产，包括建筑物、构筑物和其他土地附着物。

纳税人新建、改建、扩建、修缮、装饰不动产，均属于不动产在建工程。

（3）固定资产，是指使用期限超过12个月的机器、机械、运输工具以

及其他与生产经营有关的设备、工具、器具等。

2. 只有专门用于简易计税方法计税项目、非增值税应税项目、免征增值税项目、集体福利或者个人消费的固定资产进项税额才不得抵扣，其他混用的固定资产进项税额均可以抵扣。

征收增值税的混合销售行为，其混合销售行为中用于非增值税应税项目的购进货物和应税劳务的进项税额也可以抵扣。

3. 个人消费，包括纳税人的交际应酬消费。例如，业务招待费中列支的各类礼品、烟、酒、服装，不得抵扣进项税额。

2. 非正常损失的购进货物及相关的加工修理修配劳务和交通运输业服务。

3. 非正常损失的在产品、产成品所耗用的购进货物（不包括固定资产）、加工修理修配劳务或者交通运输业服务。

[温馨提醒]

非正常损失，是指因管理不善造成被盗、丢失、霉烂变质的损失，以及被执法部门依法没收或者强令自行销毁的货物。

4. 接受的旅客运输服务。

5. 自用的应征消费税的摩托车、汽车、游艇，但作为提供交通运输业服务的运输工具和租赁服务标的物的除外。

已抵扣进项税额的购进货物、接受加工修理修配劳务或者应税服务，发生上述1～5条规定情形（简易计税方法计税项目、非增值税应税劳务、免征增值税项目除外）的，应当将该进项税额从当期进项税额中扣减；无法确定该进项税额的，按照当期实际成本计算应扣减的进项税额。

[营改增税收政策]

《财政部 国家税务总局关于在上海市开展交通运输业和部分现代服务业营业税改征增值税试点的通知》（财税〔2011〕111号）附件1《交通运输业

和部分现代服务业营业税改征增值税试点实施办法》

八、兼营业务

1. 适用一般计税方法的纳税人,兼营简易计税方法计税项目、非增值税应税劳务、免征增值税项目而无法划分不得抵扣的进项税额,按照下列公式计算不得抵扣的进项税额:

$$\text{不得抵扣的进项税额} = \text{当期无法划分的全部进项税额} \times \frac{\text{当期简易计税方法计税项目销售额} + \text{非增值税应税劳务营业额} + \text{免征增值税项目销售额}}{\text{当期全部销售额} + \text{当期全部营业额}}$$

主管税务机关可以按照上述公式依据年度数据对不得抵扣的进项税额进行清算。

2. 纳税人兼营营业税应税项目的,应当分别核算应税服务的销售额和营业税应税项目的营业额;未分别核算的,由主管税务机关核定应税服务的销售额。

3. 纳税人兼营免税、减税项目的,应当分别核算免税、减税项目的销售额;未分别核算的,不得免税、减税。

[营改增税收政策]

《财政部 国家税务总局关于在上海市开展交通运输业和部分现代服务业营业税改征增值税试点的通知》(财税〔2011〕111号)附件1《交通运输业和部分现代服务业营业税改征增值税试点实施办法》

九、混业经营

纳税人兼有不同税率或者征收率的销售货物、提供加工修理修配劳务或者应税服务的,应当分别核算适用不同税率或征收率的销售额,未分别核算销售额的,按照以下方法适用税率或征收率:

1. 兼有不同税率的销售货物、提供加工修理修配劳务或者应税服务的，从高适用税率。

2. 兼有不同征收率的销售货物、提供加工修理修配劳务或者应税服务的，从高适用征收率。

3. 兼有不同税率和征收率的销售货物、提供加工修理修配劳务或者应税服务的，从高适用税率。

混业经营与混合销售之间的区别为：

混业经营。企业经营行为涉及不同的增值税应税项目，从高适用税率。

混合销售。企业一项经营行为既涉及增值税应税项目又涉及营业税应税项目，除特殊情况外，按主业只征收一种税，要么是增值税，要么是营业税。

[营改增税收政策]

《财政部 国家税务总局关于在上海市开展交通运输业和部分现代服务业营业税改征增值税试点的通知》（财税〔2011〕111号）附件2《交通运输业和部分现代服务业营业税改征增值税试点有关事项的规定》

十、增值税纳税义务发生时间

1. 增值税纳税义务发生时间为纳税人提供应税服务并收讫销售款项或者取得索取销售款项凭据的当天；先开具发票的，为开具发票的当天。

收讫销售款项，是指纳税人提供应税服务过程中或者完成后收到款项。

取得索取销售款项凭据的当天，是指书面合同确定的付款日期；未签订书面合同或者书面合同未确定付款日期的，为应税服务完成的当天。

2. 纳税人提供有形动产租赁服务采取预收款方式的，其纳税义务发生时间为收到预收款的当天。

3. 纳税人发生视同提供应税服务的，其纳税义务发生时间为应税服务完成的当天。

4. 增值税扣缴义务发生时间为纳税人增值税纳税义务发生的当天。

【例1-3】 甲公司与客户乙公司于2月签订了一份咨询服务合同，合同约定，2月20日甲公司向乙公司提供50万元的咨询服务，乙公司应于3月

10日之前支付全部款项。3月初乙公司由于突发事件,资金紧张,暂时无力支付。3月份甲公司应交增值税为10万元,若再申报缴纳该笔业务的税款,由于未能收回货款,将造成公司资金周转困难,于是财务人员决定暂不申报缴纳该笔业务的税款,待实际收到款项时再进行申报纳税。7月份收到款项后,财务人员开具专用发票,申报缴纳了税款。财务人员认为自己只是延迟缴纳税款,并未少缴税款。7月份稽查局对甲公司上半年的增值税纳税情况进行专项检查,发现这笔业务,稽查局认为该公司未按规定期限申报纳税,为逃避缴纳税款行为,决定给予甲公司未按期缴纳税款0.5倍的罚款并加收滞纳金的处理。稽查局的处理决定正确吗?

稽查局的处理决定正确。因为,根据税法规定,纳税义务发生时间为书面合同确定的付款日期。因此,不论在3月10日甲公司是否收回货款,均应申报缴纳税款。

【例1-4】 甲公司与客户丙公司于2月签订了一份咨询服务合同,合同约定,2月28日甲公司向丙公司提供100万元的咨询服务,丙公司应于3月10日之前支付全部款项。2月28日甲公司已就此项业务开具发票。甲公司纳税义务发生时间为哪一天?

根据税法规定,纳税义务发生时间为纳税人提供应税服务并收讫销售款项或者取得索取销售款项凭据的当天;先开具发票的,为开具发票的当天。因此,该业务纳税义务发生时间应为2月28日,而不是3月10日。

【例1-5】 甲公司7月份出租一台货车,租金6 000元/月,8月1日一次性预收了对方半年的租金共36 000元,甲公司纳税义务发生时间为哪一天?

根据税法规定,纳税人提供有形动产租赁服务采取预收款方式的,其纳税义务发生时间为收到预收款的当天。因此,该业务纳税义务发生时间应为收到36 000元租金的当天8月1日,8月份应确认收入36 000元。

【例1-6】 甲公司9月27日与乙公司签订运输服务合同,合同金额为30万元,书面合同未确定付款日期,甲公司9月28日开始运输,10月1日抵达目的地。期间于9月28日收到运费5万元,9月30日收到运费10万元,11月2日收到剩余运费15万元。甲公司纳税义务发生时间为哪一天?

根据税法规定，纳税义务发生时间为纳税人提供应税服务并收讫销售款项或者取得索取销售款项凭据的当天，该业务纳税义务发生时间应为9月28日、9月30日收到运费的当天，而不是运输劳务提供完成的10月1日，9月份此业务销售额确认15万元。

根据税法规定，取得索取销售款项凭据的当天，是指书面合同确定的付款日期；未签订书面合同或者书面合同未确定付款日期的，为应税服务完成的当天。尽管余款15万元于11月2日才收到，但是运输劳务提供完成日期为10月1日，因此该业务纳税义务发生时间应为10月1日，10月份此业务销售额确认15万元，并开具发票。

[营改增税收政策]

《财政部 国家税务总局关于在上海市开展交通运输业和部分现代服务业营业税改征增值税试点的通知》（财税〔2011〕111号）附件1《交通运输业和部分现代服务业营业税改征增值税试点实施办法》

十一、原增值税纳税人与营改增纳税人发生业务适用的有关政策

原增值税纳税人，指按照《中华人民共和国增值税暂行条例》缴纳增值税的纳税人。

（一）进项税额

（1）原增值税一般纳税人接受试点纳税人提供的应税服务，取得的增值税专用发票上注明的增值税额为进项税额，准予从销项税额中抵扣。

（2）原增值税一般纳税人接受试点纳税人中的小规模纳税人提供的交通运输业服务，按照从提供方取得的增值税专用发票上注明的价税合计金额和7%的扣除率计算进项税额，从销项税额中抵扣。

（3）试点地区的原增值税一般纳税人接受境外单位或者个人提供的应税服务，按照规定应当扣缴增值税的，准予从销项税额中抵扣的进项税额为从税务机关或者代理人取得的解缴税款的中华人民共和国税收通用缴款书（以下简称通用缴款书）上注明的增值税额。

上述纳税人凭通用缴款书抵扣进项税额的，应当具备书面合同、付款证明和境外单位的对账单或者发票。否则，进项税额不得从销项税额中抵扣。

（4）试点地区的原增值税一般纳税人购进货物或者接受加工修理修配劳务，用于《应税服务范围注释》所列项目的，不属于《中华人民共和国增值税暂行条例》（以下简称《增值税条例》）第十条所称的用于非增值税应税项目，其进项税额准予从销项税额中抵扣。

（5）原增值税一般纳税人接受试点纳税人提供的应税服务，下列项目的进项税额不得从销项税额中抵扣：

①用于简易计税方法计税项目、非增值税应税项目、免征增值税项目、集体福利或者个人消费，其中涉及的专利技术、非专利技术、商誉、商标、著作权、有形动产租赁，仅指专用于上述项目的专利技术、非专利技术、商誉、商标、著作权、有形动产租赁。

②接受的旅客运输服务。

③与非正常损失的购进货物相关的交通运输业服务。

④与非正常损失的在产品、产成品所耗用购进货物相关的交通运输业服务。

上述非增值税应税项目，对于试点地区的原增值税一般纳税人，是指《增值税条例》第十条所称的非增值税应税项目，但不包括《应税服务范围注释》所列项目；对于非试点地区的原增值税一般纳税人，是指《增值税条例》第十条所称的非增值税应税项目。

（6）原增值税一般纳税人从试点地区取得的该地区试点实施之日（含）以后开具的运输费用结算单据（铁路运输费用结算单据除外），一律不得作为增值税扣税凭证。

（二）一般纳税人认定

试点地区的原增值税一般纳税人兼有应税服务，按照规定应当申请认定一般纳税人的，不需要重新办理一般纳税人认定手续。

（三）增值税期末留抵税额

试点地区的原增值税一般纳税人兼有应税服务的，截止到该地区试点实施之日前的增值税期末留抵税额，不得从应税服务的销项税额中抵扣。

[营改增税收政策]

《财政部 国家税务总局关于在上海市开展交通运输业和部分现代服务业营业税改征增值税试点的通知》（财税〔2011〕111号）附件2《交通运输业和部分现代服务业营业税改征增值税试点有关事项的规定》

十二、增值税一般纳税人资格认定

（一）一般纳税人认定的三种情况

1. 试点实施前已取得一般纳税人资格并兼有应税服务的试点纳税人，不需重新申请认定，由主管税务机关制作、送达《税务事项通知书》，告知纳税人。

2. 除第1条规定外，营业税改征增值税试点纳税人应税服务年销售额超过500万元的，应当向主管税务机关申请增值税一般纳税人资格认定。

[温馨提醒]

1. 应税服务年销售额，是指试点纳税人在连续不超过12个月的经营期内，提供交通运输业和部分现代服务业服务的累计销售额，含免税、减税销售额。

2. 试点纳税人试点实施前的应税服务年销售额按以下公式换算：应税服务年销售额＝连续不超过12个月应税服务营业额合计÷（1＋3%）。计算应税服务营业额的具体起、止时间由试点地区省级国家税务局（包括计划单列市，下同）根据本省市的实际情况确定。

3. 按《交通运输业和部分现代服务业营业税改征增值税试点有关事项的规定》第一条第（三）项确定销售额的试点纳税人，其应税服务年销售额按未扣除之前的销售额计算。

【例 1-7】 甲会计师事务所有限公司，2012 年度取得审计、验资等业务收入 400 万元，2012 年 7 月至 2013 年 5 月累计业务收入 510 万元，该公司连续 11 个月的累计销售额已超过 500 万元，应当向主管税务机关申请增值税一般纳税人资格认定。

【例 1-8】 甲运输公司，2012 年 6 月至 2013 年 5 月取得运输收入 560 万元，支付非试点联运企业运费 100 万元并取得发票，该公司应税服务年销售额按未扣除之前的销售额计算，应为 560 万元，而不是 460 万元，应当向主管税务机关申请增值税一般纳税人资格认定。

【例 1-9】 甲咨询公司财务核算制度不健全，2012 年 5 月至 2013 年 4 月取得销售额 660 万元，应税服务年销售额已超过小规模纳税人标准。公司不得以会计制度不健全为理由不申请一般纳税人认证，而应当向主管税务机关申请增值税一般纳税人资格认定，否则，按《中华人民共和国增值税暂行条例实施细则》第三十四条规定，将按销售额依照增值税税率计算应纳税额，不得抵扣进项税额，也不得使用增值税专用发票。

3. 应税服务年销售额未超过 500 万元以及新开业的试点纳税人，可以向主管税务机关申请一般纳税人资格认定。

提出申请并且同时符合下列条件的试点纳税人，主管税务机关应当为其办理一般纳税人资格认定：

（1）有固定的生产经营场所；

（2）能够按照国家统一的会计制度规定设置账簿，根据合法、有效凭证核算，能够提供准确税务资料。

[温馨提醒]

超过标准的纳税人必须申请一般纳税人认定，没有选择权，具有强制性；未超过标准的纳税人可以选择申请一般纳税人，也可以选择小规模纳税人，具有选择性。

（二）一般纳税人认定的程序

营业税改征增值税试点实施后，试点纳税人应按照国家税务总局令第

22号及其相关程序规定，办理增值税一般纳税人资格认定。

根据《增值税一般纳税人资格认定管理办法》（国家税务总局令第22号）规定，办理一般纳税人资格认定程序具体如下：

1. 年应税销售额超过财政部、国家税务总局规定的小规模纳税人标准的，按照下列程序办理一般纳税人资格认定：

（1）纳税人应当在申报期结束后40日（工作日，下同）内向主管税务机关报送《增值税一般纳税人申请认定表》，申请一般纳税人资格认定。

（2）认定机关应当在主管税务机关受理申请之日起20日内完成一般纳税人资格认定，并由主管税务机关制作、送达《税务事项通知书》，告知纳税人。

（3）纳税人未在规定期限内申请一般纳税人资格认定的，主管税务机关应当在规定期限结束后20日内制作并送达《税务事项通知书》，告知纳税人。

纳税人符合不办理一般纳税人资格认定的纳税人规定的，应当在收到《税务事项通知书》后10日内向主管税务机关报送《不认定增值税一般纳税人申请表》，经认定机关批准后不办理一般纳税人资格认定。认定机关应当在主管税务机关受理申请之日起20日内批准完毕，并由主管税务机关制作、送达《税务事项通知书》，告知纳税人。

（4）主管税务机关应当在一般纳税人《税务登记证》副本"资格认定"栏内加盖"增值税一般纳税人"戳记。

注：

年应税销售额已超过小规模纳税人标准，应在收到《税务事项通知书》后10日内向主管税务机关报送《增值税一般纳税人申请认定表》或《不认定增值税一般纳税人申请表》；逾期未报送的，将按《增值税暂行条例实施细则》第三十四条规定，按销售额依照增值税税率计算应纳税额，不得抵扣进项税额，也不得使用增值税专用发票。

纳税人在《税务事项通知书》规定的时限内仍未向主管税务机关报送《一般纳税人资格认定表》或者《不认定增值税一般纳税人申请表》的，应按《中华人民共和国增值税暂行条例实施细则》第三十四条规定，按销售额依照增值税税率计算应纳税额，不得抵扣进项税额，也不得使用增值税专用发票。直至纳税人报送上述资料，并经主管税务机关审核批准后方可停止执行。

2. 年应税销售额未超过财政部、国家税务总局规定的小规模纳税人标准以及新开业的纳税人，按照下列程序办理一般纳税人资格认定：

（1）纳税人应当向主管税务机关填报《增值税一般纳税人申请认定表》，并提供下列资料：

①《税务登记证》副本；

②财务负责人和办税人员的身份证明及其复印件；

③会计人员的会计从业资格证书或者与中介机构签订的代理记账协议及其复印件；

④经营场所产权证明或者租赁协议，或者其他可使用场地证明及其复印件；

⑤国家税务总局规定的其他有关资料。

（2）主管税务机关应当当场核对纳税人的申请资料，经核对一致且申请资料齐全、符合填列要求的，当场受理，制作《文书受理回执单》，并将有关资料的原件退还纳税人。

对申请资料不齐全或者不符合填列要求的，应当当场告知纳税人需要补正的全部内容。

（3）主管税务机关受理纳税人申请以后，根据需要进行实地查验，并制作查验报告。查验报告由纳税人法定代表人（负责人或者业主）、税务查验人员共同签字（签章）确认。

实地查验时，应当有两名或者两名以上税务机关工作人员同时到场。

实地查验的范围和方法由各省税务机关确定并报国家税务总局备案。

（4）认定机关应当自主管税务机关受理申请之日起 20 日内完成一般纳税人资格认定，并由主管税务机关制作、送达《税务事项通知书》，告知纳税人。

（5）主管税务机关应当在一般纳税人《税务登记证》副本"资格认定"栏内加盖"增值税一般纳税人"戳记。

3. 纳税人自认定机关认定为一般纳税人的次月起（新开业纳税人自主

管税务机关受理申请的当月起），按照《中华人民共和国增值税暂行条例》第四条的规定计算应纳税额，并按照规定领购、使用增值税专用发票。

（三）一般纳税人辅导期管理

1. 试点纳税人取得一般纳税人资格后，发生增值税偷税、骗取退税和虚开增值税扣税凭证等行为的，主管税务机关可以对其实行不少于6个月的纳税辅导期管理。

2. 增值税抵扣凭证应当在交叉稽核比对无误后，方可抵扣进项税额。

3. 主管税务机关对辅导期纳税人实行限量限额发售专用发票。

4. 辅导期纳税人一个月内多次领购专用发票的，应从当月第二次领购专用发票起，按照上一次已领购并开具的专用发票销售额的3%预缴增值税，未预缴增值税的，主管税务机关不得向其发售专用发票。

5. 辅导期纳税人按规定预缴的增值税可在本期增值税应纳税额中抵减，抵减后预缴增值税仍有余额的，可抵减下期再次领购专用发票时应当预缴的增值税。

纳税辅导期结束后，纳税人因增购专用发票发生的预缴增值税有余额的，主管税务机关应在纳税辅导期结束后的第一个月内，一次性退还纳税人。

6. 辅导期纳税人抵扣进项税额的会计处理。

辅导期纳税人应当在"应交税费"科目下增设"待抵扣进项税额"明细科目，核算尚未交叉稽核比对的增值税抵扣凭证注明或者计算的进项税额。

辅导期纳税人取得增值税抵扣凭证后，借记"应交税费——待抵扣进项税额"明细科目，贷记相关科目。交叉稽核比对无误后，借记"应交税费——应交增值税（进项税额）"科目，贷记"应交税费——待抵扣进项税额"科目。经核实不得抵扣的进项税额，红字借记"应交税费——待抵扣进项税额"，红字贷记相关科目。

[营改增税收政策]

1.《国家税务总局关于上海市营业税改征增值税试点增值税一般纳税人资格认定有关事项的公告》（国家税务总局公告2011年第65号）

2.《国家税务总局关于北京等8省市营业税改征增值税试点增值税一般纳税人资格认定有关事项的公告》(国家税务总局公告2012年第38号)

十三、试点地区发票使用问题

1. 自本地区试点实施之日起,试点地区增值税一般纳税人从事增值税应税行为(提供货物运输服务除外)统一使用增值税专用发票和增值税普通发票,一般纳税人提供货物运输服务统一使用货物运输业增值税专用发票(以下简称货运专用发票)和普通发票。

小规模纳税人提供货物运输服务,接受方索取货运专用发票的,可向主管税务机关申请代开货运专用发票。代开货运专用发票按照代开专用发票的有关规定执行。

[温馨提醒]

交通运输业中从事货物运输业的试点纳税人,根据发票适用范围,分别使用货物运输业增值税专用发票、国家税务局通用机打发票、国家税务局通用手工发票。

交通运输业中从事非货物运输的试点纳税人和部分现代服务业试点纳税人,根据发票适用范围,分别使用增值税专用发票、增值税普通发票、国家税务局通用机打发票、国家税务局通用手工发票、国家税务局通用定额发票。

试点纳税人符合《国家税务总局关于发票专用章式样有关问题的公告》(国家税务总局公告2011年第7号)式样的发票专用章无须更换,但需要报主管税务机关备案。

2. 自本地区试点实施之日起,试点地区纳税人不得开具公路、内河货物运输业统一发票。

[温馨提醒]

对营改增纳税人实行普通发票(公路、内河货物运输业统一发票除外)过渡期管理。营改增纳税人在过渡期内可继续使用其领购结存的地税监制普通发票，过渡期结束后或结存地税监制普通发票使用完的，应领购使用国税监制普通发票。

3. 试点地区（上海）提供港口码头服务的一般纳税人可以选择使用定额普通发票。试点地区（北京等8省市）提供港口码头服务、货运客运场站服务、装卸搬运服务以及旅客运输服务的一般纳税人可以选择使用定额普通发票。

4. 纳税人于本地区试点实施之日前提供改征增值税的营业税应税服务并开具发票后，如发生服务中止、折让、开票有误等情况，且不符合发票作废条件的，应开具红字普通发票，不得开具红字专用发票。对于需重新开具发票的，应开具普通发票，不得开具专用发票（包括货运专用发票）。

5. 试点地区从事国际货物运输代理业务的一般纳税人，应使用六联增值税专用发票或五联增值税普通发票，其中第四联用作购付汇联；从事国际货物运输代理业务的小规模纳税人开具的普通发票第四联用作购付汇联。

6. 货运专用发票开具问题。

（1）一般纳税人提供应税货物运输服务使用货运专用发票，提供其他应税项目、免税项目或非增值税应税项目不得使用货运专用发票。

（2）货运专用发票中"承运人及纳税人识别号"栏内容为提供货物运输服务、开具货运专用发票的一般纳税人信息；"实际受票方及纳税人识别号"栏内容为实际负担运输费用、抵扣进项税额的一般纳税人信息；"费用项目及金额"栏内容为应税货物运输服务明细项目不含增值税额的销售额；"合计金额"栏内容为应税货物运输服务项目不含增值税额的销售额合计；"税率"栏内容为增值税税率；"税额"栏为按照应税货物运输服务项目不含增值税额的销售额和增值税税率计算的增值税额；"价税合计（大写）（小写）"栏内容为不含增值税额的销售额和增值税额的合计；"机器编号"栏内容为货物运输业增值税专用发票税控系统税控盘编号。

[温馨提醒]

货运专用发票内容包括：发票代码、发票号码、开票日期、承运人及纳税人识别号、实际受票方及纳税人识别号、收货人及纳税人识别号、发货人及纳税人识别号、密码区、起运地、经由、到达地、费用项目及金额、运输货物信息、合计金额、税率、税额、机器编号、价税合计（大写）、小写、车种车号、车船吨位、主管税务机关及代码、备注、收款人、复核人、开票人、承运人（章）。

其中，起运地、经由、到达地、车种车号、车船吨位、备注等为选填项，其他必填。

（3）税务机关在代开货运专用发票时，货物运输业增值税专用发票税控系统在货运专用发票左上角自动打印"代开"字样；货运专用发票"费用项目及金额"栏内容为应税货物运输服务明细项目含增值税额的销售额；"合计金额"栏和"价税合计（大写）（小写）"栏内容为应税货物运输服务项目含增值税额的销售额合计；"税率"栏和"税额"栏均自动打印"＊＊＊"；"备注"栏打印税收完税凭证号码。

（4）一般纳税人提供货物运输服务，开具货运专用发票后，发生应税服务中止、折让、开票有误以及发票抵扣联、发票联均无法认证等情形，且不符合发票作废条件，需要开具红字货运专用发票的，实际受票方或承运人应向主管税务机关填报《开具红字货物运输业增值税专用发票申请单》，经主管税务机关审核后，出具《开具红字货物运输业增值税专用发票通知单》（以下简称《通知单》）。承运方凭《通知单》在货物运输业增值税专用发票税控系统中以销项负数开具红字货运专用发票。《通知单》暂不通过系统开具和管理，其他事项按照现行红字专用发票有关规定执行。

7. 货运专用发票管理问题。

（1）货运专用发票暂不纳入失控发票快速反应机制管理。

（2）货运专用发票的认证结果、稽核结果分类暂与公路内河货物运输业统一发票一致，认证、稽核异常货运专用发票的处理暂按照现行公路内河货物运输业统一发票的有关规定执行。

（3）对稽核异常货运专用发票的审核检查暂按照现行公路内河货物运输业统一发票的有关规定执行。

8. 税控系统使用问题。

(1) 自本地区试点实施之日起,试点地区新认定的一般纳税人(提供货物运输服务的纳税人除外)使用增值税防伪税控系统,提供货物运输服务的一般纳税人使用货物运输业增值税专用发票税控系统。试点地区使用的增值税防伪税控系统专用设备为金税盘和报税盘,纳税人应当使用金税盘开具发票,使用报税盘领购发票、抄报税。货物运输业增值税专用发票税控系统专用设备为税控盘和报税盘,纳税人应当使用税控盘开具发票,使用报税盘领购发票、抄报税。

(2) 货物运输业增值税专用发票税控系统及专用设备管理按照现行增值税防伪税控系统有关规定执行,涉及的相关文书试点地区可在现有文书基础上适当调整。

(3) 自试点实施之日起,小规模纳税人可使用金税盘或税控盘开具普通发票,使用报税盘领购发票、抄报税。

[营改增税收政策]

《国家税务总局关于北京等8省市营业税改征增值税试点有关税收征收管理问题的公告》(国家税务总局公告2012年第42号)

十四、总分机构试点纳税人增值税计算缴纳办法

经财政部和国家税务总局批准的总机构试点纳税人及其分支机构计算缴纳增值税的办法如下。

1. 总机构应当汇总计算总机构以及其分支机构发生《应税服务范围注释》所列业务的应交增值税,分支机构发生《应税服务范围注释》所列业务已缴纳的增值税和营业税税款后,在总机构所在地解缴入库。总机构销售货物、提供加工修理修配劳务,按照增值税暂行条例及相关规定申报缴纳增值税。

2. 总机构的汇总应征增值税销售额由以下两部分组成:

(1) 总机构及其试点地区分支机构发生《应税服务范围注释》所列业务的应征增值税销售额。

(2) 非试点地区分支机构发生《应税服务范围注释》所列业务的销售额。计算公式如下：

销售额＝应税服务的营业额÷(1＋增值税适用税率)

应税服务的营业额，是指非试点地区分支机构发生《应税服务范围注释》所列业务的营业额。增值税适用税率，是指《交通运输业和部分现代服务业营业税改征增值税试点实施办法》(以下简称《试点实施办法》)规定的增值税适用税率。

3. 总机构汇总的销项税额，按照上述第2条规定的应征增值税销售额和《试点实施办法》规定的增值税适用税率计算。

4. 总机构汇总的进项税额，是指总机构及其分支机构因发生《应税服务范围注释》所列业务而购进货物或者接受加工修理修配劳务和应税服务，支付或者负担的增值税税额。总机构及其分支机构用于发生《应税服务范围注释》所列业务之外的进项税额不得汇总。

5. 试点地区分支机构发生《应税服务范围注释》所列业务，按照应征增值税销售额和预征率计算缴纳增值税。计算公式如下：

应缴纳的增值税＝应征增值税销售额×预征率

预征率由财政部和国家税务总局规定，并适时予以调整，分支机构预征率暂为1%。

试点地区分支机构和非试点地区分支机构销售货物、提供加工修理修配劳务，按照增值税暂行条例及相关规定就地申报缴纳增值税；非试点地区分支机构发生《应税服务范围注释》所列业务，按照现行规定申报缴纳营业税。

6. 分支机构发生《应税服务范围注释》所列业务当期已缴纳的增值税和营业税税款，允许在总机构当期增值税应纳税额中抵减，抵减不完的，可以结转下期继续抵减。

7. 总机构以及试点地区分支机构的其他增值税涉税事项，按照《财政部 国家税务总局关于在上海市开展交通运输业和部分现代服务业营业税改征增值税试点的通知》(财税〔2011〕111号)及其他增值税有关政策执行。

【例 1-10】 Z 运输总公司（试点纳税人）在 F 省和 S 省分别设 F 分公司（非试点纳税人）和 S 分公司（试点纳税人），为经财政部和国家税务总局批准的总机构试点纳税人及其分支机构。7 月份，F 分公司运输业务收入 2 220 万元，S 分公司运输业务收入 1 110 万元，Z 运输总公司总机构收入 12 210 万元。7 月份，F 分公司取得增值税扣税凭证上的税额为 50 万元，S 分公司取得增值税扣税凭证上的税额 40 万元，总机构取得增值税扣税凭证上的税额 500 万元，均为因发生运输业务而购进货物和应税服务负担的增值税额。

总机构应纳税额的计算：

1. 非试点地区分支机构发生《应税服务范围注释》所列业务，按照现行规定申报缴纳营业税。

$$F 分公司应缴纳营业税 = 2\ 220 \times 3\% = 66.6（万元）$$

2. 试点地区分支机构发生《应税服务范围注释》所列业务，按照应征增值税销售额和预征率计算缴纳增值税。

$$S 分公司应缴纳的增值税 = 应征增值税销售额 \times 预征率$$
$$= 1\ 110 \div (1 + 11\%) \times 1\% = 10（万元）$$

3. 总机构的汇总应征增值税销售额由以下两部分组成：

（1）总机构及其试点地区分支机构发生《应税服务范围注释》所列业务的应征增值税销售额。

$$\begin{array}{r}Z 运输总公司总机构及其\\分支机构的应征增值税销售额\end{array} = (12\ 210 + 1\ 110) \div (1 + 11\%)$$
$$= 12\ 000（万元）$$

（2）非试点地区分支机构发生《应税服务范围注释》所列业务的销售额。

$$F 分公司销售额 = 应税服务的营业额 \div (1 + 增值税适用税率)$$
$$= 2\ 220 \div (1 + 11\%) = 2\ 000（万元）$$

4. 总机构应纳税额计算。

总机构汇总的销项税额，按照总机构的汇总应征增值税销售额和《试点实施办法》规定的增值税适用税率计算。

总机构汇总的销项税额＝(12 000＋2 000)×11％＝1 540（万元）

总机构汇总的进项税额，是指总机构及其分支机构因发生《应税服务范围注释》所列业务而购进货物或者接受加工修理修配劳务和应税服务，支付或者负担的增值税税额。

总机构汇总的进项税额＝50＋40＋500＝590（万元）

分支机构发生《应税服务范围注释》所列业务当期已缴纳的增值税和营业税税款，允许在总机构当期增值税应纳税额中抵减。

总机构应缴纳增值税＝1 540－590－66.6－10＝873.4（万元）

十五、增值税的起征点

1. 增值税起征点幅度如下：
（1）按期纳税的，为月应税销售额5 000～20 000元（含本数）。
（2）按次纳税的，为每次（日）销售额300～500元（含本数）。
起征点的调整由财政部和国家税务总局规定。省、自治区、直辖市财政厅（局）和国家税务局应当在规定的幅度内，根据实际情况确定本地区适用的起征点，并报财政部和国家税务总局备案。

2. 个人提供应税服务的销售额未达到增值税起征点的，免征增值税；达到起征点的，全额计算缴纳增值税。

3. 增值税起征点不适用于认定为一般纳税人的个体工商户。

[营改增税收政策]

《财政部 国家税务总局关于在上海市开展交通运输业和部分现代服务业营业税改征增值税试点的通知》（财税〔2011〕111号）附件1《交通运输业和部分现代服务业营业税改征增值税试点实施办法》

十六、增值税纳税地点与纳税期限

1. 增值税纳税地点。

（1）固定业户应当向其机构所在地或者居住地主管税务机关申报纳税。总机构和分支机构不在同一县（市）的，应当分别向各自所在地的主管税务机关申报纳税；经财政部和国家税务总局或者其授权的财政和税务机关批准，可以由总机构合并向总机构所在地的主管税务机关申报纳税。

（2）非固定业户应当向应税服务发生地主管税务机关申报纳税；未申报纳税的，由其机构所在地或者居住地主管税务机关补征税款。机构所在地或者居住地在试点地区的非固定业户在非试点地区提供应税服务，应当向其机构所在地或者居住地主管税务机关申报缴纳增值税。

（3）扣缴义务人应当向其机构所在地或者居住地主管税务机关申报缴纳其扣缴的税款。

2. 增值税的纳税期限分别为1日、3日、5日、10日、15日、1个月或者1个季度。纳税人的具体纳税期限，由主管税务机关根据纳税人应纳税额的大小分别核定。以1个季度为纳税期限的规定适用于小规模纳税人以及财政部和国家税务总局规定的其他纳税人。不能按照固定期限纳税的，可以按次纳税。

纳税人以1个月或者1个季度为1个纳税期的，自期满之日起15日内申报纳税；以1日、3日、5日、10日或者15日为1个纳税期的，自期满之日起5日内预缴税款，于次月1日起15日内申报纳税并结清上月应纳税款。

扣缴义务人解缴税款的期限，按照上述规定执行。

[营改增税收政策]

《财政部 国家税务总局关于在上海市开展交通运输业和部分现代服务业营业税改征增值税试点的通知》（财税〔2011〕111号）附件1《交通运输业和部分现代服务业营业税改征增值税试点实施办法》

第二章 营业税改征增值税试点应税服务过渡政策

一、税收优惠过渡政策

交通运输业和部分现代服务业营业税改征增值税后，为实现试点纳税人原享受的营业税优惠政策平稳过渡，财政部、国家税务总局制定了相关税收优惠政策，现将试点期间试点纳税人有关增值税优惠政策整理如下。

（一）直接免税的营改增试点服务

下列项目免征增值税：

1. 个人转让著作权。
2. 残疾人个人提供应税服务。
3. 航空公司提供飞机播洒农药服务。
4. 试点纳税人提供技术转让、技术开发和与之相关的技术咨询、技术服务。

（1）技术转让，是指转让者将其拥有的专利和非专利技术的所有权或者使用权有偿转让他人的行为；技术开发，是指开发者接受他人委托，就新技术、新产品、新工艺或者新材料及其系统进行研究开发的行为；技术咨询，是指就特定技术项目提供可行性论证、技术预测、专题技术调查、分析评价报告等。

与技术转让、技术开发相关的技术咨询、技术服务，是指转让方（或受托方）根据技术转让或开发合同的规定，为帮助受让方（或委托方）掌握所转让（或委托开发）的技术而提供的技术咨询、技术服务业务，且这部分技术咨询、服务的价款与技术转让（或开发）的价款应当开在同一张发票上。

（2）审批程序。试点纳税人申请免征增值税时，须持技术转让、开发的书面合同，到试点纳税人所在地省级科技主管部门进行认定，并持有关的书面合同和科技主管部门审核意见证明文件报主管国家税务局备查。

5. 符合条件的节能服务公司实施合同能源管理项目中提供的应税服务。上述"符合条件"是指同时满足下列条件：

（1）节能服务公司实施合同能源管理项目相关技术，应当符合国家质量监督检验检疫总局和国家标准化管理委员会发布的《合同能源管理技术通则》（GB/T24915—2010）规定的技术要求。

（2）节能服务公司与用能企业签订节能效益分享型合同，其合同格式和内容，符合《中华人民共和国合同法》和国家质量监督检验检疫总局和国家标准化管理委员会发布的《合同能源管理技术通则》（GB/T24915—2010）等规定。

6. 自2012年1月1日起至2013年12月31日，注册在上海的企业从事离岸服务外包业务中提供的应税服务。

从事离岸服务外包业务，是指注册在上海的企业根据境外单位与其签订的委托合同，由本企业或其直接转包的企业为境外提供信息技术外包服务（ITO）、技术性业务流程外包服务（BPO）或技术性知识流程外包服务（KPO）。

7. 台湾航运公司从事海峡两岸海上直航业务在大陆取得的运输收入。

台湾航运公司，是指取得交通运输部颁发的"台湾海峡两岸间水路运输许可证"且该许可证上注明的公司登记地址在台湾的航运公司。

8. 台湾航空公司从事海峡两岸空中直航业务在大陆取得的运输收入。

台湾航空公司，是指取得中国民用航空局颁发的"经营许可"或依据《海峡两岸空运协议》和《海峡两岸空运补充协议》规定，批准经营两岸旅客、货物和邮件不定期（包机）运输业务，且公司登记地址在台湾的航空公司。

9. 美国ABS船级社在非营利宗旨不变、中国船级社在美国享受同等免税待遇的前提下，在中国境内提供的船检服务。

10. 随军家属就业。

（1）为安置随军家属就业而新开办的企业，自领取税务登记证之日起，其提供的应税服务3年内免征增值税。

享受税收优惠政策的企业，随军家属必须占企业总人数的60%（含）以上，并有军（含）以上政治和后勤机关出具的证明。

（2）从事个体经营的随军家属，自领取税务登记证之日起，其提供的应税服务3年内免征增值税。

随军家属必须有师以上政治机关出具的可以表明其身份的证明，但税务部门应当进行相应的审查认定。

主管税务机关在企业或个人享受免税期间，应当对此类企业进行年度检查，凡不符合条件的，取消其免税政策。

按照上述规定，每一名随军家属可以享受一次免税政策。

11. 军队转业干部就业。

（1）从事个体经营的军队转业干部，经主管税务机关批准，自领取税务登记证之日起，其提供的应税服务3年内免征增值税。

（2）为安置自主择业的军队转业干部就业而新开办的企业，凡安置自主择业的军队转业干部占企业总人数60%（含）以上的，经主管税务机关批准，自领取税务登记证之日起，其提供的应税服务3年内免征增值税。

享受上述优惠政策的自主择业的军队转业干部必须持有师以上部队颁发的转业证件。

12. 城镇退役士兵就业。

（1）为安置自谋职业的城镇退役士兵就业而新办的服务型企业当年新安置自谋职业的城镇退役士兵达到职工总数30%以上，并与其签订1年以上期限劳动合同的，经县级以上民政部门认定、税务机关审核，其提供的应税服务（除广告服务外）3年内免征增值税。

（2）自谋职业的城镇退役士兵从事个体经营的，自领取税务登记证之日起，其提供的应税服务（除广告服务外）3年内免征增值税。

新办的服务型企业，是指《国务院办公厅转发民政部等部门关于扶持城镇退役士兵自谋职业优惠政策意见的通知》（国办发〔2004〕10号）下发后新组建的企业。原有的企业合并、分立、改制、改组、扩建、搬迁、转产以及吸收新成员、改变领导或隶属关系、改变企业名称的，不能视为新办企业。

自谋职业的城镇退役士兵，是指符合城镇安置条件，并与安置地民政部门签订《退役士兵自谋职业协议书》，领取《城镇退役士兵自谋职业证》的士官和义务兵。

13. 失业人员就业。

(1) 持《就业失业登记证》（注明"自主创业税收政策"或附《高校毕业生自主创业证》）人员从事个体经营的，在3年内按照每户每年8 000元为限额依次扣减其当年实际应缴纳的增值税、城市维护建设税、教育费附加和个人所得税。

试点纳税人年度应缴纳税款小于上述扣减限额的，以其实际缴纳的税款为限；大于上述扣减限额的，应当以上述扣减限额为限。

享受优惠政策的个体经营试点纳税人，是指提供《应税服务范围注释》服务（除广告服务外）的试点纳税人。

持《就业失业登记证》（注明"自主创业税收政策"或附《高校毕业生自主创业证》）人员是指：①在人力资源和社会保障部门公共就业服务机构登记失业半年以上的人员；②零就业家庭、享受城市居民最低生活保障家庭劳动年龄内的登记失业人员；③毕业年度内高校毕业生。

高校毕业生，是指实施高等学历教育的普通高等学校、成人高等学校毕业的学生；毕业年度，是指毕业所在自然年，即1月1日至12月31日。

(2) 服务型企业（除广告服务外）在新增加的岗位中，当年新招用持《就业失业登记证》（注明"企业吸纳税收政策"）人员，与其签订1年以上期限劳动合同并依法缴纳社会保险费的，在3年内按照实际招用人数予以定额依次扣减增值税、城市维护建设税、教育费附加和企业所得税优惠。定额标准为每人每年4 000元，可上下浮动20%，由试点地区省级人民政府根据本地区实际情况在此幅度内确定具体定额标准，并报财政部和国家税务总局备案。

按照上述标准计算的税收扣减额应当在企业当年实际应缴纳的增值税、城市维护建设税、教育费附加和企业所得税税额中扣减，当年扣减不足的，不得结转下年使用。

持《就业失业登记证》（注明"企业吸纳税收政策"）人员是指：①国有企业下岗失业人员；②国有企业关闭破产需要安置的人员；③国有企业所办集体企业（即厂办大集体企业）下岗职工；④享受最低生活保障且失

业 1 年以上的城镇其他登记失业人员。

服务型企业,是指从事原营业税"服务业"税目范围内业务的企业。

国有企业所办集体企业(即厂办大集体企业),是指 20 世纪 70 年代和 80 年代,由国有企业批准或资助兴办的,以安置回城知识青年和国有企业职工子女就业为目的,主要向主办国有企业提供配套产品或劳务服务,在工商行政机关登记注册为集体所有制的企业。厂办大集体企业下岗职工包括在国有企业混岗工作的集体企业下岗职工。

(3) 享受上述优惠政策的人员按照下列规定申领《就业失业登记证》、《高校毕业生自主创业证》等凭证:

①按照《就业服务与就业管理规定》(中华人民共和国劳动和社会保障部令第 28 号)第六十三条的规定,在法定劳动年龄内,有劳动能力,有就业要求,处于无业状态的城镇常住人员,在公共就业服务机构进行失业登记,申领《就业失业登记证》。其中,农村进城务工人员和其他非本地户籍人员在常住地稳定就业满 6 个月的,失业后可以在常住地登记。

②零就业家庭凭社区出具的证明,城镇低保家庭凭低保证明,在公共就业服务机构登记失业,申领《就业失业登记证》。

③毕业年度内高校毕业生在校期间凭学校出具的相关证明,经学校所在地省级教育行政部门核实认定,取得《高校毕业生自主创业证》(仅在毕业年度适用),并向创业地公共就业服务机构申请取得《就业失业登记证》;高校毕业生离校后直接向创业地公共就业服务机构申领《就业失业登记证》。

④服务型企业招录的人员,在公共就业服务机构申领《就业失业登记证》。

⑤《再就业优惠证》不再发放,原持证人员应当到公共就业服务机构换发《就业失业登记证》。正在享受下岗失业人员再就业税收优惠政策的原持证人员,继续享受原税收优惠政策至期满为止。

⑥上述人员申领相关凭证后,由就业和创业地人力资源和社会保障部门对人员范围、就业失业状态、已享受政策情况审核认定,在《就业失业登记证》上注明"自主创业税收政策"或"企业吸纳税收政策"字样,同

时符合自主创业和企业吸纳税收政策条件的,可同时加注;主管税务机关在《就业失业登记证》上加盖戳记,注明减免税所属时间。

(4) 上述税收优惠政策的审批期限为2011年1月1日至2013年12月31日,以试点纳税人到税务机关办理减免税手续之日起作为优惠政策起始时间。税收优惠政策在2013年12月31日未执行到期的,可继续享受至3年期满为止。

14. 自2012年11月1日起,对注册在平潭的试点纳税人从事离岸服务外包业务中提供的应税服务,免征增值税。

15. 2013年12月31日之前,广播电影电视行政主管部门(包括中央、省、地市及县级)按照各自职能权限批准从事电影制片、发行、放映的电影集团公司(含成员企业)、电影制片厂及其他电影企业,属于试点纳税人的,对其转让电影版权免征增值税。

(二) 增值税即征即退的营改增试点服务

下列项目实行增值税即征即退:

1. 注册在洋山保税港区内试点纳税人提供的国内货物运输服务、仓储服务和装卸搬运服务。

2. 安置残疾人的单位,由税务机关按照单位实际安置残疾人的人数,实行限额即征即退增值税的办法。

上述政策仅适用于从事原营业税"服务业"税目(广告服务除外)范围内业务取得的收入占其增值税和营业税业务合计收入的比例达到50%的单位。

有关享受增值税优惠政策单位的条件、定义、管理要求等按照《财政部 国家税务总局关于促进残疾人就业税收优惠政策的通知》(财税〔2007〕92号)中有关规定执行。

3. 试点纳税人中的一般纳税人提供管道运输服务,对其增值税实际税负超过3%的部分实行增值税即征即退政策。

4. 经人民银行、银监会、商务部批准经营融资租赁业务的试点纳税人中的一般纳税人提供有形动产融资租赁服务,对其增值税实际税负超过3%

的部分实行增值税即征即退政策。

5. 对注册在天津市东疆保税港区内的试点纳税人提供的国内货物运输、仓储和装卸搬运服务，实行增值税即征即退政策。

（三）增值税优惠项目备案或报批报送资料

试点开始日期前，试点纳税人已经按照原国家政策规定享受了营业税税收优惠，在剩余税收优惠政策期限内，按照规定享受相应增值税优惠的，纳税人无须重新提出申请，由主管税务机关按已有信息，直接办理增值税税收优惠资格备案或认定，其中，税种、减免项目按照《应税服务范围注释》重新设定，文件依据和执行期间统一按照财税〔2011〕111号文件规定核定，起始日期为营改增试点开始日期。

除上述不需要申请的项目外，纳税人未按规定备案或报批的项目不得享受增值税税收优惠。

关于备案类和报批类增值税优惠项目的报送资料，国家税务总局并没有做出详细规定，一般由省级国家税务局决定，各地规定可能会存在一定差异。这里以《江苏省国家税务局关于交通运输业和部分现代服务业营业税改征增值税试点过渡优惠政策具体操作事项的公告》（江苏省国家税务局公告2012年第8号）规定进行列示，仅供其他试点地区参考，实际操作中应以当地税务机关规定为准。

1. 备案类增值税优惠项目及报送资料，见表2-1。

表2-1　　　　　　　　备案类增值税优惠项目及报送资料

序号	优惠项目	报送资料
1	个人转让著作权	1.《流转税税收优惠登记备案表》； 2. 个人转让著作权业务合同原件和复印件；合同中注明的著作权登记证明原件和复印件。
2	残疾人个人提供应税服务	1.《流转税税收优惠登记备案表》； 2.《残疾人证》（注明属于视力残疾、听力残疾、言语残疾、肢体残疾、智力残疾和精神残疾）、《残疾军人证》（1至8级）原件及复印件； 3. 残疾人身份证原件及复印件。
3	飞机播洒农药服务	1.《流转税税收优惠登记备案表》； 2. 航空公司提供飞机播洒农药服务业务合同原件和复印件。

续表

序号	优惠项目	报送资料
4	技术转让、技术开发	1.《流转税税收优惠登记备案表》； 2. 技术转让、技术开发和与之相关的技术咨询、技术服务业务合同原件和复印件； 3. 外国企业和外籍个人从境外向中国境内转让技术的，应附报省级科技主管部门出具的技术合同认定登记证明或提供由审批技术引进项目的商务部（原为对外贸易经济合作部）及其授权的地方商务部门（原为地方外经贸部门）出具的技术转让合同批准文件原件和复印件，除外国企业、外籍个人以外的其他纳税人提供省级科技主管部门出具的技术合同认定登记证明原件和复印件； 4. 外国企业和外籍个人如委托境内企业申请办理备案手续，应提供委托书原件和复印件（如系外文的应翻译成中文）。
5	合同能源管理项目中提供的应税服务	1.《流转税税收优惠登记备案表》； 2. 企业签订节能效益分享型合同能源管理项目合同原件和复印件。
6	离岸服务外包业务	1.《流转税税收优惠登记备案表》。 2. 企业签订离岸服务外包项目业务合同原件和复印件。
7	台湾航运公司两岸海上直航	1.《流转税税收优惠登记备案表》； 2. 交通运输部颁发的"台湾海峡两岸间水路运输许可证"的证书原件和复印件（许可证上注明的航运公司登记地址在台湾）。
8	台湾航空公司两岸空中直航	1.《流转税税收优惠登记备案表》； 2. 中国民用航空局颁发的"经营许可"原件和复印件，或依据《海峡两岸空运协议》和《海峡两岸空运补充协议》规定，批准经营两岸旅客、货物和邮件不定期（包机）运输业务，且公司登记地址在台湾的航空公司的证明材料原件和复印件。
9	ABS 船级社船检服务	1.《流转税税收优惠登记备案表》； 2. 美国 ABS 船级社身份证明原件和复印件。
10	随军家属从事个体经营	1.《流转税税收优惠登记备案表》； 2. 驻江苏部队各单位师（含）以上政治机关出具的随军家属证明原件和复印件。
11	军队转业干部从事个体经营的	1.《流转税税收优惠登记备案表》； 2. 师（含）以上部队颁发的转业证件原件和复印件。
12	自谋职业的城镇退役士兵从事个体经营	1.《流转税税收优惠登记备案表》； 2.《退役士兵自谋职业协议书》、《城镇退役士兵自谋职业证》原件和复印件。
13	失业人员从事个体经营	1.《流转税税收优惠登记备案表》； 2.《就业失业登记证》（注明"自主创业税收政策"或附《高校毕业生自主创业证》）原件和复印件。
14	为安置随军家属就业而新开办的企业	1.《流转税税收优惠登记备案表》； 2. 驻江苏部队各单位师（含）以上政治机关出具的随军家属证明原件和复印件； 3. 军（含）以上政治和后勤机关出具的随军家属占企业总人数的 60%（含）以上证明材料原件和复印件。

续表

序号	优惠项目	报送资料
15	为安置自主择业的军队转业干部就业而新开办的企业	1.《流转税税收优惠登记备案表》； 2. 企业提供有关转业干部就业人员占全部在职职工比例等相关情况说明； 3. 师（含）以上部队颁发的转业证件原件和复印件。
16	为安置自谋职业的城镇退役士兵就业而新办的服务型企业	1.《流转税税收优惠登记备案表》； 2.《退役士兵自谋职业协议书》、《城镇退役士兵自谋职业证》原件和复印件； 3. 县级以上民政部门的书面认定意见原件和复印件； 4. 签订在1年以上期限劳动合同原件和复印件。
17	服务型企业吸纳失业人员	1.《流转税税收优惠登记备案表》； 2. 县以上人力资源社会保障部门核发的《企业实体吸纳失业人员认定证明》及其附表原件和复印件； 3.《就业失业登记证》（注明"企业吸纳税收政策"）原件和复印件； 4. 签订1年以上期限劳动合同和缴纳社会保险费凭证原件和复印件。

2. 报批类增值税优惠项目及报送资料，见表2-2。

表 2-2　　　　　　　　报批类增值税优惠项目及报送资料

序号	优惠项目	报送资料
1	安置残疾人的单位	1.《税收优惠资格认定申请审批表》； 2. 经民政部门或残疾人联合会认定的纳税人，应提供上述部门的书面审核认定意见原件和复印件； 3. 纳税人与残疾人签订的劳动合同或服务协议（副本）原件和复印件； 4. 纳税人为残疾人缴纳社会保险费缴费记录原件和复印件； 5. 纳税人向残疾人通过银行等金融机构实际支付工资凭证原件和复印件。
2	管道运输服务	1.《税收优惠资格认定申请审批表》； 2. 管道运输服务业务合同原件和复印件。
3	有形动产融资租赁	1.《税收优惠资格认定申请审批表》； 2. 人民银行、银监会、商务部及其授权部门批准经营融资租赁业务证明原件和复印件。

（四）享受增值税税收优惠政策必须注意的事项

纳税人要享受增值税税收优惠政策必须注意以下几点：

1. 纳税人享受增值税税收优惠政策需要办理减免税报批或备案手续，

并按照规定进行核算、纳税申报,否则,不能享受增值税税收优惠政策。

(1) 减免税分为报批类减免税和备案类减免税。报批类减免税是指应由税务机关审批的减免税项目;备案类减免税是指取消审批手续的减免税项目和不需税务机关审批的减免税项目。

(2) 纳税人享受报批类减免税,应提交相应资料,提出申请,经具有审批权限的税务机关审批确认后执行。未按规定申请或虽申请但未经有权税务机关审批确认的,纳税人不得享受减免税。

(3) 纳税人享受备案类减免税,应提请备案,经税务机关登记备案后,自登记备案之日起执行。纳税人未按规定备案的,一律不得减免税。

(4) 纳税人兼营免税、减税项目的,应当分别核算免税、减税项目的销售额;未分别核算销售额的,不得免税、减税。

2. 纳税人依法可以享受减免税待遇但未享受而多缴税款的,凡属于无明确规定需经税务机关审批或没有规定申请期限的,纳税人可以在《税收征收管理法》第五十一条规定的期限内申请减免税,要求退还多缴的税款,但不加算银行同期存款利息。

纳税人申请报批类减免税的,应当在政策规定的减免税期限内,向主管税务机关提出书面申请,并报送以下资料:

(1) 减免税申请报告,列明减免税理由、依据、范围、期限、数量、金额等。

(2) 财务会计报表、纳税申报表。

(3) 有关部门出具的证明材料。

(4) 税务机关要求提供的其他资料。

纳税人报送的材料应真实、准确、齐全。

3. 纳税人不得隐瞒有关情况或者提供虚假材料等手段骗取减免税。

4. 纳税人享受减免税的条件发生变化时,应及时向税务机关报告,经税务机关重新审查后办理减免税。

5. 减免税税款有规定用途的,纳税人应当按规定用途使用减免税款。

6. 纳税人已享受减免税的,应当纳入正常申报,进行减免税申报。在减免税期间无论当期是否有应交税费发生,都要对减免税情况予以申报。

7. 纳税人享受减免税到期的,应当申报缴纳税款。

8. 纳税人免税项目,一律不得开具增值税专用发票(国有粮食购销企业销售免税粮食除外)。放弃免税权的增值税一般纳税人提供应税服务可以开具增值税专用发票。

9. 本地区试点实施之日前,如果试点纳税人已经按照有关政策规定享受了营业税税收优惠,在剩余税收优惠政策期限内,按照《交通运输业和部分现代服务业营业税改征增值税试点过渡政策的规定》享受有关增值税优惠。

10. 纳税人提供应税服务适用免税、减税规定的,可以放弃免税、减税,依照《交通运输业和部分现代服务业营业税改征增值税试点过渡政策的规定》缴纳增值税。放弃免税、减税后,36个月内不得再申请免税、减税。

11. 纳税人一经放弃免税权,其提供的全部应税服务均应按照适用税率征税,不得选择某一免税项目放弃免税权,也不得根据不同的对象选择部分应税服务放弃免税权。

12. 纳税人在免税期内购进用于免税项目的货物、加工修理修配劳务或者应税服务所取得的增值税扣税凭证,一律不得抵扣。

[营改增税收政策]

1.《财政部 国家税务总局关于在上海市开展交通运输业和部分现代服务业营业税改征增值税试点的通知》(财税〔2011〕111号)附件3《交通运输业和部分现代服务业营业税改征增值税试点过渡政策的规定》

2.《财政部 国家税务总局关于交通运输业和部分现代服务业营业税改征增值税试点应税服务范围等若干税收政策的补充通知》(财税〔2012〕86号)

3.《财政部 国家税务总局关于应税服务适用增值税零税率和免税政策的通知》(财税〔2011〕131号)

4.《国家税务总局关于发布〈营业税改征增值税试点地区适用增值税零税率应税服务免抵退税管理办法(暂行)〉的公告》(国家税务总局公告2012年第13号)

二、尚未执行完毕的试点前租赁合同的过渡政策

1. 营改增政策规定。

（1）《交通运输业和部分现代服务业营业税改征增值税试点有关事项的规定》（财税〔2011〕111号附件2）第一条第六项规定：试点纳税人在试点实施之日前签订的尚未执行完毕的租赁合同，在合同到期日之前继续按照现行营业税政策规定缴纳营业税。

（2）《财政部 国家税务总局关于交通运输业和部分现代服务业营业税改征增值税试点若干税收政策的补充通知》（财税〔2012〕53号）第四条规定：试点纳税人中的一般纳税人，以试点实施之日之前购进或者自制的有形动产为标的物提供的经营租赁服务，试点期间可以选择适用简易计税方法计算缴纳增值税。

这条规定的意思是：

①以试点实施之前购进或者自制的有形动产为标的物提供的经营租赁服务，可以选择按原政策缴纳营业税，也可以选择适用简易计税方法计算缴纳增值税。

②以试点实施之后购进或者自制的有形动产为标的物提供的经营租赁服务，只能选择缴纳增值税。

2. 享受过渡政策的租赁合同的条件。

（1）享受过渡政策的租赁合同必须是在试点实施之日前签订的且尚未执行完毕的合同。

（2）合同标的物为有形动产。

（3）合同标的物、租赁期限、租赁条款不发生变更。

（4）续签日期在试点实施之日前的，视为在试点实施之日前签订的租赁合同。

3. 凡需享受租赁合同过渡政策的，出租方及扣缴义务人应在规定的期限内向主管税务机关提出书面备案申请。经主管税务机关备案确认后，才可按原税法规定申报缴纳营业税。

4. 享受过渡政策的租赁合同的核算。

（1）纳税人对试点前老合同和新合同的收入应分开核算，分别开具营业税和增值税发票，分别申报缴纳营业税和增值税。不能分开核算的，应由主管税务机关分别核定营业税劳务和应税服务的销售额。

（2）发生服务中止、开票有误等情形，应按照营业税和增值税发票管理的有关规定分别作出处理，并分别冲减相应的营业税应税收入、增值税应税收入。

（3）经批准经营融资租赁业务的单位，对其从事融资租赁业务中的租赁老合同经营收入，可以按照现行国家有关营业税政策规定差额征收营业税，以其向承租者收取的全部价款和价外费用（包括残值）减除出租方承担的出租货物的实际成本后的余额为营业额。从事融资租赁业务的单位应分别核算老合同和新合同项目中可减除项目的实际成本，未分别核算的，不得从销售额中减除上述成本支出。但对于确属难以准确划分的利息支出等项目，要在新合同和老合同项目之间采取合理的方式进行拆分，如可按照新老合同的收入比例划分。

【例 2-1】 甲汽车租赁公司，20×3 年 1 月开始营改增试点。20×2 年 12 月与乙公司签订了一份为期 1 年的汽车租赁合同，合同约定每月收取租金 2.06 万元。20×3 年 1 月甲汽车租赁公司向其主管税务机关申请办理了试点前租赁合同备案。20×3 年 2 月，甲汽车租赁公司又与丙公司签订了一份为期 1 年的汽车租赁合同，合同约定每月收取租金 2.34 万元。20×3 年 2 月，甲汽车租赁公司发生加油和维修费用 1.17 万元（含税），均取得了增值税专用发票并认证通过，无法划分不得抵扣的进项税额。20×3 年 2 月，甲汽车租赁公司应纳税额计算如下：

1. 与乙公司签订的汽车租赁合同，为试点纳税人在试点实施之日前签订的尚未执行完毕的租赁合同，在合同到期日之前继续按照现行营业税政策规定缴纳营业税。

应纳营业税＝2.06×5％＝0.103（万元）

该合同标的物为试点实施之日之前购进，试点期间也可以选择适用简易计税方法计算缴纳增值税。

应纳增值税=2.06÷(1+3%)×3%=0.06（万元）

2. 与丙公司签订的汽车租赁合同，为试点纳税人在试点实施之日后签订的的租赁合同，缴纳增值税。

销项税额=2.34÷(1+17%)×17%=0.34（万元）
进项税额=1.17÷(1+17%)×17%=0.17（万元）
不得抵扣进项税额=0.17×2.06÷(2.06+2.34)=0.08（万元）
应纳增值税=0.34-0.17+0.08=0.25（万元）

三、跨税种事项

1. 试点前未执行完的老合同（有形动产租赁除外）缴纳税种的确定，应以提供应税服务并收讫销售款项或者取得索取销售款项凭据的当天来确定缴纳增值税还是营业税，即根据下面几个日期在试点开始日期之前或之后确定：纳税人提供应税服务过程中或者完成后收到款项日期；提供应税服务的书面合同确定的付款日期；未签订书面合同或书面合同未确定付款日期的，为应税服务完成日期。

【例 2-2】 甲公司 2 月份为客户乙商场提供设计服务，签订设计服务合同，合同总金额 200 万元，期限为 3 个月，合同约定：2 月份付款 60 万元，3 月份付款 80 万元，4 月份合同履行完毕后付款 60 万元，假设甲公司于 4 月份开始营改增，未取得进项税额，甲公司缴纳税款计算如下：

甲公司 2—3 月应根据营业税纳税义务发生时间的规定申报缴纳营业税为：(60+80)×5%=7（万元）；

甲公司 4 月份应根据增值税纳税义务发生时间的规定申报缴纳增值税为：60÷(1+6%)×6%=3.40（万元）。

2. 试点纳税人提供应税服务，按照国家有关营业税政策规定差额征收营业税的，因取得的全部价款和价外费用不足以抵减允许扣除项目金额，截至试点实施之日尚未扣除的部分，不得在计算试点纳税人试点实施之日后的销售额时予以抵减，应当向主管税务机关申请退还营业税。

试点纳税人在试点实施之日前签订的尚未执行完毕的租赁合同，在合同到期日之前继续按照现行营业税政策规定缴纳营业税的有形动产租赁服务，不适用上述规定。

3. 试点纳税人提供应税服务在试点实施之日前已缴纳营业税，试点实施之日后因发生退款减除营业额的，应当向主管税务机关申请退还已缴纳的营业税。

4. 试点纳税人试点实施之日前提供的应税服务，因税收检查等原因需要补缴税款的，应按照现行营业税政策规定补缴营业税。

[营改增税收政策]

《财政部 国家税务总局关于交通运输业和部分现代服务业营业税改征增值税试点若干税收政策的通知》（财税〔2011〕133号）

第三章 营业税改征增值税试点应税服务出口政策与实务操作

一、适用零税率的应税服务

试点地区的单位和个人提供的国际运输服务、向境外单位提供的研发服务和设计服务适用增值税零税率。

(一) 国际运输服务

国际运输服务是指：

1. 在境内载运旅客或者货物出境；
2. 在境外载运旅客或者货物入境；
3. 在境外载运旅客或者货物。

[温馨提醒]

1. 试点地区的单位和个人适用增值税零税率，以水路运输方式提供国际运输服务的，应当取得《国际船舶运输经营许可证》；以陆路运输方式提供国际运输服务的，应当取得《道路运输经营许可证》和《国际汽车运输行车许可证》，且《道路运输经营许可证》的经营范围应当包括"国际运输"；以航空运输方式提供国际运输服务的，应当取得《公共航空运输企业经营许可证》，且其经营范围应当包括"国际航空客货邮运输业务"。

2. 从境内载运旅客或货物至国内海关特殊监管区域及场所、从国内海关特殊监管区域及场所载运旅客或货物至国内其他地区以及在国内海关特殊监管区域内载运旅客或货物，不属于国际运输服务。

(二) 向境外单位提供研发服务、设计服务

研发服务是指就新技术、新产品、新工艺或者新材料及其系统进行研究与试验开发的业务活动。

设计服务是指把计划、规划、设想通过视觉、文字等形式传递出来的业务活动。包括工业设计、造型设计、服装设计、环境设计、平面设计、包装设计、动漫设计、展示设计、网站设计、机械设计、工程设计、创意策划等。

[温馨提醒]

1. 向国内海关特殊监管区域内单位提供研发服务、设计服务不实行免抵退税办法，应按规定征收增值税。

2. 向境外单位提供的设计服务，不包括对境内不动产提供的设计服务。

（三）营改增试点地区的试点纳税人提供的往返台湾、香港、澳门的交通运输服务以及在台湾、香港、澳门提供的交通运输服务

[温馨提醒]

试点纳税人适用增值税零税率，以陆路运输方式提供至香港、澳门的交通运输服务的，应当取得《道路运输经营许可证》并具有持《道路运输证》的直通港澳运输车辆；以水路运输方式提供至台湾的交通运输服务的，应当取得《台湾海峡两岸间水路运输许可证》并具有持《台湾海峡两岸间船舶营运证》的船舶；以水路运输方式提供至香港、澳门的交通运输服务的，应当具有获得港澳线路运营许可的船舶；以航空运输方式提供上述交通运输服务的，应当取得《公共航空运输企业经营许可证》且其经营范围应当包括"国际、国内（含港澳）航空客货邮运输业务"。

[营改增税收政策]

《财政部 国家税务总局关于应税服务适用增值税零税率和免税政策的通知》（财税〔2011〕131号）

二、适用增值税零税率应税服务免抵退税办法

（一）免抵退税办法的计算

试点地区的单位和个人提供适用零税率的应税服务，如果属于适用增值税一般计税方法的，实行免抵退税办法，其退税率为在境内提供对应服

务的增值税税率；如果属于适用简易计税方法的，实行免征增值税办法。

免抵退税办法适用主体范围为试点地区提供零税率应税服务并认定为增值税一般纳税人的单位和个人（以下简称零税率应税服务提供者）。

其中，应税服务范围为零税率应税服务提供者在营业税改征增值税试点以后提供的国际运输服务、向境外单位提供的研发服务和设计服务。

免抵退税办法是指，零税率应税服务提供者提供零税率应税服务，免征增值税，相应的进项税额抵减应纳增值税额（不包括适用增值税即征即退、先征后退政策的应纳增值税额），未抵减完的部分予以退还。

[温馨提醒]

实行免抵退税办法，不得开具增值税专用发票。

1. 零税率应税服务当期免抵退税额的计算。

$$当期零税率应税服务免抵退税额 = 当期零税率应税服务免抵退税计税价格 \times 外汇人民币牌价 \times 零税率应税服务退税率$$

零税率应税服务免抵退税计税价格为提供零税率应税服务取得的全部价款，扣除支付给非试点纳税人价款后的余额。

2. 当期应退税额和当期免抵税额的计算。

（1）当期期末留抵税额≤当期免抵退税额时：

当期应退税额＝当期期末留抵税额

当期免抵税额＝当期免抵退税额－当期应退税额

（2）当期期末留抵税额＞当期免抵退税额时：

当期应退税额＝当期免抵退税额

当期免抵税额＝0

"当期期末留抵税额"为当期《增值税纳税申报表》的"期末留抵税额"。

3. 零税率应税服务提供者如同时有货物出口的，可结合现行出口货物免抵退税公式一并计算免抵退税。

零税率应税服务是按照取得的全部价款扣除支付给非试点纳税人价款后

的余额计算免抵退税额，零税率应税服务提供者向境外单位提供规定范围内的服务与出口货物的免抵退税计算原理相同，所不同之处是零税率应税服务是按征税率来计算退税的，征退税率之差为零不会产生免抵退税不得免征和抵扣税额，而出口货物会存在征退税率不一致的情况，容易产生免抵退税不得免征和抵扣税额，同时影响应纳税额的计算。

计算步骤如下：

第1步，计算不得免征和抵扣税额：

$$\begin{aligned}\text{当期不得免征}\\\text{和抵扣税额}\end{aligned}=\begin{aligned}\text{出口货物}\\\text{离岸价格}\end{aligned}\times\begin{aligned}\text{外汇人}\\\text{民币牌价}\end{aligned}$$

$$\times\left[\begin{aligned}\text{出口货物}\\\text{适用税率}\end{aligned}-\begin{aligned}\text{出口货物}\\\text{退税率}\end{aligned}\right]-\begin{aligned}\text{当期不得免征和}\\\text{抵扣税额抵减额}\end{aligned}$$

其中，$\begin{aligned}\text{当期不得免征和}\\\text{抵扣税额抵减额}\end{aligned}=\begin{aligned}\text{免税购进}\\\text{原材料价格}\end{aligned}\times\left[\begin{aligned}\text{出口货物}\\\text{适用税率}\end{aligned}-\begin{aligned}\text{出口货物}\\\text{退税率}\end{aligned}\right]$

第2步，计算当期应纳增值税额：

$$\begin{aligned}\text{当期应}\\\text{纳税额}\end{aligned}=\begin{aligned}\text{当期内销货物}\\\text{的销项税额}\end{aligned}-\left[\begin{aligned}\text{当期进项}\\\text{税额}\end{aligned}-\begin{aligned}\text{当期不得免征}\\\text{和抵扣税额}\end{aligned}\right]-\begin{aligned}\text{上期末}\\\text{留抵税额}\end{aligned}$$

第3步，计算当期免抵退税额：

$$\begin{aligned}\text{当期免抵}\\\text{退税额}\end{aligned}=\begin{aligned}\text{当期零税率应税}\\\text{服务免抵退税额}\end{aligned}+\begin{aligned}\text{当期出口货物}\\\text{免抵退税额}\end{aligned}$$

$$=\begin{aligned}\text{当期零税率应税服务}\\\text{免抵退税计税价格}\end{aligned}\times\begin{aligned}\text{外汇人民}\\\text{币牌价}\end{aligned}\times\begin{aligned}\text{零税率应税}\\\text{服务退税率}\end{aligned}$$

$$+\begin{aligned}\text{当期出口}\\\text{货物离岸价}\end{aligned}\times\begin{aligned}\text{外汇人民}\\\text{币牌价}\end{aligned}\times\begin{aligned}\text{出口货物}\\\text{退税率}\end{aligned}-\begin{aligned}\text{免抵退税}\\\text{额抵减额}\end{aligned}$$

其中，$\begin{aligned}\text{免抵退税}\\\text{额抵减额}\end{aligned}=\begin{aligned}\text{免税购进}\\\text{原材料价格}\end{aligned}\times\begin{aligned}\text{出口货物}\\\text{退税率}\end{aligned}$

零税率应税服务的退税率，国际运输为11%，研发服务和设计服务为6%。

第4步，确定应退税额和免抵税额：

$$\begin{aligned}\text{当期应}\\\text{退税额}\end{aligned}=\begin{aligned}\text{当期期末留抵税额或当期免抵退税额}\\\text{（当期期末留抵税额和当期免抵退税额中较小者）}\end{aligned}$$

$$\text{当期免抵税额} = \text{当期免抵退税额} - \text{当期应退税额（当期期末留抵税额} \leqslant \text{当期免抵退税额时）}$$

$$\text{当期免抵税额} = 0 \text{（当期期末留抵税额} > \text{当期免抵退税额时）}$$

(二) 出口退（免）税认定

1. 零税率应税服务提供者在申报办理零税率应税服务免抵退税前，应向主管税务机关办理出口退（免）税认定。办理出口退（免）税认定时，应提供以下资料：

(1) 银行开户许可证；

(2) 从事水路国际运输的应提供《国际船舶运输经营许可证》；从事航空国际运输的应提供《公共航空运输企业经营许可证》，且其经营范围应包括"国际航空客货邮运输业务"；从事陆路国际运输的应提供《道路运输经营许可证》和《国际汽车运输行车许可证》，且《道路运输经营许可证》的经营范围应包括"国际运输"；从事对外提供研发设计服务的应提供《技术出口合同登记证》。

零税率应税服务提供者在营业税改征增值税试点后提供的零税率应税服务，如发生在办理出口退（免）税认定前，在办理出口退（免）税认定后，可按规定申报免抵退税。

2. 主管税务机关在办理服务出口退（免）税认定时，对零税率应税服务提供者属原适用免退税计税方法的出口企业，应将其计税方法调整为免抵退税办法。

(三) 增值税纳税和免抵退税相关申报

零税率应税服务提供者在提供零税率应税服务，并在财务作销售收入次月（按季度进行增值税纳税申报的为次季度，下同）的增值税纳税申报期内，向主管税务机关办理增值税纳税和免抵退税相关申报。

零税率应税服务提供者应于收入之日次月起至次年4月30日前的各增值税纳税申报期内收齐有关凭证，向主管税务机关如实申报免抵退税。资料不齐全或内容不真实的零税率应税服务，不得向税务机关申报办理免抵退税。逾期未收齐有关凭证申报免抵退税的，主管税务机关不再受理免抵退税申报，零税率应税服务提供者应缴纳增值税。

1. 提供国际运输的零税率应税服务提供者办理增值税免抵退税申报时，应提供下列凭证资料：

(1)《免抵退税申报汇总表》及其附表。

(2)《零税率应税服务（国际运输）免抵退税申报明细表》（附件1）。

(3) 当期《增值税纳税申报表》。

(4) 免抵退税正式申报电子数据。

(5) 下列原始凭证：

①零税率应税服务的载货、载客舱单（或其他能够反映收入原始构成的单据凭证）；

②提供零税率应税服务的发票；

③主管税务机关要求提供的其他凭证。

上述第①、②项原始凭证，经主管税务机关批准，可留存零税率应税服务提供者备查。

2. 对外提供研发、设计服务的零税率应税服务提供者办理增值税免抵退税申报时，应提供下列凭证资料：

(1)《免抵退税申报汇总表》及其附表。

(2)《应税服务（研发、设计服务）免抵退税申报明细表》（附件2）。

(3) 当期《增值税纳税申报表》。

(4) 免抵退税正式申报电子数据。

(5) 下列原始凭证：

①与零税率应税服务收入相对应的《技术出口合同登记证》复印件；

②与境外单位签订的研发、设计合同；

③提供零税率应税服务的发票；

④《向境外单位提供研发、设计服务收讫营业款明细清单》（附件3）；

⑤从与签订研发、设计合同的境外单位取得收入的收款凭证；

⑥主管税务机关要求提供的其他凭证。

试点地区的单位和个人提供适用零税率的应税服务，按月向主管退税的税务机关申报办理增值税免抵退税或免税手续。具体管理办法由国家税务总局商财政部另行制定。

纳税人提供适用零税率的应税服务，应当按期向主管税务机关申报办理退（免）税，具体办法由财政部和国家税务总局制定。

3. 对新发生零税率应税服务的零税率应税服务提供者（以下简称新零税率应税服务提供者），自发生首笔零税率应税服务之日（国际运输企业以提单载明的日期为准，对外提供研发、设计服务企业以收款凭证载明日期的月份为准）起6个月内提供的零税率应税服务，按月分别计算免抵税额和应退税额。税务机关对6个月内各月审核无误的应退税额在当月暂不办理退库，在第7个月将各月累计审核无误的应退税额一次性办理退库。自第7个月起，新零税率应税服务提供者提供的零税率应税服务，实行按月申报办理免抵退税。

新零税率应税服务提供者是指，在营业税改征增值税试点以前未发生过相关的零税率应税服务的零税率应税服务提供者。零税率应税服务提供者在办理出口退（免）税认定时，应向主管税务机关提供证明在营业税改征增值税试点以前发生过零税率应税服务的资料，不能提供的，主管税务机关认定为新零税率应税服务提供者。

4. 对零税率应税服务提供者按上述规定提供的凭证资料齐全的，主管税务机关在经过出口退税审核系统审核通过后，办理退税，退税资金由中央金库统一支付。

5. 零税率应税服务提供者骗取国家出口退税款的，税务机关按《国家税务总局关于停止为骗取出口退税企业办理出口退税有关问题的通知》（国税发〔2008〕32号）规定停止其出口退税权。零税率应税服务提供者在税务机关停止为其办理出口退税期间发生零税率应税服务，不得申报免抵退税，应按规定征收增值税。

[营改增税收政策]

1.《财政部 国家税务总局关于应税服务适用增值税零税率和免税政策的通知》（财税〔2011〕131号）

2.《国家税务总局关于发布〈营业税改征增值税试点地区适用增值税零税率应税服务免抵退税管理办法(暂行)〉的公告》(国家税务总局公告2012年第13号)

3.《财政部 国家税务总局关于交通运输业和部分现代服务业营业税改征增值税试点应税服务范围等若干税收政策的补充通知》(财税〔2012〕86号)

三、免征增值税的应税服务

试点地区的单位和个人提供的下列应税服务免征增值税,但财政部和国家税务总局规定适用零税率的除外:

1. 工程、矿产资源在境外的工程勘察勘探服务。
2. 会议展览地点在境外的会议展览服务。
3. 存储地点在境外的仓储服务。
4. 标的物在境外使用的有形动产租赁服务。
5. 未取得《国际船舶运输经营许可证》、《道路运输经营许可证》、《国际汽车运输行车许可证》,且《道路运输经营许可证》的经营范围未包括"国际运输"、《公共航空运输企业经营许可证》经营范围未包括"国际航空客货邮运输业务"的国际运输服务。

国际运输服务是指:

(1) 在境内载运旅客或者货物出境;
(2) 在境外载运旅客或者货物入境;
(3) 在境外载运旅客或者货物。

6. 向境外单位提供的下列应税服务:

(1) 技术转让服务、技术咨询服务、合同能源管理服务、软件服务、电路设计及测试服务、信息系统服务、业务流程管理服务、商标著作权转让服务、知识产权服务、物流辅助服务(仓储服务除外)、认证服务、鉴证服务、咨询服务。但不包括:合同标的物在境内的合同能源管理服务,对境内货物或不动产的认证服务、鉴证服务和咨询服务。

(2) 广告投放地在境外的广告服务。

[营改增税收政策]

《财政部 国家税务总局关于应税服务适用增值税零税率和免税政策的通知》(财税〔2011〕131号)

第四章 营业税改征增值税试点纳税人实务操作

一般情况下，大部分营改增试点纳税人与增值税相关的财税处理方法基本上和现行的增值税规定一致，其中最基本的特征是按照当期应税服务销售额（不含税）和适用的增值税税率计算增值税销项税额，在扣除当期购买的应税产品和服务的进项税额后，净额为应向税务机关申报和缴纳的当期增值税应纳税额。另外，对于那些达不到一般纳税人条件的小规模试点企业，增值税的征收率为3%，不得抵扣进项税额，其处理方法和现行增值税制度下对小规模纳税人的处理方法一致。

一、纳税人增值税会计科目的设置

（一）一般纳税人增值税会计科目的设置

我国增值税实行"价外计税"的办法，即以不含税的价格为计税依据。同时，增值税一般纳税人根据增值税专用发票上注明的税额实行税款抵扣制度计算应纳税额。因此，购进货物、接受加工修理修配劳务或者应税服务的价款、税款应分别核算。为准确反映和核算增值税的应交、抵扣、已交、退税及转出等情况，增值税一般纳税人应在"应交税费"科目下设置"应交增值税"和"未交增值税"两个明细科目。

在税务机关对增值税纳税检查时，查处调增或调减增值税税额的，企业还应当设置"应交税费——增值税检查调整"科目进行核算。

辅导期纳税人还应当在"应交税费"科目下增设"待抵扣进项税额"明细科目进行核算。

在"应交增值税"明细账中，应根据企业的实际需要设置"进项税额"、"销项税额"、"进项税额转出"、"出口退税"、"出口抵减内销产品应纳税额"、"已交税金"、"减免税款"、"转出未交增值税"、"转出多交增值税"、"营改增抵减的销项税额"等专栏。

1."进项税额"主要核算企业购进货物或者接受加工修理修配劳务和应税服务而支付的、准予从销项税额中抵扣的增值税额。企业根据取得的增值税专用发票、海关进口增值税专用缴款书、农产品收购发票、农产品销售发票、运输费用结算单据和通用缴款书等增值税扣税凭证确认进项税额,借记"应交税费——应交增值税(进项税额)"。

2. "销项税额"主要核算企业销售货物、提供应税劳务或者应税服务应收取的增值税额。企业销售货物、提供应税劳务或者应税服务,按当期实现的应税销售额和规定的增值税税率(或征收率)确认销项税额。企业将自产或委托加工的货物用于非应税项目、对外投资、集体福利或个人消费、赠送他人等,应视同销售货物计算应交增值税确认销项税额。企业向其他单位或者个人无偿提供交通运输业和部分现代服务业服务应视同提供应税服务的需要计算应交增值税确认销项税额。随同产品销售单独计价包装物及出租、出借逾期未收回而没收的押金应按规定确认销项税额。确认的增值税销项税额贷记"应交税费——应交增值税(销项税额)"。

3. "进项税额转出"主要核算企业的购进货物、在产品、库存商品等发生非正常损失以及其他原因而不应从销项税额中抵扣,按规定转出的进项税额。企业购进货物、在产品、库存商品发生非正常损失,其相关的进项税额应当列为进项税额转出计入损失。购进货物改变用途,其进项税额不能用于抵扣时,应确认为进项税额转出计入有关成本费用。有进出口经营权的生产企业实行"免、抵、退"办法,按规定计算当期出口货物不予免征、抵扣和退税额应确认为进项税额转出并计入出口货物的成本。用于适用简易计税方法计税项目、非增值税应税项目、免征增值税项目、集体福利或者个人消费的购进货物、接受加工修理修配劳务或者应税服务的进项税额不得抵扣,应作为进项税额转出。通俗一点的说法,就是把不能抵扣的进项税额剔出来。对确认的进项税额转出贷记"应交税费——应交增值税(进项税额转出)"。

4. "出口退税"主要核算企业出口适用零税率的货物(服务),向海关办理报关出口手续后,凭出口报关单等有关凭证,向税务机关办理退税而收到退回的税款。有出口经营权的生产性企业实行"免、抵、退"办法,按规定计算的当期应予抵扣的增值税额,应作为出口退税予以确认。不论是出口抵减内销产品应纳税额,还是应抵扣的税额大于应纳税额而未全部抵扣应予退回的税额,均贷记"应交税费——应交增值税(出口退税)"。

5. "出口抵减内销产品应纳税额"主要核算内资企业以及1993年12月

31日以后批准设立的外商投资企业直接出口或委托外贸企业代理出口的货物，按国务院规定的退税率计算的出口货物的进项税额抵减内销产品的应纳税额。有进出口经营权的生产企业实行免抵退办法，按规定计算当期应予抵扣的增值税额应确认为出口抵减内销产品应纳税额，借记"应交税费——应交增值税（出口抵减内销产品应纳税额）"。

6."已交税金"主要核算企业当期已缴纳的增值税额。本月上缴本月应交增值税，确认为已交税金，借记"应交税费——应交增值税（已交税金）"。

7."减免税款"主要核算企业经主管税务机关批准实际减免的增值税额。

8."转出未交增值税"主要核算企业月终将当月发生的应交未交增值税的转出额。"转出多交增值税"专栏记录企业月终当月多交的增值税的转出额。月度终了，对本月应交未交的增值税额应作为转出未交增值税予以确认，借记"应交税费——应交增值税（转出未交增值税）"；对本月多交的增值税应作为转出多交增值税予以确认，贷记"应交税费——应交增值税（转出多交增值税）"。结转后，"应交增值税"明细科目的借方余额表示企业期末尚未抵扣的增值税。

9."未交增值税"主要核算企业本月应交未交的增值税额或多交的增值税额。月度终了，将本月应交未交的增值税自"应交税费——应交增值税"明细科目转入"应交税费——未交增值税"明细科目，借记"应交税费——应交增值税（转出未交增值税）"，贷记"应交税费——未交增值税"；若本月为多交增值税也应进行转账，借记"应交税费——未交增值税"，贷记"应交税费——应交增值税（转出多交增值税）"。本月上缴上期应交未交增值税，借记"应交税费——未交增值税"，贷记"银行存款"科目。"未交增值税"明细科目的期末余额，反映企业累计应交未交增值税；若为借方余额，则表示企业累计多交增值税。

10."增值税检查调整"主要核算税务机关查处的调增或调减增值税税额。凡检查后应调减账面进项税额或调增销项税额和进项税额转出的数额，借记有关科目，贷记"应交税费——增值税检查调整"；凡检查后应调增账面进项税额或调减销项税额和进项税额转出的数额，借记"应交税费——增值税检查调整"，贷记有关科目；全部调账事宜入账后，应结出本账户的余额，并对该项余额进行处理。

11. "待抵扣进项税额"主要核算辅导期纳税人尚未交叉稽核比对的专用发票抵扣联、海关进口增值税专用缴款书以及运输费用结算单据（以下简称增值税抵扣凭证）注明或者计算的进项税额。辅导期纳税人取得增值税抵扣凭证后，借记"应交税费——待抵扣进项税额"明细科目，贷记相关科目。交叉稽核比对无误后，借记"应交税费——应交增值税（进项税额）"科目，贷记"应交税费——待抵扣进项税额"科目。经核实不得抵扣的进项税额，红字借记"应交税费——待抵扣进项税额"，红字贷记相关科目。

12. "营改增抵减的销项税额"主要核算试点期间一般纳税人提供应税服务按照营业税改征增值税有关规定允许扣减销售额而减少的销项税额。

13. "增值税留抵税额"主要核算开始试点当月月初一般纳税人按照规定不得从应税服务的销项税额中抵扣的增值税留抵税额。

（二）小规模纳税人增值税会计科目的设置

小规模纳税人核算较为简单，只需设置"应交税费——应交增值税"科目，无须设置三级科目。

二、纳税人购入货物或接受应税劳务（服务）的增值税账务处理

对于购入货物或接受应税劳务（服务）业务进行账务处理，首先要看取得的发票类型，然后分析购进货物或接受应税劳务（服务）的用途，最后再考虑是否可以抵扣，据此作出正确的账务处理。企业最常见的购进货物或接受应税劳务（服务）业务有以下几种：

1. 企业购进货物或接受应税劳务（服务），取得的增值税扣税凭证，按税法规定符合抵扣条件可在本期申报抵扣的进项税额，借记"应交税费——应交增值税（进项税额）"科目，按照增值税扣税凭证上记载的应计

入成本的金额，借记"材料采购"、"原材料"、"制造费用"、"管理费用"、"销售费用"、"应付职工薪酬"、"主营业务成本"、"其他业务成本"、"在建工程"等科目，按照应付或实际支付的金额，贷记"应付账款"、"应付票据"、"银行存款"等科目。购入货物发生的退货或接受服务中止，作相反的会计分录。

企业在采购货物过程中支付的运输费用，应作为采购费用计入采购成本。

【例 4-1】 甲物流公司系增值税一般纳税人（除特别注明为小规模纳税人外，均为一般纳税人，下同），1月份提供交通运输收入100万元，按照适用税率开具增值税专用发票，款项已收。当月委托上海乙公司一项运输业务，取得乙公司开具的货物运输业增值税专用发票，不含税价款10万元，注明的增值税额为1.1万元。

甲物流公司取得乙公司货物运输业增值税专用发票后的会计处理：

借：主营业务成本　　　　　　　　　　　　　　　100 000
　　应交税费——应交增值税（进项税额）　　　　 11 000
　　贷：应付账款　　　　　　　　　　　　　　　 111 000

【例 4-2】 甲公司与乙物流公司于7月7日签订合同，乙物流公司为甲公司提供运输货物服务，甲公司于当日取得乙公司开具的货物运输业增值税专用发票，价税合计11.1万元，款项未付。7月17日，双方因故中止履行合同。甲公司将尚未认证的发票退还给乙物流公司。

甲公司取得发票的会计处理：

借：材料采购　　　　　　　　　　　　　　　　　100 000
　　应交税费——应交增值税（进项税额）　　　　 11 000
　　贷：应付账款　　　　　　　　　　　　　　　 111 000

甲公司在服务中止时的会计处理：

借：材料采购　　　　　　　　　　　　　　　　　-100 000
　　应交税费——应交增值税（进项税额）　　　　 -11 000
　　贷：应付账款　　　　　　　　　　　　　　　 -111 000

【例 4-3】 甲仓储服务公司，正在建设某项货场工程，接受B国M公司技术指导，书面合同总价为 10.6 万元。B 国 M 公司境内无代理机构，甲公司办理扣缴增值税手续，取得代扣代缴增值税的税收通用缴款书及其清单，并将扣税后的价款支付给 M 公司，取得付款证明和 M 公司的对账单。

甲公司的账务处理：

借：在建工程　　　　　　　　　　　　　　　　　　　　100 000
　　应交税费——应交增值税（进项税额）　　　　　　　　6 000
　贷：银行存款　　　　　　　　　　　　　　　　　　　　106 000

2. 企业购进货物、接受加工修理修配劳务或者应税服务，未按照规定取得并保存增值税扣税凭证，或者增值税扣税凭证上未按照规定注明增值税额及其他有关事项的，其进项税额不得从销项税额中抵扣，其购进货物或应税劳务所支付的增值税不能记入"应交税费——应交增值税（进项税额）"科目，而要计入购进货物、接受加工修理修配劳务或者应税服务的成本，不得将增值税额分离出来进行抵扣处理。在编制会计分录时，借记"材料采购"、"原材料"、"销售费用"、"管理费用"等科目；贷记"银行存款"、"应付票据"、"应付账款"等科目。

【例 4-4】　甲软件服务公司于 7 月 2 日购入一批办公用品，取得普通发票，以银行存款支付价款 3 600 元，该批办公用品直接用于企业的经营管理活动。

甲公司只取得普通发票，应按发票所列全部价款入账。则甲公司账务处理为：

借：管理费用　　　　　　　　　　　　　　　　　　　　3 600
　贷：银行存款　　　　　　　　　　　　　　　　　　　　3 600

4. 企业购进免税农产品，按购入农业产品的买价和规定的扣除率 13% 计算的进项税额，借记"应交税费——应交增值税（进项税额）"科目，按买价扣除按规定计算的进项税额后的差额，借记"材料采购"、"原材料"等科目；按应付或实际支付的价款，贷记"应付账款"、"银行存款"等科目。

【例 4-5】　甲生物科技公司 7 月向农业生产者收购农产品一批用于新技术研发，支付的价款为 10 万元，甲公司账务处理为：

按买价 13% 的扣除率计算抵扣进项税款 = 10×13% = 1.3（万元）

```
借：原材料                                              87 000
    应交税费——应交增值税（进项税额）                    13 000
  贷：银行存款                                          100 000
```

三、纳税人接受捐赠转入货物的增值税账务处理

企业接受捐赠转入的货物，按照确认的捐赠货物的价值，借记"原材料"、"库存商品"等科目，按照专用发票上注明的增值税额，借记"应交税费——应交增值税（进项税额）"科目，按照合计数，贷记"营业外收入"科目。

【例 4-6】 甲新材料研发技术公司接受乙公司捐赠转入的一批研发用玻璃仪器，验收入库，取得的增值税专用发票上注明的不含税价款 100 000 元，税额 17 000 元，价税合计 117 000 元。甲新材料研发技术公司编制会计分录如下：

```
借：周转材料——低值易耗品                            100 000
    应交税费——应交增值税（进项税额）                  17 000
  贷：营业外收入                                      117 000
```

四、纳税人接受投资转入货物的增值税账务处理

企业接受投资转入的货物，按照确认的投资货物价值，借记"原材料"、"库存商品"等科目，按照专用发票上注明的增值税额，借记"应交税费——应交增值税（进项税额）"科目，按照增值税额与货物价值的合计数，贷记"实收资本"或"股本"等科目。

【例 4-7】 甲广告公司接受乙公司用作投资的一批路牌、霓虹灯、灯箱等制作广告用材料，验收入库，取得的增值税专用发票上注明的不含税价款 854 700.85 元，税额 145 299.15 元，价税合计 1 000 000 元。甲广告公司编制会计分录如下：

```
借：原材料                                         854 700.85
    应交税费——应交增值税（进项税额）              145 299.15
```

贷：实收资本——乙公司　　　　　　　　　　　　　　　　1 000 000

五、纳税人利润分配转入货物的增值税账务处理

　　企业接受利润分配转入的货物，按照确认的实际成本，借记"原材料"、"库存商品"等科目，按照专用发票上注明的增值税额，借记"应交税费——应交增值税（进项税额）"科目，按照增值税额与实际成本的合计数，贷记"投资收益"、"长期股权投资"等科目。与接受捐赠和接受投资转入货物处理相似，不再举例。

六、纳税人购进货物、接受加工修理修配劳务或者应税服务用于非应税项目或免税项目的增值税账务处理

　　用于适用简易计税方法计税项目、非增值税应税项目、免征增值税项目、集体福利或者个人消费的购进货物、接受加工修理修配劳务或者应税服务，其专用发票上注明的增值税额，计入购进货物、接受加工修理修配劳务或者应税服务的成本。借记"在建工程"、"应付职工薪酬——职工福利费"、"主营业务成本"等科目，贷记"银行存款"等科目。

　　【例4-8】　甲税务师事务所12月购入一批电暖气作为元旦福利发放给职工，并取得增值税专用发票，不含税价格为50 000元，进项税额8 500元，发生相应运费1 110元，取得货物运输业增值税专用发票，不含税价格为1 000元，进项税额110元，全部款项以银行存款支付。

　　1. 该批电暖气用于职工福利，进项税额不得抵扣，进项发票可以不认证，则甲税务师事务所会计处理为：

　　　　借：管理费用等　　　　　　　　　　　　　　　　　　59 610
　　　　　　贷：应付职工薪酬——非货币性福利　　　　　　　59 610
　　　　借：应付职工薪酬——非货币性福利　　　　　　　　　59 610
　　　　　　贷：银行存款　　　　　　　　　　　　　　　　　59 610

　　2. 若是进项发票已认证，则甲税务师事务所会计处理为：

借：管理费用等 51 000
　　应交税费——应交增值税（进项税额） 8 610
　　　贷：应付职工薪酬——非货币性福利 59 610
借：应付职工薪酬——非货币性福利 59 610
　　　贷：银行存款 59 610
借：管理费用等 8 610
　　　贷：应交税费——应交增值税（进项税额转出） 8 610

[温馨提醒]

建议企业采取第二种办法，先认证发票，再作进项税额转出，这样可以验证发票真伪，防止收到假发票，也可以杜绝出现滞留票，减少被税务检查的麻烦。

七、纳税人货物非正常损失及改变用途及其相关的交通运输业服务的增值税账务处理

企业购进的货物、在产品、库存商品发生非正常损失，以及购进货物改变用途（如在建工程、作为投资、赠送他人）等原因，其进项税额应相应转入有关科目，借记"待处理财产损溢"、"在建工程"、"营业外支出"、"长期股权投资"等科目，贷记"原材料"、"库存商品"、"应交税费——应交增值税（进项税额转出）"等科目。查明原因经批准后将"待处理财产损溢"科目余额分别记入"营业外支出"、"管理费用"、"其他应收款"等科目。

货物非正常损失及改变用途等相关的交通运输业服务，应与非正常损失的货物成本一并处理。

【例4-9】　甲公司管理部门领用生产用原材料一批赠送客户，实际成本为2 000元；为建设厂房领用生产用原材料一批，实际成本为101 000元（包含运费1 000元）

上述业务分为两种情况：

情况一，这些原材料在购入时均取得增值税专用发票和货物运输业增

值税专用发票进行了抵扣。则甲公司会计账务处理为：

  借：营业外支出   2 340

    贷：原材料   2 000

      应交税费——应交增值税（进项税额转出）   340

  借：在建工程   118 110

    贷：原材料   101 000

      应交税费——应交增值税（进项税额转出） 17 110

情况二，这些原材料在购入时没有取得专用发票，没有抵扣。则甲公司不必将进项税额转出，直接进行账务处理：

  借：营业外支出   2 000

    贷：原材料   2 000

  借：在建工程   101 000

    贷：原材料   101 000

【例 4-10】 甲公司由于保管不善，在产品发生非常损失，其实际成本为 20 000 元，其中所耗原材料成本为 10 100 元（包含运费 100 元）；产成品发生非正常损失，其实际成本为 26 000 元，其中所耗原材料成本为 18 100 元（包含运费 100 元）。这些原材料在购入时均取得增值税专用发票和货物运输业增值税专用发票，进行了抵扣。

首先，计算进项税转出额：

在产品进项税转出＝10 000×17％＋100×11％＝1 711（元）

产成品进项税转出＝18 000×17％＋100×11％＝3 071（元）（有的会计计算为 26 000×17％＝4 420 元，是多交冤枉税的）

进行会计处理：

  借：待处理财产损溢——待处理流动资产损溢   21 711

    贷：生产成本   20 000

      应交税费——应交增值税（进项税额转出） 1 711

  借：待处理财产损溢——待处理流动资产损溢   29 071

    贷：库存商品   26 000

      应交税费——应交增值税（进项税额转出） 3 071

八、接受境外单位提供应税服务扣缴税款的账务处理

1. 一般规定：

《交通运输业和部分现代服务业营业税改征增值税试点实施办法》（财税〔2011〕111号文件附件1）第十七条规定，境外单位或者个人在境内提供应税服务，在境内未设有经营机构的，扣缴义务人按照下列公式计算应扣缴税额：

$$应扣缴税额＝接受方支付的价款÷(1＋税率)×税率$$

2. 特殊规定：

《财政部 国家税务总局关于交通运输业和部分现代服务业营业税改征增值税试点若干税收政策的补充通知》（财税〔2012〕53号）第一条规定：未与我国政府达成双边运输免税安排的国家和地区的单位或者个人，向境内单位或者个人提供的国际运输服务，符合《交通运输业和部分现代服务业营业税改征增值税试点实施办法》第六条规定的，试点期间扣缴义务人暂按3％的征收率代扣代缴增值税。

应扣缴税额按照下列公式计算：

$$应扣缴税额＝接受方支付的价款÷(1＋征收率)×征收率$$

3. 《交通运输业和部分现代服务业营业税改征增值税试点实施办法》第二十二条规定，接受境外单位或者个人提供的应税服务，从税务机关或者境内代理人取得的解缴税款的中华人民共和国税收通用缴款书上注明的增值税额准予从销项税额中抵扣。

《交通运输业和部分现代服务业营业税改征增值税试点实施办法》第二十三条规定，纳税人凭通用缴款书抵扣进项税额的，应当具备书面合同、付款证明和境外单位的对账单或者发票。资料不全的，其进项税额不得从销项税额中抵扣。

【例4-11】 甲公司为营改增试点企业，境外公司派员到甲公司提供咨询服务，该境外公司未在境内设立经营机构，甲公司向境外公司支付咨询

费106万元，应由甲公司代扣代缴税款。甲公司账务处理为：

$$应扣缴增值税＝106÷(1＋6\%)×6\%＝6（万元）$$

(1) 发生咨询费用，尚未付款时。

  借：管理费用   1 060 000
   贷：应付账款   1 060 000

(2) 支付咨询服务费代扣税款时。

  借：应付账款   1 060 000
   贷：银行存款   1 000 000
     应交税费——代扣代缴增值税   60 000

(3) 代缴税款时。

  借：应交税费——代扣代缴增值税   60 000
   贷：银行存款   60 000

(4) 取得解缴税款的税收通用缴款书时。

  借：应交税费——应交增值税（进项税额）   60 000
   贷：管理费用   60 000

对于扣缴增值税的账务处理，会计上没有明确规定，我们可以自设"代扣代缴增值税"科目进行核算，当然，也可以使用"未交增值税"科目进行核算，但为了区分企业自身产生的增值税款，建议自设科目进行核算。

例如甲公司为营改增试点企业，W国公司为甲公司提供运输服务，该境外公司未在境内设立经营机构，甲公司向W国公司支付运费103万元（人民币），W国尚未与中国签署双边税收协定，应由甲公司扣缴增值税＝103÷(1＋3%)×3%＝3（万元）。账务处理方法同上。

九、纳税人提供应税服务的增值税账务处理

一般纳税人提供应税服务，按照确认的收入和收取的增值税额，借记"库存现金"、"银行存款"、"应收账款"、"应收票据"等科目，按照收取的增值税额，贷记"应交税费——应交增值税（销项税额）"科目，按确认的

收入，贷记"主营业务收入"、"其他业务收入"等科目。发生的服务中止或折让，作相反的会计分录。

【例4-12】 甲公司系增值税一般纳税人，7月提供交通运输服务取得不含税收入100万元，提供车辆租赁服务取得不含税收入20万元，分别开具增值税专用发票，款项已收；8月因车辆维修，甲公司退还维修期间租赁费5.85万元，并开具红字专用发票。

甲公司取得运输服务收入的会计处理：

借：银行存款　　　　　　　　　　　　　　　　　1 110 000
　　贷：主营业务收入——运输　　　　　　　　　1 000 000
　　　　应交税费——应交增值税（销项税额）　　 110 000

甲公司取得车辆租赁服务收入的会计处理：

借：银行存款　　　　　　　　　　　　　　　　　 234 000
　　贷：其他业务收入——租赁　　　　　　　　　 200 000
　　　　应交税费——应交增值税（销项税额）　　 34 000

甲公司退还维修期间租赁费的会计处理：

借：银行存款　　　　　　　　　　　　　　　　　 -58 500
　　贷：其他业务收入——租赁　　　　　　　　　 -50 000
　　　　应交税费——应交增值税（销项税额）　　 -8 500

十、纳税人适用简易计税方法应税项目的增值税账务处理

一般纳税人提供适用简易计税方法应税项目的，借记"库存现金"、"银行存款"、"应收账款"等科目，贷记"主营业务收入"、"其他业务收入"等科目，贷记"应交税费——未交增值税"科目。

一般纳税人提供适用简易计税方法应税项目，发生视同销售或提供应税服务情形应缴纳的增值税额的，借记"营业外支出"、"应付利润"等科目，贷记"应交税费——未交增值税"科目。

【例4-13】 甲公交公司为增值税一般纳税人，4月取得公交客运收入103 000元。

按简易计税办法计算应纳增值税税款＝103 000÷(1＋3%)×3%＝3 000 (元)，相应会计处理为：

借：库存现金 103 000
　　贷：主营业务收入 100 000
　　　　应交税费——未交增值税 3 000

十一、纳税人提供应税服务的价格明显偏低或者偏高且不具有合理商业目的、视同提供应税服务的增值税账务处理

1. 《交通运输业和部分现代服务业营业税改征增值税试点实施办法》(财税〔2011〕111 号文件附件 1) 第十一条规定：

单位和个体工商户的下列情形，视同提供应税服务：

（1）向其他单位或者个人无偿提供交通运输业和部分现代服务业服务，但以公益活动为目的或者以社会公众为对象的除外。

（2）财政部和国家税务总局规定的其他情形。

2. 《交通运输业和部分现代服务业营业税改征增值税试点实施办法》(财税〔2011〕111 号文件附件 1) 第四十条规定：

纳税人提供应税服务的价格明显偏低或者偏高且不具有合理商业目的的，或者发生本办法第十一条所列视同提供应税服务而无销售额的，主管税务机关有权按照下列顺序确定销售额：

（1）按照纳税人最近时期提供同类应税服务的平均价格确定。

（2）按照其他纳税人最近时期提供同类应税服务的平均价格确定。

（3）按照组成计税价格确定。组成计税价格的公式为：

组成计税价格＝成本×(1＋成本利润率)

成本利润率由国家税务总局确定。

3. 一般纳税人发生视同提供应税服务情形，视同提供应税服务应提取的销项税额，借记"营业外支出"、"应付利润"等科目，贷记"应交税费——应交增值税（销项税额）"科目。

【例 4-14】 甲公司系一家从事笔记本电脑技术研发与软件服务的企

业，假设20×3年12月甲公司仅发生以下业务：

（1）向乙公司（非关联企业）提供软件服务，取得收入212万元（含税），开具了增值税专用发票，尚未收款。

（2）向丙公司（关联企业）提供与乙公司相同的软件服务，取得收入106万元（含税），开具了增值税专用发票，尚未收款。

（3）向丁公司（关联企业）免费提供与乙公司相同的软件服务，未开具发票。

甲公司向丙公司（关联企业）提供与乙公司相同的软件服务，取得收入106万元（含税），相比较为非关联企业提供服务的收入明显偏低且不具有合理商业目的；向丁公司免费提供与乙公司相同的软件服务，应当视同提供应税服务。两笔业务均应按照纳税人最近时期提供同类应税服务的平均价格确定为212万元。

12月甲公司应税服务销售额＝212÷(1＋6％)×6％×3＝36（万元）

借：应收账款——乙公司	2 120 000
——丙公司	1 060 000
营业外支出	3 180 000
贷：主营业务收入	6 000 000
应交税费——应交增值税（销项税额）	360 000

十二、纳税人视同销售的增值税账务处理

1. 根据《增值税暂行条例实施细则》第四条规定，有八种视同销售行为：

（1）将货物交付其他单位或者个人代销；

（2）销售代销货物；

（3）设有两个以上机构并实行统一核算的纳税人，将货物从一个机构移送其他机构用于销售，但相关机构设在同一县（市）的除外；

（4）将自产或者委托加工的货物用于非增值税应税项目；

（5）将自产、委托加工的货物用于集体福利或者个人消费；

(6) 将自产、委托加工或者购进的货物作为投资,提供给其他单位或者个体工商户;

(7) 将自产、委托加工或者购进的货物分配给股东或者投资者;

(8) 将自产、委托加工或者购进的货物无偿赠送其他单位或者个人。

2. 在计提销项税额时,要按照"成本转账、售价计税"的原则核算:

成本的确定:自产货物的成本为实际生产成本,外购货物的成本为实际采购成本。

售价的确定:售价即为公允价值,按下列顺序确定销售额:

(1) 按照纳税人最近时期同类货物的平均销售价格确定。

(2) 按照其他纳税人最近时期同类货物的平均销售价格确定。

(3) 按照组成计税价格确定。组成计税价格的公式为:

$$组成计税价格=成本\times(1+成本利润率)$$

属于应征消费税的货物,其组成计税价格中应加计消费税额。

增值税组成计税价格中的成本利润率由国家税务总局确定,纳税人因销售价格明显偏低或无销售价格等原因,按规定需由组成计税价格确定销售额的,其组成计税价格公式中的成本利润率为10%。但属于从价定率征收消费税的货物,其组成计税价格公式中的成本利润率,为《消费税若干具体问题的规定》(国税发〔1993〕156号)中规定的成本利润率。

【例4-15】 甲公司系一家从事笔记本电脑技术研发与生产的企业,20×3年1月26日以其生产的成本为45 000元的笔记本电脑和委托加工成本为20 000元的彩电作为应付利润分配给投资者,这批电脑的售价为60 000元,委托加工产品彩电没有同类产品售价。则甲公司会计处理为:

笔记本电脑应计销项税额=60 000×17%=10 200(元)

委托加工产品彩电组成计税价格=20 000×(1+10%)=22 000(元)

委托加工产品彩电应计销项税额=22 000×17%=3 740(元)

借:应付利润 95 940
　　贷:主营业务收入 60 000

    其他业务收入   22 000
    应交税费——应交增值税（销项税额）   13 940

结转成本分录略。

【例 4-16】 甲公司系一家从事笔记本电脑技术研发与生产的企业，共有管理人员 20 人，20×3 年 12 月以其生产的成本为 80 000 元的笔记本电脑作为元旦福利发放给管理人员，这批电脑的售价为 100 000 元。则甲公司会计处理为：

（1）公司决定发放非货币福利时。

  借：管理费用   117 000
    贷：应付职工薪酬——非货币性福利   117 000

（2）实际发放非货币福利时（注意与外购产品发放福利的区别）。

  借：应付职工薪酬——非货币性福利   117 000
    贷：主营业务收入   100 000
      应交税费——应交增值税（销项税额） 17 000
  借：主营业务成本   80 000
    贷：库存商品   80 000

十三、纳税人提供应税服务收取价外费用的增值税账务处理

价外费用，包括价外向购买方收取的手续费、补贴、基金、集资费、返还利润、奖励费、违约金、滞纳金、延期付款利息、赔偿金、代收款项、代垫款项、包装费、包装物租金、储备费、优质费、运输装卸费以及其他各种性质的价外收费。

价外费用，不包括以下代为收取的政府性基金或者行政事业性收费：

（1）由国务院或者财政部批准设立的政府性基金，由国务院或者省级人民政府及其财政、价格主管部门批准设立的行政事业性收费；

（2）收取时开具省级以上财政部门印制的财政票据；

（3）所收款项全额上缴财政。

【例 4-17】 甲公司 7 月份向乙公司提供交通运输服务，开具增值税普

通发票，发票注明合计金额为555万元；又从乙公司收取包装费、装卸费11.1万元，未开具发票；另根据省人民政府规定，从乙公司收取建设基金10万元，开具省级财政部门监制的财政收据，所收款项全额上缴财政。

甲公司从乙公司收取包装费、装卸费11.1万元，为收取的价外费用，应并入销售额缴纳增值税，而收取的建设基金则属于代为收取的政府性基金，不作为价外费用处理。

提供运输服务销售额＝(555＋11.1)÷(1＋11%)＝510（万元）

销项税额＝510×11%＝56.1（万元）

甲公司的账务处理：

借：银行存款　　　　　　　　　　　　　　　　　　　5 661 000

贷：主营业务收入——运输　　　　　　　　　　　　5 100 000

应交税费——应交增值税（销项税额）　　　　　561 000

十四、现金折扣、商业折扣、销售折让的增值税账务处理

（一）现金折扣

现金折扣，是企业在销售货物或提供应税劳务（服务）后，为了鼓励购货方及早偿还货款而给予付款方的折扣优惠。企业为了鼓励客户提前付款，一般规定付款方在不同的期限内付款可享受不同比例的折扣，付款时间越早，折扣越大。所以，销售折扣发生在销售货物或提供应税劳务（服务）之后，实质上是企业为了尽快收款而发生的一种融资性质的财务费用，折扣额相当于为收款而支付的利息，因此，现金折扣额应计入财务费用，不得抵减销售额和销项税额。

【例4-18】　甲公司为客户乙商场提供设计服务，该服务收入40万元（不含增值税），甲公司规定付款条件为：2/10，1/20，n/30，乙商场已于8天内付款。甲公司账务处理如下：

(1) 提供设计服务时。

借：应收账款　　　　　　　　　　　　　　　　　　　424 000

　　　　贷：主营业务收入　　　　　　　　　　　　　　400 000
　　　　　　应交税费——应交增值税（销项税额）　　 24 000
（2）提供设计服务后第8天收到款项时。
　　　折扣额＝424 000×2％＝8 480（元）
　　借：银行存款　　　　　　　　　　　　　　　　　415 520
　　　　财务费用　　　　　　　　　　　　　　　　　　 8 480
　　　贷：应收账款　　　　　　　　　　　　　　　　424 000

（二）商业折扣

　　商业折扣，是指企业在销售货物或提供应税劳务（服务）时，因购货方购买数量较多等原因，而按照一定折扣率（或折扣额）折扣后的优惠价格进行销售。因为折扣是与销售货物或提供应税劳务（服务）同时发生，若将销售额和折扣额在同一张发票上分别注明，可直接按照折扣后的金额作为销售额计提销项税额，若折扣额另开发票，不论会计如何处理，均不得从销售额中扣除折扣额。因为商业折扣与实现销售同时发生，买卖双方均按折扣后的价格成交，所以会计上对其不需单独作会计处理，又因为发票价格就是扣除折扣后的实际售价，所以可按发票上的金额计算销项税额。

　　《交通运输业和部分现代服务业营业税改征增值税试点实施办法》（财税〔2011〕111号文件附件1）第三十九条规定：纳税人提供应税服务，将价款和折扣额在同一张发票上分别注明的，以折扣后的价款为销售额；未在同一张发票上分别注明的，以价款为销售额，不得扣减折扣额。这一点与原一般纳税人规定相同。

　　《国家税务总局关于折扣额抵减增值税应税销售额问题通知》（国税函〔2010〕56号）明确规定：纳税人采取折扣方式销售货物，销售额和折扣额在同一张发票上分别注明是指销售额和折扣额在同一张发票上的"金额"栏分别注明的，可按折扣后的销售额征收增值税。未在同一张发票"金额"栏注明折扣额，而仅在发票的"备注"栏注明折扣额的，折扣额不得从销售额中减除。

【例 4-19】 甲公司为客户乙商场提供设计服务,设计服务收入 106 万元(含增值税),甲公司规定服务收入一次在 100 万元以上的业务可获得 10% 的商业折扣,甲公司向乙商场开具增值税专用发票,并在发票上同时注明了销售额和折扣额。甲公司账务处理如下:

销售额 = 1 060 000×(1−10%)÷(1+6%) = 900 000(元)

销项税额 = 900 000×6% = 54 000(元)

借:应收账款　　　　　　　　　　　　　　　　　954 000
　　贷:主营业务收入　　　　　　　　　　　　　　900 000
　　　　应交税费——应交增值税(销项税额)　　　　54 000

(三) 销售折让

销售折让,是指企业在销售货物或提供应税劳务(服务)后,由于货物或劳务(服务)品种、质量等本身的原因而给予付款方在销售总额上一定的减让。销售折让与现金折扣虽然都是发生在销售货物或提供应税劳务(服务)之后,但实质上销售折让会使原销售总额减少,所以销售折让要冲减当期销售额和销项税额。

《交通运输业和部分现代服务业营业税改征增值税试点实施办法》(财税〔2011〕111 号文件附件 1)第二十八条规定:纳税人提供的适用一般计税方法计税的应税服务,因服务中止或者折让而退还给购买方的增值税额,应当从当期的销项税额中扣减;发生服务中止、购进货物退出、折让而收回的增值税额,应当从当期的进项税额中扣减。

纳税人提供应税服务,开具增值税专用发票后,提供应税服务中止、折让、开票有误等情形,应当按照国家税务总局的规定开具红字增值税专用发票。未按照规定开具红字增值税专用发票的,不得扣减销项税额或者销售额。

纳税人于本地区试点实施之日前提供改征增值税的营业税应税服务并开具发票后,如发生服务中止、折让、开票有误等,且不符合发票作废条件的,应开具红字普通发票,不得开具红字专用发票。对于需重新开具发票的,应开具普通发票,不得开具专用发票(包括货运专用发票)。

【例 4-20】 甲公司为客户乙商场提供设计服务，设计服务收入 106 万元（含增值税），乙商场尚未付款。几天后乙商场发现甲公司的设计不完全符合要求，乙商场要求甲公司降价，甲公司给予 10.6 万元的销售折让，开具红字增值税专用发票，甲公司应作会计处理如下：

（1）提供设计服务时。

销项税额＝1 060 000÷（1＋6%）×6%＝60 000（元）

借：应收账款　　　　　　　　　　　　　　　　　1 060 000
　　贷：主营业务收入　　　　　　　　　　　　　　1 000 000
　　　　应交税费——应交增值税（销项税额）　　　　60 000

（2）甲公司给予 10.6 万元的销售折让，开具红字发票时。

借：应收账款　　　　　　　　　　　　　　　　　－106 000
　　贷：主营业务收入　　　　　　　　　　　　　　－100 000
　　　　应交税费——应交增值税（销项税额）　　　　－6 000

十五、纳税人混业经营的账务处理

纳税人兼有不同税率或者征收率的销售货物、提供加工修理修配劳务或者应税服务的，应当分别核算适用不同税率或征收率的销售额，未分别核算销售额的，按照以下方法适用税率或征收率：

1. 兼有不同税率的销售货物、提供加工修理修配劳务或者应税服务的，从高适用税率。

2. 兼有不同征收率的销售货物、提供加工修理修配劳务或者应税服务的，从高适用征收率。

3. 兼有不同税率和征收率的销售货物、提供加工修理修配劳务或者应税服务的，从高适用税率。

【例 4-21】 甲运输公司，8 月份取得收入情况：货物运输业务收入 111 万元，货物运输代理服务收入 21.2 万元，仓储服务收入 42.4 万元，经营性租赁车辆收入 11.7 万元，上述收入均为含税收入，款项通过银行存款结算。

(1) 该企业分别核算销售额,应税服务销售额分别按不同税率计算:

货物运输业务收入=111÷(1+11%)=100(万元)

货物运输代理服务收入=21.2÷(1+6%)=20(万元)

仓储服务收入=42.4÷(1+6%)=40(万元)

经营性租赁车辆收入=11.7÷(1+17%)=10(万元)

应交增值税=100×11%+60×6%+10×17%=16.3(万元)

借:银行存款 1 863 000

贷:主营业务收入——货物运输服务 1 000 000

——物流辅助服务 600 000

——经营租赁服务 100 000

应交税费——应交增值税(销项税额) 163 000

(2) 该企业未分别核算销售额,应税服务销售额按从高适用税率计算:

应税服务销售额=(111+21.2+42.4+11.7)÷(1+17%)

=159.23(万元)

应交增值税=159.23×17%=27.07(万元)

借:银行存款 1 863 000

贷:主营业务收入 1 592 300

应交税费——应交增值税(销项税额) 270 700

十六、纳税人兼营营业税应税项目、免征增值税项目等情况的账务处理

1. 纳税人兼营营业税应税项目的,应当分别核算应税服务的销售额和营业税应税项目的营业额;未分别核算的,由主管税务机关核定应税服务的销售额。

2. 纳税人兼营免税、减税项目的,应当分别核算免税、减税项目的销售额;未分别核算的,不得免税、减税。

[温馨提醒]

注意未分别核算兼营项目时,兼营免税、减税项目与兼营营业税应税

项目的区别，不能由税务机关核定免税减税额，不得免税、减税。

3. 适用一般计税方法的纳税人，兼营简易计税方法计税项目、非增值税应税劳务、免征增值税项目而无法划分不得抵扣的进项税额的，按照下列公式计算不得抵扣的进项税额：

$$\text{不得抵扣的进项税额} = \text{当期无法划分的全部进项税额} \times \frac{\text{当期简易计税方法计税项目销售额} + \text{非增值税应税劳务营业额} + \text{免征增值税项目销售额}}{\text{当期全部销售额} + \text{当期全部营业额}}$$

主管税务机关可以按照上述公式依据年度数据对不得抵扣的进项税额进行清算。

【例4-22】 甲公司从事会议展览服务，并兼营餐饮、住宿业务，7月举办经贸洽谈、商品展示、民间交流等各类会议和展览取得收入636万元（含税），取得餐饮业务收入400万元，住宿业务收入200万元，本月允许抵扣的进项税额10万元。

若甲公司分开核算销售额，应缴纳增值税＝636÷（1＋6％）×6％－10＝26（万元），应纳营业税＝（400＋200）×5％＝30（万元），共缴纳税款56万元。

若甲公司没有分开核算销售额，则由主管税务机关核定货物或者应税劳务的销售额，假设主管国税局对会议和展览服务不含税销售额核定为690万元，主管地税局对餐饮、住宿业务营业额核定为620万元，则增值税＝690÷（1＋6％）×6％－10＝29.06（万元），营业税＝620×5％＝31（万元），共缴纳税款60.06万元。

[温馨提醒]

尽管兼营营业税应税项目不分开核算，也会按照税务机关核定的销售额和营业额分别缴纳增值税和营业税，但笔者还是强烈建议纳税人将兼营营业税应税项目分开核算，以免税务机关核定的销售额或营业额高于实际销售额或营业额，从而承担更高的税负，上例就是这样，不分开核算比分开核算多缴纳税款4.06万元（60.06－56）。

兼营营业税应税项目分开核算要做到以下几点：(1) 合同或协议分开签订；(2) 发票分别开具：增值税应税项目开具国税发票，营业税应税项目开具地税发票；(3) 会计处理分别入账，分开核算。

【例 4-23】 乙公司从事网站设计、技术开发等业务，7月提供网站设计服务取得收入 636 万元（含税），取得技术开发业务收入 212 万元（含税），技术开发服务已通过主管税务机关免征增值税的审批，本月因网站设计业务取得专用发票上注明的税额 10 万元，因技术开发业务取得专用发票上注明的税额 6 万元，无法划分网站设计、技术开发业务的进项税额 8 万元。

(1) 若乙公司分开核算销售额。

因无法划分计算的不得抵扣的进项税额 = 8×200÷(600+200)
= 2（万元）

免税项目的进项税额 6 万元不得抵扣，因此，

允许抵扣的进项税额 = 10+8-2 = 16（万元）

应缴纳增值税 = 636÷(1+6%)×6%-16 = 20（万元）

(2) 若乙公司未分别核算销售额，技术开发业务不得免税。企业放弃免税的，可以抵扣进项税额。

应缴纳增值税 = 636÷(1+6%)×6%+212÷(1+6%)×6%
-(10+6+8) = 24（万元）

十七、纳税人差额征税的账务处理

(一) 一般纳税人的账务处理

一般纳税人提供应税服务，试点期间按照营业税改征增值税有关规定允许从销售额中扣除其支付给非试点纳税人价款的，应在"应交税费——应交增值税"科目下增设"营改增抵减的销项税额"专栏，用于记录该企业因按规定扣减销售额而减少的销项税额；同时，"主营业务收入"、"主营业务成本"等相关科目应按经营业务的种类进行明细核算。

企业接受应税服务时，按规定允许扣减销售额而减少的销项税额，借

记"应交税费——应交增值税（营改增抵减的销项税额）"科目，按实际支付或应付的金额与上述增值税额的差额，借记"主营业务成本"等科目，按实际支付或应付的金额，贷记"银行存款"、"应付账款"等科目。

对于期末一次性进行账务处理的企业，期末，按规定当期允许扣减销售额而减少的销项税额，借记"应交税费——应交增值税（营改增抵减的销项税额）"科目，贷记"主营业务成本"等科目。

【例4-24】 试点纳税人甲运输公司是增值税一般纳税人，20×2年12月取得全部收入400万元，其中，国内客运收入365万元，支付非试点联运企业运费100万元并取得发票，销售货物收入30万元，运送该批货物取得运输收入5万元。所有收入均以银行存款结算货款，假设该公司期初无留抵税额，本月未发生进项税额。甲运输公司账务处理如下：

1. 确定税率：运输收入属于营业税改征增值税的应税服务，属交通运输业，税率为11%；销售货物属于增值税应税货物，税率为17%。

2. 取得收入。

主营业务收入 = (365+5)÷(1+11%)+30÷(1+17%)
              = 358.97（万元）

销项税额 = (365+5)÷(1+11%)×11%+30÷(1+17%)×17%
          = 41.03（万元）

借：银行存款   4 000 000
　　贷：主营业务收入   3 589 700
　　　　应交税费——应交增值税（销项税额）   410 300

3. 支付联运企业运费。

主营业务成本 = 100÷(1+11%) = 90.09（万元）

营改增抵减的销项税额 = 100÷(1+11%)×11% = 9.91（万元）

借：主营业务成本   900 900
　　应交税费——应交增值税（营改增抵减的销项税额）   99 100
　　贷：银行存款   1 000 000

甲运输公司销售额 = 358.97－90.09 = 268.88（万元）

甲运输公司应交增值税额＝41.03－9.91＝31.12（万元）

【例 4-25】 承例 4-24，假定甲运输公司支付试点联运企业（小规模纳税人）运费 60 万元，取得税务机关代开的增值税专用发票，其他条件不变。甲运输公司账务处理如下：

1. 取得收入。

主营业务收入＝(365＋5)÷(1＋11%)＋30÷(1＋17%)
　　　　　　＝358.97（万元）

销项税额＝(365＋5)÷(1＋11%)×11%＋30÷(1＋17%)×17%
　　　　＝41.03（万元）

借：银行存款　　　　　　　　　　　　　　　　　　　4 000 000
　　贷：主营业务收入　　　　　　　　　　　　　　　3 589 700
　　　　应交税费——应交增值税（销项税额）　　　　　410 300

2. 支付联运企业运费。

根据《交通运输业和部分现代服务业营业税改征增值税试点有关事项的规定》，试点纳税人接受试点纳税人中的小规模纳税人提供的交通运输业服务，按照取得的增值税专用发票上注明的价税合计金额和 7% 的扣除率计算进项税额。

可抵扣进项税额＝60×7%＝4.2（万元）

借：主营业务成本　　　　　　　　　　　　　　　　　558 000
　　应交税费——应交增值税（进项税额）　　　　　　 42 000
　　贷：银行存款　　　　　　　　　　　　　　　　　600 000

【例 4-26】 承例 4-24，假设甲运输公司支付试点联运企业（一般纳税人）运费 111 万元并取得货物运输业增值税专用发票，其他条件不变。甲运输公司账务处理如下：

1. 取得收入。

借：银行存款　　　　　　　　　　　　　　　　　　　4 000 000
　　贷：主营业务收入　　　　　　　　　　　　　　　3 589 700
　　　　应交税费——应交增值税（销项税额）　　　　　410 300

2. 支付联运企业运费。

可抵扣进项税额＝111÷（1＋11％）×11％＝11（万元）

借：主营业务成本　　　　　　　　　　　　　　　　1 000 000
　　应交税费——应交增值税（进项税额）　　　　　　110 000
　贷：银行存款　　　　　　　　　　　　　　　　　1 110 000

（二）小规模纳税人的账务处理

小规模纳税人提供应税服务，试点期间按照营业税改征增值税有关规定允许从销售额中扣除其支付给非试点纳税人价款的，按规定扣减销售额而减少的应交增值税应直接冲减"应交税费——应交增值税"科目。

企业接受应税服务时，按规定允许扣减销售额而减少的应交增值税，借记"应交税费——应交增值税"科目，按实际支付或应付的金额与上述增值税额的差额，借记"主营业务成本"等科目，按实际支付或应付的金额，贷记"银行存款"、"应付账款"等科目。

对于期末一次性进行账务处理的企业，期末，按规定当期允许扣减销售额而减少的应交增值税，借记"应交税费——应交增值税"科目，贷记"主营业务成本"等科目。

【例4-27】　试点纳税人乙运输公司是小规模纳税人，20×2年12月取得全部收入61.8万元，其中，国内运输收入50万元，支付非试点联运企业运费10.3万元并取得发票，销售货物收入11.8万元。所有收入均以银行存款结算货款。乙运输公司账务处理如下：

1. 确定税率：小规模纳税人征收率均为3％。
2. 取得收入。

主营业务收入＝61.8÷（1＋3％）＝60（万元）
销项税额＝61.8÷（1＋3％）×3％＝1.8（万元）

借：银行存款　　　　　　　　　　　　　　　　　　618 000
　贷：主营业务收入　　　　　　　　　　　　　　　600 000
　　　应交税费——应交增值税　　　　　　　　　　　18 000

2. 支付联运企业运费。

主营业务成本＝10.3÷(1＋3%)＝10（万元）

营改增抵减的销项税额＝10.3÷(1＋3%)×3%＝0.3（万元）

借：主营业务成本　　　　　　　　　　　　　100 000
　　　应交税费——应交增值税　　　　　　　　　3 000
　　贷：银行存款　　　　　　　　　　　　　　103 000

乙运输公司销售额＝60－10＝50（万元）

乙运输公司应交增值税额＝1.8－0.3＝1.5（万元）

[温馨提醒]

1. 小规模增值税纳税人增值税的核算，一般只设"应交税费——应交增值税"科目，对于按规定扣减销售额而减少的销项税额，不再单独设立科目。

2. 假设例4—27中的乙运输公司支付试点联运企业运费10.3万元，取得交通运输业发票，其他条件不变。根据《交通运输业和部分现代服务业营业税改征增值税试点有关事项的规定》规定，试点纳税人中的小规模纳税人提供交通运输业服务和国际货物运输代理服务，按照国家有关营业税政策规定差额征收营业税的，其支付给试点纳税人的价款，也允许从其取得的全部价款和价外费用中扣除；试点小规模纳税人从事联运业务，无论联运合作方的纳税人类型，都可以差额计算销售额。即试点小规模纳税人接受小规模纳税人联运业务的差额征税的会计与税务处理，与联运企业是否试点无关，会计处理方法相同。

十八、纳税人新增固定资产的账务处理

纳税人凭固定资产增值税扣税凭证从销项税额中抵扣，其进项税额应当记入"应交税费——应交增值税（进项税额）"科目。

固定资产增值税扣税凭证，包括增值税专用发票、海关进口增值税专

用缴款书、运输费用结算单据,以及使用税控系统开具的机动车销售统一发票。

另外需要注意以下几点:

1. 允许抵扣进项税的固定资产仅为与生产经营有关的设备,非生产用的固定资产增值税的进项税额仍不能抵扣,应当计入固定资产原值。与企业技术更新无关且容易混为个人消费的自用消费品(如小汽车、游艇等)所含的进项税额,不得抵扣。

2. 生产用的厂房等固定资产,由于房屋等不动产缴纳的是营业税,理所当然不在增值税抵扣之列。

3. 新增固定资产的运输费用的进项税额也可以抵扣。

4. 以下固定资产项目的进项税额不得从销项税额中抵扣:用于非增值税应税项目、免征增值税项目、集体福利或者个人消费的购进固定资产或应税劳务;非正常损失的固定资产等。

新增固定资产的账务处理,与新增存货的账务处理一致,具体表现为新增固定资产的进项税额单独在"应交税费——应交增值税(进项税额)"科目核算,而不是在"固定资产"科目核算。下面举例说明:

(一) 外购固定资产的账务处理

【例4-28】 甲物流公司购入装卸用设备一台,增值税专用发票上注明价款100 000元,增值税17 000元,支付运输费1 000元,取得税务机关代开的货物运输业增值税专用发票。款项均以银行存款支付。

进项税额=17 000+1 000×7%=17 070(元)

借:固定资产　　　　　　　　　　　　　　　　　　　100 930
　　应交税费——应交增值税(进项税额)　　　　　　　17 070
　　贷:银行存款　　　　　　　　　　　　　　　　　118 000

【例4-29】 甲设备租赁公司购入一台机器设备用于经营,增值税专用发票上注明机器设备价款为100万元,增值税17万元,以银行存款支付价款,另支付运费1.11万元,取得货运专用发票。

该机器设备的入账价值为:1 000 000+11 100÷(1+11%)=1 010 000

（元），可抵扣的进项税额为：170 000＋11 100÷(1＋11%)×11%＝171 100（元）则甲设备租赁公司账务处理为：

  借：固定资产   1 010 000
    应交税费——应交增值税（进项税额）   171 100
  贷：银行存款   1 181 100

【例 4-30】 甲新材料技术研发公司 4 月进口一台技术研发用机器设备，该机器设备在国外的买价 60 万元，另该设备运抵我国海关前发生包装费、运输费、保险费等共 5 万元。货物报关后，该公司按规定缴纳了进口环节增值税并取得了海关开具的完税凭证。关税税率为 20%。

甲公司的会计处理：

  完税价格＝600 000＋50 000＝650 000（元）
  关税＝650 000×20%＝130 000（元）
  组成计税价格＝650 000＋130 000＝780 000（元）
  进口环节应缴纳的增值税税额＝780 000×17%＝132 600（元）

  借：固定资产   780 000
    应交税费——应交增值税（进项税额）   132 600
  贷：银行存款   912 600

（二）捐赠转入固定资产的账务处理

按照专用发票上注明的增值税额，借记"应交税费——应交增值税（进项税额）"科目，按照确认的固定资产价值（扣除增值税）借记"固定资产"科目；接受捐赠时，支付的其他相关费用贷记"银行存款"，差额计入营业外收入。

【例 4-31】 甲新材料研发技术公司接受乙公司捐赠转入的一台研发用仪器设备，验收入库，取得的增值税专用发票上注明的不含税价款为 854 700.85 元，税额为 145 299.15 元，价税合计 1 000 000 元。甲新材料研发技术公司编制会计分录如下：

  借：固定资产   854 700.85
    应交税费——应交增值税（进项税额）   145 299.15

贷：营业外收入　　　　　　　　　　　　　　　　1 000 000

（三）接受投资转入的固定资产的账务处理

按照专用发票上注明的增值税额，借记"应交税费——应交增值税（进项税额）"科目，按照确认的固定资产价值，借记"固定资产"等科目，按照增值税与固定资产价值的合计数，贷记"实收资本"等科目。账务处理较为简单，不再举例。

（四）自行建造固定资产的账务处理

采购工程物资用于自制固定资产并取得增值税专用发票的业务，借记"工程物资"、"应交税费——应交增值税（进项税额）"科目，按照应付或实际支付的金额，贷记"应付账款"、"银行存款"等科目；工程领用物资、原材料，借记"在建工程"，贷记"工程物资"、"原材料"科目；工程交付使用时，借记"固定资产"科目，贷记"在建工程"科目。采购工程物资建造固定资产账务处理较为简单，不再举例。

十九、纳税人已抵扣进项税额的固定资产进项税转出的增值税账务处理

纳税人已抵扣进项税额的固定资产发生税法规定的进项税额不得从销项税额中抵扣情形的，则其已抵扣的进项税额应当在当月予以转出，借记有关科目，贷记"应交税费——应交增值税（进项税额转出）"科目。转出金额＝固定资产净值×增值税率。固定资产净值是指纳税人按照会计准则计提折旧后的净值。

【例4-32】　20×3年7月10日，甲公司接受乙公司捐赠的一台设备，增值税专用发票上注明的价款100 000元，增值税17 000元。20×4年7月20日，该设备由于保管不慎被盗（不考虑相关的支出和收入），该设备20×3年8月至20×4年7月已按会计准则计提折旧10 000元。甲公司账务处理如下：

1. 20×3年7月10日，甲公司收到捐赠设备时。

借：固定资产	100 000
应交税费——应交增值税（进项税额）	17 000
贷：营业外收入	117 000

2. 20×4年7月20日，该设备由于保管不慎被盗处理时，其净值＝100 000－10 000＝90 000（元），应予以转出的进项税＝90 000×17％＝15 300（元）。

借：固定资产清理	90 000
累计折旧	10 000
贷：固定资产	100 000
借：固定资产清理	15 300
贷：应交税费——应交增值税（进项税额转出）	15 300
借：营业外支出	105 300
贷：固定资产清理	105 300

二十、纳税人销售自己使用过的固定资产的账务处理

1. 根据《财政部 国家税务总局关于全国实施增值税转型改革若干问题的通知》（财税〔2008〕170号）规定，自2009年1月1日起，纳税人销售自己使用过的固定资产，应区分不同情形征收增值税：

（1）销售自己使用过的2009年1月1日以后购进或者自制的固定资产。按照适用税率征收增值税。

（2）2008年12月31日以前未纳入扩大增值税抵扣范围试点的纳税人，销售自己使用过的2008年12月31日以前购进或者自制的固定资产，按照4％征收率减半征收增值税。

（3）2008年12月31日以前已纳入扩大增值税抵扣范围试点的纳税人，销售自己使用过的在本地区扩大增值税抵扣范围试点以前购进或者自制的固定资产，按照4％征收率减半征收增值税；销售自己使用过的在本地区扩大增值税抵扣范围试点以后购进或者自制的固定资产，按照适用税率征收增值税。

2. 根据《财政部 国家税务总局关于交通运输业和部分现代服务业营业税改征增值税试点若干税收政策的通知》（财税〔2011〕133号）第一条规定，试点地区一般纳税人，销售自己使用过的试点转换之日以后购进或自制的固定资产，按照适用税率征收增值税；销售自己使用过的试点转换之日以前购进或者自制的固定资产，按照4%征收率减半征收增值税。

使用过的固定资产，是指纳税人根据财务会计制度已经计提折旧的固定资产。

3. 根据《国家税务总局关于一般纳税人销售自己使用过的固定资产增值税有关问题的公告》（国家税务总局公告2012年1号）规定，增值税一般纳税人销售自己使用过的固定资产，属于以下两种情形的，可按简易办法依4%征收率减半征收增值税，同时不得开具增值税专用发票：

（1）纳税人购进或者自制固定资产时为小规模纳税人，认定为一般纳税人后销售该固定资产。

（2）增值税一般纳税人发生按简易办法征收增值税应税行为，销售其按照规定不得抵扣且未抵扣进项税额的固定资产。

上述规定表述显得比较繁琐，其实本质就一句话：纳税人销售自己使用过的固定资产，若原购入时进项税额已经抵扣的，则销售时按照适用税率征收增值税；若原购入时进项税额按规定不得抵扣而没有抵扣的，则销售时还是按照原规定4%征收率减半征收增值税。适用按简易办法依4%征收率减半征收增值税政策的，应开具普通发票，不得开具增值税专用发票。

【例4-33】 甲运输公司于20×4年1月出售一辆使用过的车辆，不含税售价为40 000元。该车辆是20×2年1月购入的，不含增值税价格为100 000元，折旧年限为4年，采用直线法折旧，不考虑净残值。该车辆适用17%的增值税税率。

20×2年1月，甲公司购入车辆时。

借：固定资产　　　　　　　　　　　　　　　　　　　100 000
　　应交税费——应交增值税（进项税额）　　　　　　 17 000
　　贷：银行存款　　　　　　　　　　　　　　　　　117 000

20×4年1月甲公司出售车辆时。

累计折旧＝100 000/4×2＝50 000（元）

销项税额＝40 000×17％＝6 800（元）

借：固定资产清理		50 000
累计折旧		50 000
贷：固定资产		100 000
借：银行存款		46 800
贷：固定资产清理		40 000
应交税费——应交增值税（销项税额）		6 800
借：营业外支出		10 000
贷：固定资产清理		10 000

【例4-34】 甲运输公司20×3年1月开始营改增试点并认定为一般纳税人，于20×4年12月出售一台使用过的装卸用设备，含税售价为70 000元。该设备是20×2年12月购入的，含增值税价格为117 000元，折旧年限为10年，采用直线法折旧，不考虑净残值。该设备适用17％的增值税税率。

甲运输公司20×3年1月开始营改增试点并认定为一般纳税人，该设备购入时间为20×2年12月，则购入的设备增值税进项税额17 000元按规定不得抵扣而应计入设备成本，设备的原值为117 000元，原购入时进项税额按规定不得抵扣而没有抵扣的，则销售时还是按照原规定4％征收率减半征收增值税。

1. 20×2年12月甲公司购入设备时。

借：固定资产		117 000
贷：银行存款		117 000

2. 20×4年12月甲公司出售设备时。

2年共计提折旧＝117 000/10×2＝23 400（元）

2年后出售时应缴纳增值税＝70 000/（1＋4％）×4％×50％
　　　　　　　　　　　　＝1 346.15（元）

借：固定资产清理　　　　　　　　　　　　　　　　　　　　　　93 600

         累计折旧   23 400
            贷：固定资产   117 000
      借：银行存款   70 000
         贷：固定资产清理   67 307.70
            应交税费——未交增值税   2 692.30
      借：应交税费——未交增值税   1 346.15
         贷：营业外收入   1 346.15
      借：营业外支出   26 292.30
         贷：固定资产清理   26 292.30

二十一、纳税人取得过渡性财政扶持资金的账务处理

试点纳税人在新老税制转换期间因实际税负增加而向财税部门申请取得财政扶持资金的，期末有确凿证据表明企业能够符合财政扶持政策规定的相关条件且预计能够收到财政扶持资金时，按应收的金额，借记"其他应收款"等科目，贷记"营业外收入"科目。待实际收到财政扶持资金时，按实际收到的金额，借记"银行存款"等科目，贷记"其他应收款"等科目。

试点纳税人取得过渡性财政扶持资金的账务处理较为简单，不再举例。

二十二、纳税人增值税优惠政策的账务处理

（一）增值税"直接免征"的账务处理

直接免征增值税，即纳税人不必缴纳增值税款。

按照增值税专用发票管理规定，除国家另有规定外，纳税人销售或提供免税项目不得开具专用发票，尽管不能开具增值税专用发票，但其开具给购买方的普通发票金额却是含税销售额，并且按含税销售额收取款项。

下面举例说明增值税"直接免征"的账务处理。

【例 4-35】 某企业提供免税服务项目，开具普通发票，票面金额

11 700元，另提供应税服务项目不含税销售额40 000元，本期进项税额为1 000元。则该企业提供免税服务项目的相关账务处理为：

1. 开具普通发票时。

　　借：银行存款　　　　　　　　　　　　　　　　　　　　　11 700
　　　　贷：主营业务收入　　　　　　　　　　　　　　　　　10 000
　　　　　　应交税费——应交增值税（销项税额）　　　　　　1 700

2. 同时，应将销项税额作为直接免征的税额进行结转，会计分录为：

　　借：应交税费——应交增值税（减免税款）　　　　　　　　1 700
　　　　贷：主营业务收入　　　　　　　　　　　　　　　　　1 700

在实际工作中，很多企业将上述两笔会计分录合并处理为一笔会计分录：

　　借：银行存款　　　　　　　　　　　　　　　　　　　　　11 700
　　　　贷：主营业务收入　　　　　　　　　　　　　　　　　11 700

3. 同时，在购进项目部分用于免税项目的情况下，为提供免税项目而发生的进项税额不得抵扣，免税项目应转出的进项税额要计入成本，进项税额转出金额可采用销售额比例法计算，即用免税项目的销售额占总销售额的比例来计算应分摊转出的进项税额。进项税额转出＝1 000×10 000/(10 000＋40 000)＝200（元），会计分录为：

　　借：主营业务成本　　　　　　　　　　　　　　　　　　　200
　　　　贷：应交税费——应交增值税（进项税额转出）　　　　200

如果纳税人购进货物或者发生劳务时已经明确要用于免税项目，其购进货物或者发生劳务（服务）时进项税额就应计入采购成本，不用进行进项税额转出的账务处理。

[温馨提醒]

《企业会计准则第16号——政府补助》应用指南中明确规定：除税收返还外，税收优惠还包括直接减征、免征、增加计税抵扣额、抵免部分税额等形式。这类税收优惠并未直接向企业无偿提供资产，不作为本准则规范的政府补助。因而，直接免征的增值税税额不能按照政府补助计入营业外收入。《企业会计准则第14号——收入》对收入的定义为：收入，是指企业在日常活动中形成的、会导致所有者权益增加的、与所有者投入资本无关的经济利益的总流入。企业享受增值税直接免征形成的经济利益流入是与企业日常活动密不可分的，完全符合收入的定义，因而，企业直接免征的增值税税额应该计入企业的主营业务收入。《小企业会计准则》也同样处理。

（二）增值税"直接减征"的账务处理

直接减征，即按应征税款的一定比例征收。

下面举例说明增值税"直接减征"的账务处理。

【例4-36】　某增值税一般纳税人销售旧摩托车三辆，取得价款10 400元，开具增值税普通发票，金额栏10 000元，税率栏4％，税额栏400元。则该企业销售旧摩托车的相关账务处理如下：

确认销售收入时，按正常销售确认收入。

借：银行存款　　　　　　　　　　　　　　　　　　　　10 400
　　贷：主营业务收入（销售旧设备时，记入"固定资产清理"）10 000
　　　　应交税费——未交增值税（按4％征收率计算）　　　　400

根据《企业会计准则第16号——政府补助》应用指南规定和《企业会计准则第14号——收入》规定，直接减征的税款应记入"营业外收入——政府补助"。《小企业会计准则》也同样处理。

借：应交税费——未交增值税（按4％征收率减半计算）　　　200
　　贷：营业外收入　　　　　　　　　　　　　　　　　　　200

[温馨提醒]

很多人都将按简易办法依4％征收率减半征收增值税的业务通过"销项税额"核算，其实并不妥当，因为这样处理，增值税纳税申报表的销项税额无法与应交增值税明细账的销项税额金额相符，造成账表不符。而应该通过"未交增值税"核算，这样才能做到增值税纳税申报表和应交增值税明细账相符。

(三) 增值税 "即征即退"、"先征后退"、"先征后返" 的账务处理

"即征即退"：即税务机关将应征的增值税征收入库后，即予退还；"先征后退"：与即征即退差不多，只是退税的时间略有差异；"先征后返"：即税务机关将增值税正常征收入库，然后由财政机关按税收政策规定审核并返还企业所缴入库的增值税。

"即征即退"、"先征后退"、"先征后返" 三种优惠的区别是：①返还部门不同：即征即退、先征后退的税款由税务部门退还；先征后返的税款由财政部门返还。②取得的时间不同，即征即退最快，先征后退次之，先征后返最慢。

"即征即退"、"先征后退"、"先征后返" 三种优惠的共同点是：都是在增值税正常缴纳之后退库，对增值税抵扣链条的完整性并无影响，因此，销售货物或提供应税劳务（服务）时，可以按规定开具增值税专用发票，正常计算销项税额，购买方也可以凭票正常抵扣。

根据《企业会计准则第 16 号——政府补助》应用指南规定，这三种优惠政策完全符合政府补助的定义，所退（返）税款应计入营业外收入——政府补助。账务处理如下：

销售货物或提供应税劳务（服务）时，根据正常销售确认收入。

  借：银行存款
    贷：主营业务收入
      应交税费——应交增值税（销项税额）

缴纳增值税款时，与平常账务处理相同。

  借：应交税费——应交增值税（已交税金）（本月上缴本月应交的增值税）
    应交税费——未交增值税（本月上缴以前期间应交未交的增值税）
    贷：银行存款

收到增值税返还。

  借：银行存款
    贷：营业外收入——政府补助

除了收到增值税返还外其他会计处理与普通增值税业务相同。

下面以增值税"即征即退"的账务处理举例说明。

【例 4-37】 甲租赁公司为经人民银行、银监会、商务部批准经营融资租赁业务的试点纳税人，增值税一般纳税人，主要从事有形动产经营性租赁和融资租赁服务，已办理融资租赁即征即退优惠审批资格认定手续。20×3 年 12 月份发生下列业务：

1. 取得有形动产经营性租赁收入，开具增值税专用发票，销售额 1 000 000 元，销项税额 170 000 元；

2. 取得有形动产融资租赁收入，开具增值税专用发票，销售额 500 000 元，销项税额 85 000 元；

3. 取得的增值税专用发票已全部认证，其中：购入专门用于融资租赁业务的设备一台，金额 100 000 元，税额 17 000 元；用于经营性租赁业务的支出，金额 250 000 元，税额 42 500 元。

甲租赁公司应纳税额的计算与账务处理：

1. 甲租赁公司一般应税服务应纳税额的计算：

  有形动产经营性租赁收入销项税额＝170 000（元）

  有形动产经营性租赁收入进项税额＝42 500（元）

  有形动产经营性租赁收入应纳税额＝170 000－42 500＝127 500（元）

2. 甲租赁公司即征即退应税服务应纳税额的计算：

经人民银行、银监会、商务部批准经营融资租赁业务的试点纳税人中的一般纳税人提供有形动产融资租赁服务，对其增值税实际税负超过3％的部分实行增值税即征即退政策。

  符合即征即退条件的有形动产融资租赁销项税额＝85 000（元）

  符合即征即退条件的有形动产融资租赁进项税额＝17 000（元）

  即征即退应税服务应纳税额＝85 000－17 000＝68 000（元）

  增值税即征即退税额＝68 000－500 000×3％＝53 000（元）

3. 账务处理：

(1) 提供有形动产融资租赁服务时。

 借：银行存款   585 000

　　　　贷：主营业务收入　　　　　　　　　　　　　　　　500 000
　　　　　　应交税费——应交增值税（销项税额）　　　　 85 000
（2）购进设备时。
　　借：固定资产　　　　　　　　　　　　　　　　　　100 000
　　　　应交税费——应交增值税（进项税额）　　　　　 17 000
　　　　贷：银行存款　　　　　　　　　　　　　　　　　117 000
（3）结转未交增值税。
　　借：应交税费——应交增值税（转出未交增值税）　　 68 000
　　　　贷：应交税费——未交增值税　　　　　　　　　　 68 000
（4）缴纳增值税款时。
　　借：应交税费——未交增值税　　　　　　　　　　　 68 000
　　　　贷：银行存款　　　　　　　　　　　　　　　　　 68 000
（5）收到增值税返还。
　　借：银行存款　　　　　　　　　　　　　　　　　　 53 000
　　　　贷：营业外收入——政府补助　　　　　　　　　　 53 000

[温馨提醒]

　　一般货物及劳务和应税服务，即征即退货物、劳务及应税服务需分开核算，分开填写申报表。
　　即征即退货物、劳务及应税服务的进项税额单独计算，无法划分的进项税额，应按照销项税额比例确定该货物劳务及应税服务应分摊的进项税额。对于专门用于相应货物劳务及应税服务的生产设备、工具等固定资产的进项税额不得进行分摊。
　　即征即退货物劳务及应税服务的销项税额、进项税额等相关数据均应在增值税纳税申报表"即征即退货物及劳务和应税服务"列填写。

[相关链接]

　　《财政部 国家税务总局关于增值税营业税消费税实行先征后返等办法有关城建税和教育费附加政策的通知》（财税〔2005〕72号）规定：对增值

税、营业税、消费税（以下简称"三税"）实行先征后返、先征后退、即征即退办法的，除另有规定外，对随"三税"附征的城市维护建设税和教育费附加，一律不予退（返）还。

二十三、纳税人增值税税控系统专用设备和技术维护费用抵减增值税额的账务处理

《财政部 国家税务总局关于增值税税控系统专用设备和技术维护费用抵减增值税税额有关政策的通知》（财税〔2012〕15号）规定：

1. 增值税纳税人2011年12月1日（含，下同）以后初次购买增值税税控系统专用设备（包括分开票机）支付的费用，可凭购买增值税税控系统专用设备取得的增值税专用发票，在增值税应纳税额中全额抵减（抵减额为价税合计额），不足抵减的可结转下期继续抵减。增值税纳税人非初次购买增值税税控系统专用设备支付的费用，由其自行负担，不得在增值税应纳税额中抵减。

增值税税控系统包括：增值税防伪税控系统、货物运输业增值税专用发票税控系统、机动车销售统一发票税控系统和公路内河货物运输业发票税控系统。

增值税防伪税控系统的专用设备包括金税卡、IC卡、读卡器或金税盘和报税盘；货物运输业增值税专用发票税控系统专用设备包括税控盘和报税盘；机动车销售统一发票税控系统和公路内河货物运输业发票税控系统专用设备包括税控盘和传输盘。

2. 增值税纳税人2011年12月1日以后缴纳的技术维护费（不含补缴的2011年11月30日以前的技术维护费），可凭技术维护服务单位开具的技术维护费发票，在增值税应纳税额中全额抵减，不足抵减的可结转下期继续抵减。技术维护费按照价格主管部门核定的标准执行。

3. 增值税一般纳税人支付的上述两项费用在增值税应纳税额中全额抵减的，其增值税专用发票不作为增值税抵扣凭证，其进项税额不得从销项税额中抵扣。

(一) 增值税一般纳税人的账务处理

按税法有关规定，增值税一般纳税人初次购买增值税税控系统专用设备支付的费用以及缴纳的技术维护费允许在增值税应纳税额中全额抵减的，应在"应交税费——应交增值税"科目下增设"减免税款"专栏，用于记录该企业按规定抵减的增值税应纳税额。

企业购入增值税税控系统专用设备，按实际支付或应付的金额，借记"固定资产"科目，贷记"银行存款"、"应付账款"等科目。按规定抵减的增值税应纳税额，借记"应交税费——应交增值税（减免税款）"科目，贷记"递延收益"科目。按期计提折旧，借记"管理费用"等科目，贷记"累计折旧"科目；同时，借记"递延收益"科目，贷记"管理费用"等科目。

企业发生技术维护费，按实际支付或应付的金额，借记"管理费用"等科目，贷记"银行存款"等科目。按规定抵减的增值税应纳税额，借记"应交税费——应交增值税（减免税款）"科目，贷记"管理费用"等科目。

【例 4-38】 20×3 年 1 月，甲运输公司首次购入增值税税控系统设备，支付价款 2 004 元，同时支付当年增值税税控系统专用设备技术维护费 407 元。当月两项合计抵减当月增值税应纳税额 2 411 元。该公司电子设备按 5% 残值率和 3 年计提折旧。

首次购入增值税税控系统专用设备和支付防伪税控系统专用设备技术维护费的会计处理：

借：固定资产——增值税税控系统专用设备 2 004
  管理费用 407
 贷：银行存款 2 411

抵减当月增值税应纳税额的会计处理：

借：应交税费——应交增值税（减免税款） 2 411
 贷：管理费用 407
  递延收益 2 004

各月计提折旧的会计处理：

  借：管理费用   52.88

    贷：累计折旧   52.88

  借：递延收益   52.88

    贷：管理费用   52.88

增值税一般纳税人将抵减金额填入《增值税纳税申报表（适用于增值税一般纳税人）》第23栏"应纳税额减征额"。当本期减征额小于或等于第19栏"应纳税额"与第21栏"简易征收办法计算的应纳税额"之和时，按本期减征额实际填写；当本期减征额大于第19栏"应纳税额"与第21栏"简易征收办法计算的应纳税额"之和时，按本期第19栏与第21栏之和填写，本期减征额不足抵减部分结转下期继续抵减。

（二）小规模纳税人的账务处理

按税法有关规定，小规模纳税人初次购买增值税税控系统专用设备支付的费用以及缴纳的技术维护费允许在增值税应纳税额中全额抵减的，按规定抵减的增值税应纳税额应直接冲减"应交税费——应交增值税"科目。

企业购入增值税税控系统专用设备，按实际支付或应付的金额，借记"固定资产"科目，贷记"银行存款"、"应付账款"等科目。按规定抵减的增值税应纳税额，借记"应交税费——应交增值税"科目，贷记"递延收益"科目。按期计提折旧，借记"管理费用"等科目，贷记"累计折旧"科目；同时，借记"递延收益"科目，贷记"管理费用"等科目。

企业发生技术维护费，按实际支付或应付的金额，借记"管理费用"等科目，贷记"银行存款"等科目。按规定抵减的增值税应纳税额，借记"应交税费——应交增值税"科目，贷记"管理费用"等科目。

"应交税费——应交增值税"科目期末如为借方余额，应根据其流动性在资产负债表中的"其他流动资产"项目或"其他非流动资产"项目列示；如为贷方余额，应在资产负债表中的"应交税费"项目列示。

小规模纳税人将抵减金额填入《增值税纳税申报表（适用于小规模纳税人）》第11栏"本期应纳税额减征额"。当本期减征额小于或等于第10栏

"本期应纳税额"时，按本期减征额实际填写；当本期减征额大于第10栏"本期应纳税额"时，按本期第10栏填写，本期减征额不足抵减部分结转下期继续抵减。

小规模纳税人的账务处理较为简单，不再举例。

二十四、纳税人增值税期末留抵税额的账务处理

试点地区兼有应税服务的原增值税一般纳税人，截止到开始试点当月月初的增值税留抵税额按照营业税改征增值税有关规定不得从应税服务的销项税额中抵扣的，应在"应交税费"科目下增设"增值税留抵税额"明细科目。

开始试点当月月初，企业应按不得从应税服务的销项税额中抵扣的增值税留抵税额，借记"应交税费——增值税留抵税额"科目，贷记"应交税费——应交增值税（进项税额转出）"科目。待以后期间允许抵扣时，按允许抵扣的金额，借记"应交税费——应交增值税（进项税额）"科目，贷记"应交税费——增值税留抵税额"科目。

"应交税费——增值税留抵税额"科目期末余额应根据其流动性在资产负债表中的"其他流动资产"项目或"其他非流动资产"项目列示。

【例4-39】 试点纳税人B市甲计算机有限公司（以下简称甲公司）是增值税一般纳税人，主要从事计算机的生产和销售业务、技术服务，还兼营运输业务。20×3年7月份发生如下业务：

1. 销售计算机一批，开具增值税专用发票17份，销售额100万元，销项税额17万元。

2. 技术服务费收入106万元，开具增值税专用发票20份，销售额100万元，销项税额6万元。

3. 运输收入88.8万元，开具增值税专用发票9份，销售额80万元，销项税额8.8万元。支付非试点联运企业运费11.1万元，取得运输发票2份。

4. 购进原材料一批，取得增值税专用发票6份，金额20万元，税额

3.4万元。

5. 购进生产设备一台，取得增值税专用发票1份，金额10万元，税额1.7万元。

上述业务均以银行存款结算。

假设甲公司7月份开始试点，6月30日留抵税额为15万元，则7月份甲公司账务处理如下：

1. 开始试点当月，企业应将不得从应税服务的销项税额中抵扣的增值税留抵税额作进项税额转出处理。

  借：应交税费——增值税留抵税额   150 000
   贷：应交税费——应交增值税（进项税额转出） 150 000

2. 销售计算机收入。

  借：银行存款   1 170 000
   贷：主营业务收入   1 000 000
     应交税费——应交增值税（销项税额） 170 000

3. 技术服务收入。

  借：银行存款   1 060 000
   贷：主营业务收入   1 000 000
     应交税费——应交增值税（销项税额） 60 000

4. 运输收入。

  借：银行存款   888 000
   贷：主营业务收入   800 000
     应交税费——应交增值税（销项税额） 88 000

5. 支付非试点联运企业运费。

  营改增抵减的销项税额＝11.1÷(1＋11%)×11%＝1.1（万元）

  借：主营业务成本   100 000
    应交税费——应交增值税（营改增抵减的销项税额） 11 000
   贷：银行存款   111 000

6. 购进原材料。

  借：原材料   200 000

　　　　应交税费——应交增值税（进项税额）　　　　　34 000
　　　　　贷：银行存款　　　　　　　　　　　　　　　234 000
　7. 购进生产设备。
　　　　借：固定资产　　　　　　　　　　　　　　　　100 000
　　　　　应交税费——应交增值税（进项税额）　　　　　17 000
　　　　　贷：银行存款　　　　　　　　　　　　　　　117 000
　8. 进项税额＝34 000＋17 000＝51 000（元）
　　　销项税额＝170 000＋60 000＋88 000－11 000＝307 000（元）
　　　货物的销项税额比例＝170 000÷307 000×100%＝55.37%
　9. 未抵减挂账留抵税额时，货物的应纳税额＝（销项税额－进项税额）×货物的销项税额比例＝（307 000－51 000）×55.37%＝141 747.2（元）。
　10. 期初挂账留抵税额本期抵减数＝141 747.2元（未抵减挂账留抵税额时货物的应纳税额与期初挂账留抵税额比较，取小值）。
　　　　借：应交税费——应交增值税（进项税额）　　　141 747.2
　　　　　贷：应交税费——增值税留抵税额　　　　　　141 747.2
　11. 应纳税额＝销项税额－进项税额－期初挂账留抵税额本期抵减数
　　　　　　　＝307 000－51 000－141 747.2＝114 252.8（元）
　12. 期初挂账留抵税额期末余额＝期初挂账留抵税额－期初挂账留抵税额本期抵减数
　　　　　　　＝150 000－141 747.2＝8 252.8（元）
　13. 本期应补（退）税额＝应纳税额－预缴税额
　　　　　　　＝114 252.8－0＝114 252.8（元）

本案例在《增值税纳税申报表》中的填写：

本填表说明，仅对主表比较难填写的栏次进行说明，主表其他各栏次和附表填写较为简单，不另作填写说明。

（1）"本年累计"列：除第13栏、第18栏"实际抵扣税额"的"一般货物及劳务和应税服务"列、第20、25、32、36、38栏外，"本年累计"列中其他各栏次均填写本年度内各月"本月数"之和。

（2）第13栏"上期留抵税额"的"一般货物及劳务和应税服务"列"本月数"：试点实施之日的税款所属期填写"0"；以后各期按上期申报表第20

栏"期末留抵税额"的"一般货物及劳务和应税服务"列"本月数"填写。

（3）第13栏"上期留抵税额"的"一般货物及劳务和应税服务"列"本年累计"：反映货物和劳务挂账留抵税额本期期初余额。试点实施之日的税款所属期按试点实施之日前一个税款所属期的申报表第20栏"期末留抵税额"的"一般货物及劳务"列"本月数"填写"150 000"；以后各期按上期申报表第20栏"期末留抵税额"的"一般货物及劳务和应税服务"列"本年累计"填写。

（4）第18栏"实际抵扣税额"的"一般货物及劳务和应税服务"列"本月数"：按表中所列公式计算填写"51 000"。

（5）第18栏"实际抵扣税额"的"一般货物及劳务和应税服务"列"本年累计"：反映货物和劳务挂账留抵税额本期实际抵减一般货物和劳务应纳税额的数额。将"货物和劳务挂账留抵税额本期期初余额"与"一般计税方法的一般货物及劳务应纳税额"两个数据相比较，取二者中小的数据141 747.2。

其中，货物和劳务挂账留抵税额本期期初余额＝第13栏"上期留抵税额"的"一般货物及劳务和应税服务"列"本年累计"＝150 000；

一般计税方法的一般货物及劳务应纳税额＝(第11栏"销项税额"的"一般货物及劳务和应税服务"列"本月数"－第18栏"实际抵扣税额"的"一般货物及劳务和应税服务"列"本月数")×一般货物及劳务销项税额比例＝(307 000－51 000)×55.37％＝141 747.2。

一般货物及劳务销项税额比例＝(《附列资料（一）》第10列第1、3行之和－第10列第6行)÷第11栏"销项税额"的"一般货物及劳务和应税服务"列"本月数"×100％＝170 000÷307 000×100％＝55.37％。

（6）第19栏"应纳税额"的"一般货物及劳务和应税服务"列"本月数"：反映纳税人本期按一般计税方法计算并应缴纳的增值税额。

本栏"一般货物及劳务和应税服务"列"本月数"＝第11栏"销项税额"的"一般货物及劳务和应税服务"列"本月数"－第18栏"实际抵扣税额"的"一般货物及劳务和应税服务"列"本月数"－第18栏"实际抵扣税额"的"一般货物及劳务和应税服务"列"本年累计"＝307 000－51 000－141 747.2＝114 252.8。

二十五、纳税人月末缴纳增值税的账务处理

（1）企业应将当月发生的应交未交增值税额自"应交税费——应交增值税"科目转入"未交增值税"明细科目，借记"应交税费——应交增值税（转出未交增值税）"科目，贷记"应交税费——未交增值税"科目。

（2）将本月多交的增值税自"应交税费——应交增值税"科目转入"未交增值税"明细科目，借记"应交税费——未交增值税"科目，贷记"应交税费——应交增值税（转出多交增值税）"科目。

（3）当月上缴本月增值税时，借记"应交税费——应交增值税（已交税金）"科目，贷记"银行存款"科目。

（4）当月上缴上月应交未交的增值税，借记"应交税费——未交增值税"科目，贷记"银行存款"科目。

（5）"应交税费——应交增值税"科目的期末借方余额，反映尚未抵扣的增值税。"应交税费——未交增值税"科目的期末借方余额，反映多交的增值税；贷方余额，反映未交的增值税。

值得注意的是，企业当月缴纳当月的增值税，仍然通过"应交税费——应交增值税（已交税金）"科目核算；当月缴纳以前各期未交的增值税，则通过"应交税费——未交增值税"科目核算，不通过"应交税费——应交增值税（已交税金）"科目核算。

【例 4-40】 某公司月末缴纳增值税的账务处理：

1. 本月缴纳本月增值税款 1 000 元。

　　借：应交税费——应交增值税（已交税金）　　　　1 000
　　　　贷：银行存款　　　　　　　　　　　　　　　　　　1 000

2. 本月销项税额为 20 000 元，进项税额为 15 000 元，则本月应交增值税为 5 000 元；扣除本月已经缴纳的本月增值税 1 000 元，月末尚未缴纳的增值税款 4 000 元，账务处理：

　　借：应交税费——应交增值税（转出未交增值税）　　4 000

　　　　贷：应交税费——未交增值税　　　　　　　　　　　　4 000

　　3. 若本月销项税额为16 500元，进项税额为15 000元，则本月应交增值税为1 500元；扣除本月已经缴纳的本月增值税2 000元，月末多交增值税500元，多交的500元一般不会退回，可以直接抵下月应交增值税款。

　　　　借：应交税费——未交增值税　　　　　　　　　　　　　500
　　　　　　贷：应交税费——应交增值税（转出多交增值税）　　500

　　4. 若本月销项税额为13 000元，进项税额为15 000元，则本月应交增值税为－2 000元（即留抵进项税额2 000元），本月缴纳本月增值税款1 000元应转出，账务处理：

　　　　借：应交税费——未交增值税　　　　　　　　　　　　1 000
　　　　　　贷：应交税费——应交增值税（转出多交增值税）　1 000

二十六、纳税人增值税检查调整的账务处理

　　税务机关对增值税检查时，查处的调增或调减增值税税额，企业应通过"应交税费——增值税检查调整"专户进行核算。

　　该账户专门核算在增值税检查中查出的以前各期应补、应退的增值税税额。借方登记检查调减的销项税额、检查调增的进项税额；贷方登记检查调增的销项税额、检查调减的进项税额、检查调增的进项税额转出及检查调增的小规模纳税人应交增值税税额；余额可能在贷方，也可能在借方，期末一般应将其余额转入"应交税费——未交增值税"账户。只有当"应交税费——增值税检查调整"余额在贷方，且"应交税费——未交增值税"账户余额在借方，后者金额大于前者金额时，才按增值税检查调整专户的贷方余额直接缴纳增值税税款。

　　还有一点必须记住：税务机关查补增值税税款同时必须缴纳相应的城建税等税金及附加。

（一）年终结账前查补进项税方面的账务调整

　　1. 扣税凭证不合法。如果取得的进项凭证不合法而企业抵扣了该进项

税，检查发现后应做如下账务调整：

　　借：主营业务成本、库存商品等
　　　　贷：应交税费——增值税检查调整

2. 不应抵扣进项税额而抵扣。企业发生的职工福利等非应税项目按规定不应抵扣进项税额，如果企业进行了抵扣，检查发现后应做如下账务处理：

　　借：应付职工薪酬等
　　　　贷：应交税费——增值税检查调整

3. 应作进项税应转出而未转出。比如，用于免征增值税项目的应税服务，企业应负担的进项税应从进项税额中转出，经检查发现未做转出处理的，应做如下账务处理：

　　借：主营业务成本
　　　　贷：应交税费——增值税检查调整

4. 少抵扣进项税额。在税法规定的期限内，如果企业少抵扣了进项税额，依照规定在计算出少抵扣的税额后，做如下账务处理：

　　借：原材料、主营业务成本等（红字）
　　　　贷：应交税费——增值税检查调整（红字）

5. 价外费用未计销项税额。如果企业价外向购货方收取代收款项等符合税法规定的各种性质的价外费用未计提销项税额的，应按适用税率计算出应补的增值税后，做如下账务处理：

　　借：其他应付款（代收、代垫款项）
　　　　贷：应交税费——增值税检查调整

6. 适用税率有误。企业因税率使用错误造成少计销项税的，作如下调整：

　　借：本年利润
　　　　贷：应交税费——增值税检查调整

7. 视同销售或提供应税服务等业务未计销项税额。如果企业向其他单位或者个人无偿提供交通运输业和部分现代服务业服务等视同提供应税服务未计提销项税额的，应按当期同类应税服务的价格或按组成的计税价格计算销售额后计提销项税额，并做如下账务处理：

借：应付职工薪酬、营业外支出等
　　　　贷：应交税费——增值税检查调整
如果发生多计，则用红字做上述分录。

（二）年终结账后对以往年度增值税查补的调整

执行《企业会计准则》的企业，对以前年度增值税进行检查补税，如果涉及非损益科目或涉及损益科目但非重大差错，按结账前的有关账务处理方法进行调整；如果涉及损益科目且为重大差错，应将查增、查减相抵后应补的增值税进行如下账务处理：

　　借：以前年度损益调整
　　　　贷：应交税费——增值税检查调整
　　借：利润分配——未分配利润
　　　　贷：以前年度损益调整

同时，企业还应相应调整"应交税费——企业所得税"、"盈余公积"等项目的计提数并调整有关报表的年初余额。

执行《小企业会计准则》的企业，则对以前年度增值税进行检查补税，与"（一）年终结账前查补进项税方面的账务调整"方法相同。

【例4-41】 甲公司系增值税一般纳税人。20×3年4月10日，税务机关对其检查时发现有两笔会计业务：3月8日，无偿为某公司提供运输服务，同类服务3月份销售额10万元，企业未进行账务处理，3月12日，购进商品10万元，用于发放非货币性薪酬，企业抵扣进项税额17 000元。

20×3年4月，甲公司对上述两笔业务应做如下查补税款的分录：

1. 企业无偿为某公司提供运输服务，应视同提供应税服务，按同类服务销售额10万元补提销项税额。

　　借：营业外支出　　　　　　　　　　　　　　　　　11 000
　　　　贷：应交税费——增值税检查调整　　　　　　　　11 000

2. 企业用于非应税项目的货物，其进项税额不得抵扣。

　　借：应付职工薪酬　　　　　　　　　　　　　　　　17 000

　　　　贷：应交税费——增值税检查调整　　　　　　　　　　　　　　17 000
（假设本题不考虑个人所得税扣缴的调整）
　　3. 结转"增值税检查调整"科目余额。
　　　　借：应交税费——增值税检查调整　　　　　　　　　　　　　　28 000
　　　　　贷：应交税费——未交增值税　　　　　　　　　　　　　　　28 000
　　4. 补交税款。
　　　　借：应交税费——未交增值税　　　　　　　　　　　　　　　　28 000
　　　　　贷：银行存款　　　　　　　　　　　　　　　　　　　　　　28 000
　　同时，需要支付罚款及滞纳金，还必须同时补缴相应的城建税等税金及附加，会计处理略。

　　【例4-42】　继续以例4-41甲公司业务为例，假设这两笔业务处理差错为20×4年3月发现，甲公司执行《企业会计准则》，不考虑罚款、滞纳金及营业税金及附加。应当怎样进行账务处理？
　　在不是重大差错的情况下同上述调账处理。若构成重大差错，则：
　　　　借：以前年度损益调整　　　　　　　　　　　　　　　　　　　11 000
　　　　　贷：应交税费——增值税检查调整　　　　　　　　　　　　　11 000
（将损益类科目换为"以前年度损益调整"科目）
　　　　借：应付职工薪酬　　　　　　　　　　　　　　　　　　　　　17 000
　　　　　贷：应交税费——增值税检查调整　　　　　　　　　　　　　17 000
　　　　借：应交税费——增值税检查调整　　　　　　　　　　　　　　28 000
　　　　　贷：应交税费——未交增值税　　　　　　　　　　　　　　　28 000
　　　　借：应交税费——未交增值税　　　　　　　　　　　　　　　　28 000
　　　　　贷：银行存款　　　　　　　　　　　　　　　　　　　　　　28 000
　　结转"以前年度损益调整"余额。
　　　　借：利润分配——未分配利润　　　　　　　　　　　　　　　　11 000
　　　　　贷：以前年度损益调整　　　　　　　　　　　　　　　　　　11 000
　　同时，相应调整"应交税费——应交企业所得税"、"盈余公积"等项目的计提数并调整有关报表的年初余额（略）。

二十七、辅导期一般纳税人的特殊账务处理

辅导期一般纳税人的特殊账务处理有"待抵扣进项税额"和"增购发票预缴税款"两种情况，除此之外，其他账务处理与正式一般纳税人相同。

（一）"待抵扣进项税额"的账务处理

辅导期纳税人取得的增值税专用发票抵扣联、海关进口增值税专用缴款书以及运输费用结算单据应当在交叉稽核比对无误后，方可抵扣进项税额。

辅导期纳税人应当在"应交税费"科目下增设"待抵扣进项税额"明细科目，核算尚未交叉稽核比对的增值税抵扣凭证注明或者计算的进项税额。

辅导期纳税人取得增值税抵扣凭证后，借记"应交税费——待抵扣进项税额"明细科目，贷记相关科目。交叉稽核比对无误后，根据交叉稽核比对结果相符的增值税抵扣凭证本期数据申报抵扣进项税额，借记"应交税费——应交增值税（进项税额）"科目，贷记"应交税费——待抵扣进项税额"科目。经核实不得抵扣的进项税额，红字借记"应交税费——待抵扣进项税额"科目，红字贷记相关科目。

（二）"增购发票预缴税款"的账务处理

预缴税款时，借记"应交税费——应交增值税（已交税金）"科目，贷记"银行存款"科目。

月末本月应交税费大于预缴税金，余额部分借记"应交税费——应交增值税（转出未交增值税）"科目，贷记"应交增值税——未交增值税"科目。月末终了后扣款时，借记"应交增值税——未交增值税"科目，贷记"银行存款"科目。

月末本月应交税费小于预缴税金，余额部分借记"应交增值税——未交增值税"科目，贷记"应交税费——应交增值税（转出多交增值税）"科

目。多交增值税由以后月份实现的增值税抵减。

【例 4-43】 甲公司为辅导期一般纳税人，本期购买一批小型设备，取得增值税专用发票已经认证，不含税价 100 000 元，进项税额 17 000 元，款项以银行存款支付。本期有形动产租赁服务含税收入 234 000 元，已收款。本期因增购发票预缴税款 10 000 元。上期认证发票进项税额 30 000 元本期交叉稽核比对结果相符，已经收到《稽核结果通知书》。本期甲公司账务处理如下：

1. 甲公司有形动产租赁服务。

  借：银行存款   234 000
    贷：主营业务收入   200 000
      应交税费——应交增值税（销项税额） 34 000

2. 甲公司发票本期已经认证但下期经过交叉稽核比对结果相符才能申报抵扣。

  借：固定资产   100 000
    应交税费——待抵扣进项税额   17 000
    贷：银行存款   117 000

3. 甲公司增购发票预缴税款 10 000 元。

  借：应交税费——应交增值税（已交税金） 10 000
    贷：银行存款   10 000

4. 上期认证发票进项税额 30 000 元本期交叉稽核比对结果相符，收到《稽核结果通知书》。

  借：应交税费——应交增值税（进项税额） 30 000
    贷：应交税费——待抵扣进项税额   30 000

5. 本期应交增值税＝本月销项税额－进项税额
      ＝34 000－30 000
      ＝4 000（元）

6. 将本期应交增值税与预缴税款比较。

由于预交 10 000 元，抵减本期应交增值税 4 000 元，还多交 6 000 元，将多交部分转入"应交税费——未交增值税"科目。

  借：应交税费——未交增值税   6 000

贷：应交税费——应交增值税（转出多交增值税）　　　　6 000

　　此时，"应交税费——应交增值税"科目月末借方余额＝－34 000＋10 000＋30 000－6 000＝0元，即"应交税费——应交增值税"科目月末无余额；"应交税费——未交增值税"科目借方余额为6 000元，即期末多缴税额。

　　申报时，本月实现增值税4 000元将在填完附表后在增值税纳税申报表主表24行"应纳税额合计"自动生成，预缴税款10 000元填在增值税纳税申报表主表28行"分次预缴税额"栏，32行"期末未缴税额（多缴为负数）"为－6 000，与"应交税费——未交增值税"科目借方余额一致。

　　如果本月销项小于进项，没有增值税应纳税款，这时把预缴税款10 000元转入"应交税费——未交增值税"科目（账务处理同上）。月末"应交税费——应交增值税"科目借方余额为留抵税金；与增值税纳税申报表主表20行"期末留抵税额"金额一致。"应交税费——未交增值税"科目月末借方余额为预交税款10 000元，与增值税纳税申报表主表32行"期末未缴税额（多缴为负数）"一致。

二十八、试点零税率应税服务出口免抵退税的账务处理

　　试点零税率应税服务出口免抵退税办法在本书第三章已作详细讲解，现举例说明。

　　1. 以经营零税率应税服务的公司为例。

　　【例4-44】　试点地区甲公司为一家拥有进出口经营权并办理了出口退（免）税认定手续的国际运输服务的公司，增值税一般纳税人，从事在境内载运货物出境业务。甲公司以水路运输方式提供国际运输服务，已取得《国际船舶运输经营许可证》。20×3年2月，该公司取得国际运输服务出口销售额100万美元。支付给试点纳税人乙公司的价款，取得增值税专用发票，金额400万元（人民币），进项税额44万元，取得专用发票均已认证。

　　假设该公司无其他业务，所有业务款项均已用银行存款结清，期初留抵税额25万元，当月1日人民币对美元汇率中间价为6.2，国际运输服务

征退税率为 11%。

该公司账务处理如下：

1. 取得国际运输服务收入

　　外销收入＝1 000 000×6.2＝6 200 000（元）

　　借：银行存款　　　　　　　　　　　　　　　　　　6 200 000
　　　　贷：主营业务收入——外销收入　　　　　　　　　　　6 200 000

2. 进项税额抵扣

　　借：主营业务成本　　　　　　　　　　　　　　　　4 000 000
　　　　应交税费——应交增值税（进项税额）　　　　　　　440 000
　　　　贷：银行存款　　　　　　　　　　　　　　　　　　4 440 000

3. 计算当期应纳税额

$$\text{当期应纳税额} = \text{当期内销货物的销项税额} - \text{当期进项税额} - \text{上期末留抵税额}$$

$$= 0 - 440\,000 - 250\,000 = -690\,000（元）$$

即当期期末留抵税额为 690 000 元。

4. 计算当期免抵退税额

$$\text{当期零税率应税服务免抵退税额} = \text{当期零税率应税服务免抵退税计税价格} \times \text{外汇人民币牌价} \times \text{零税率应税服务退税率}$$

$$= 1\,000\,000 \times 6.2 \times 11\% = 682\,000（元）$$

5. 当期应退税额和当期免抵税额的计算

当期期末留抵税额＞当期免抵退税额时：

　　当期应退税额＝当期免抵退税额＝682 000 元

　　当期免抵税额＝0

　　借：其他应收款——应收出口退税　　　　　　　　　　682 000
　　　　贷：应交税费——应交增值税（出口退税）　　　　　　682 000

6. 实现退税款

　　借：银行存款　　　　　　　　　　　　　　　　　　　682 000
　　　　贷：其他应收款——应收出口退税　　　　　　　　　　682 000

2. 以零税率应税服务兼有出口货物的公司为例。

【例 4-45】 试点地区甲公司为一家拥有进出口经营权并办理了出口退（免）税认定手续的高新技术研发公司，增值税一般纳税人，从事自主研发、设计软件和软件出口业务。20×3 年 2 月，该公司发生下列业务：

1. 该公司软件出口销售额 200 万美元（FOB 价，下同），其中：当期单证不齐出口销售额 40 万美元，当期全部收齐单证且信息齐全出口销售额 160 万美元。

2. 该公司取得软件研发服务出口销售额 100 万美元，其中包括支付给项目研发合作伙伴乙公司的 20 万美元费用，并取得全部凭证。

3. 该公司软件内销销售收入 200 万元人民币（不含税）。

4. 购进原材料 500 万元人民币（不含税），进项税额 85 万元，取得专用发票均已认证。

假设所有业务款项均已用银行存款结清，无期初留抵税额，当月 1 日人民币对美元汇率中间价为 6.2，软件的征税率为 17%，退税率为 16%，研发服务征退税率为 6%。

该公司账务处理如下：

1. 内销销售收入。

    借：银行存款　　　　　　　　　　　　　　　　　　2 340 000
      贷：主营业务收入——内销收入　　　　　　　　　2 000 000
        应交税费——应交增值税（销项税额）　　　　　340 000

2. 购进原材料。

    借：原材料　　　　　　　　　　　　　　　　　　　5 000 000
      应交税费——应交增值税（进项税额）　　　　　　850 000
      贷：银行存款　　　　　　　　　　　　　　　　　5 850 000

3. 货物出口销售额 200 万美元，研发服务出口收入 100 万美元，扣除支付给合作伙伴乙公司的 20 万美元，销售额 80 万美元。

    外销收入 =（2 000 000 + 800 000）× 6.2 = 17 360 000（元）

    借：银行存款　　　　　　　　　　　　　　　　　　17 360 000
      贷：主营业务收入——外销收入　　　　　　　　　17 360 000

4. 计算当期不得免征和抵扣税额。

$$\begin{aligned}\text{当期不得免征}\atop\text{和抵扣税额}&=\text{出口货物}\atop\text{离岸价格}\times\text{外汇人民币}\atop\text{牌价}\times\left[\text{出口货物}\atop\text{适用税率}-\text{出口货物}\atop\text{退税率}\right]\\&=2\,000\,000\times6.2\times(17\%-16\%)=124\,000\,(\text{元})\end{aligned}$$

出口货物会存在征退税率不一致的情况，容易产生免抵退税不得免征和抵扣税额，零税率应税服务是按征税率来计算退税的，征退税率之差为零，不会产生免抵退税不得免征和抵扣税额。

借：主营业务成本——出口商品　　　　　　　　　　　　124 000
　　贷：应交税费——应交增值税（进项税额转出）　　　　124 000

5. 计算应退税额、免抵退税额、免抵税额。

$$\begin{aligned}\text{当期应}\atop\text{纳税额}&=\text{当期内销货物}\atop\text{的销项税额}-\left[\text{当期进}\atop\text{项税额}-\text{当期不得免征}\atop\text{和抵扣税额}\right]-\text{上期末}\atop\text{留抵税额}\\&=340\,000-(850\,000-124\,000)-0=-386\,000\,(\text{元})\end{aligned}$$

因40万美元的出口货物当期未收齐单证，不并入当期的免抵退税计算，应当在收齐单证的所属期进行免抵退税计算。

$$\begin{aligned}\text{当期免抵}\atop\text{退税额}&=\text{当期零税率应税}\atop\text{服务免抵退税额}+\text{当期出口货物}\atop\text{免抵退税额}\\&=\text{当期零税率应税服务}\atop\text{免抵退税计税价格}\times\text{外汇人民币}\atop\text{牌价}\times\text{零税率应税}\atop\text{服务退税率}\\&\quad+\text{当期出口}\atop\text{货物离岸价}\times\text{外汇人民币}\atop\text{牌价}\times\text{出口货物}\atop\text{退税率}\\&=800\,000\times6.2\times6\%+1\,600\,000\times6.2\times16\%\\&=1\,884\,800\,(\text{元})\end{aligned}$$

由于期末留抵税额小于免抵退税额，

应退税额＝期末留抵税额＝386 000（元）

当期免抵税额＝当期免抵退税额－当期应退税额
　　　　　　＝1 884 800－386 000＝1 498 800（元）

借：其他应收款——应收出口退税　　　　　　　　　　　386 000
　　应交税费——应交增值税（出口抵减内销产品应纳税额）
　　　　　　　　　　　　　　　　　　　　　　　　　1 498 800
　　贷：应交税费——应交增值税（出口退税）　　　　　1 884 800

6. 实现退税款。

借：银行存款　　　　　　　　　　　　　　　　　386 000
　　贷：其他应收款——应收出口退税　　　　　　　　　　386 000

[温馨提醒]

下面两个公式中的"出口货物离岸价格"的数据一般情况下并不相同：

$$\text{当期不得免征和抵扣税额} = \text{出口货物离岸价格} \times \text{外汇人民币折合率} \times (\text{出口货物适用税率} - \text{出口货物退税率}) - \text{当期不得免征和抵扣的税额抵减额}$$

$$\text{当期免抵退税额} = \text{出口货物离岸价格} \times \text{外汇人民币折合率} \times \text{出口货物退税率} - \text{免抵退税额抵减额}$$

计算"当期不得免征和抵扣税额"的"出口货物离岸价格"包含单证不齐的出口销售额，而计算"当期免抵退税额"的"出口货物离岸价格"不包含单证不齐的出口销售额，包含前期出口货物本期收齐单证的出口销售额。

第五章 营业税改征增值税试点地区纳税申报实务操作

一、试点地区增值税纳税申报有关事项

北京等8省市自营业税改征增值税试点实施之日税款所属期起，其所辖全部增值税纳税人均应在增值税纳税申报时提供以下纳税申报资料：

纳税申报资料包括纳税申报表及其附列资料和纳税申报其他资料两类。

（一）纳税申报表及其附列资料

1. 增值税小规模纳税人纳税申报表及其附列资料包括：

（1）《增值税纳税申报表（适用于增值税小规模纳税人）》（见表5-1）；

（2）《增值税纳税申报表（适用于增值税小规模纳税人）附列资料》（见表5-2）。

小规模纳税人提供营业税改征增值税的应税服务，按照国家有关营业税政策规定差额征收营业税的，需填报《增值税纳税申报表（适用于增值税小规模纳税人）附列资料》。其他小规模纳税人不填写该附列资料。

2. 增值税一般纳税人纳税申报表及其附列资料包括：

（1）《增值税纳税申报表（适用于增值税一般纳税人）》（见表5-3）。

（2）《增值税纳税申报表附列资料（一）》（本期销售情况明细）（见表5-4）。

（3）《增值税纳税申报表附列资料（二）》（本期进项税额明细）（见表5-5）。

（4）《增值税纳税申报表附列资料（三）》（应税服务扣除项目明细）（见表5-6）。

一般纳税人提供营业税改征增值税的应税服务，按照国家有关营业税政策规定差额征收营业税的，需填报《增值税纳税申报表附列资料（三）》。其他一般纳税人不填写该附列资料。

（5）《固定资产进项税额抵扣情况表》。

[温馨提醒]

营改增试点启动后，将使用新的增值税纳税申报表，新申报表主要调整内容如下：

1. 不改主表格式，通过重新设计、调整或增加附表的方式，实现营改增的相关政策，不影响地方收入。

2. 按销项税额比例划分应纳税额的方法，实现会统部门的税款分别开

票、分别入库需要。

3. 调整的内容充分满足营改增业务申报的实际需要。

试点地区原有和新增的增值税纳税人均按国家税务总局公告2012年第43号规定，进行纳税申报。未实施试点地区的增值税纳税人纳税申报，仍按国家税务总局2011年第66号公告执行。

表 5-1 增值税纳税申报表
（适用于增值税小规模纳税人）

纳税人识别号：
纳税人名称（公章）： 金额单位：元（列至角分）
税款所属期： 年 月 日至 年 月 日 填表日期： 年 月 日

项目		栏次	本期数		本年累计	
			应税货物及劳务	应税服务	应税货物及劳务	应税服务
一、计税依据	（一）应征增值税不含税销售额	1				
	税务机关代开的增值税专用发票不含税销售额	2				
	税控器具开具的普通发票不含税销售额	3				
	（二）销售使用过的应税固定资产不含税销售额	4（4≥5）			—	—
	其中：税控器具开具的普通发票不含税销售额	5			—	—
	（三）免税销售额	6（6≥7）				
	其中：税控器具开具的普通发票销售额	7				
	（四）出口免税销售额	8（8≥9）				
	其中：税控器具开具的普通发票销售额	9				
二、税款计算	本期应纳税额	10				
	本期应纳税额减征额	11				
	应纳税额合计	12＝10－11				
	本期预缴税额	13			—	—
	本期应补（退）税额	14＝12－13			—	—
纳税人或代理人声明： 此纳税申报表是根据国家税收法律的规定填报的，我确定它是真实的、可靠的、完整的。	如纳税人填报，由纳税人填写以下各栏：					
	办税人员（签章）： 财务负责人（签章）：					
	法定代表人（签章）： 联系电话：					
	如委托代理人填报，由代理人填写以下各栏：					
	代理人名称： 经办人（签章）： 联系电话：					
	代理人（公章）：					

受理人： 受理日期： 年 月 日 受理税务机关（签章）：
本表为 A3 竖式一式三份，一份纳税人留存、一份主管税务机关留存、一份征收部门留存

表 5-2　　　　　增值税纳税申报表（适用于增值税小规模纳税人）附列资料

税款所属期：　　年　月　日至　　年　月　日　　　　　　　填表日期：　　年　月　日
纳税人名称（公章）：　　　　　　　　　　　　　　　　　　　金额单位：元（列至角分）

应税服务扣除额计算			
期初余额	本期发生额	本期扣除额	期末余额
1	2	3（3≤1+2之和，且3≤5）	4=1+2-3

应税服务计税销售额计算			
全部含税收入	本期扣除额	含税销售额	不含税销售额
5	6=3	7=5-6	8=7÷1.03

（二）纳税申报其他资料

1. 已开具的税控机动车销售统一发票和普通发票的存根联；

2. 符合抵扣条件且在本期申报抵扣的防伪税控增值税专用发票、货物运输业增值税专用发票、税控机动车销售统一发票、公路内河货物运输业统一发票的抵扣联；

3. 符合抵扣条件且在本期申报抵扣的海关进口增值税专用缴款书、购进农产品取得的普通发票、运输费用结算单据的复印件；

4. 符合抵扣条件且在本期申报抵扣的代扣代缴增值税的税收通用缴款书及其清单，书面合同、付款证明和境外单位的对账单或者发票；

5. 已开具的农产品收购凭证的存根联或报查联；

6. 应税服务扣除项目的合法凭证及其清单；

7. 主管税务机关规定的其他资料。

[温馨提醒]

纳税申报表及其附列资料为必报资料。纳税申报其他资料的报备要求由试点省市省国家税务局确定。

（三）增值税一般纳税人"一窗式"比对的基本内容

下面谈一下税务局是怎样通过"一窗式"比对纳税人申报表信息的，企业税务会计也可以据此自己先比对一下，以确保增值税纳税申报表的正确性。

增值税"一窗式"比对的基本内容：

1. 增值税专用发票销项比对：增值税纳税申报表附列资料一第1～3行、第5行、第8～12行、第17行第1列销售额之和、第2列税额之和，应等于防伪税控系统专用发票报税加机动车销售发票报税金额、税额。

2. 货运增值税专用发票销项比对：增值税纳税申报表附列资料一第4行第1列销售额、第2列税额，应等于货运专票报税金额、税额。

3. 增值税普通发票销项比对：增值税纳税申报表附列资料一第1～5行、第8～12行、第17～18行第3列销售额之和加上第1～5行、第8～12行第4列税额之和，应大于等于防伪税控系统普通发票报税金额加税额之和。

4. 增值税专用发票进项抵扣比对：增值税纳税申报表附列资料二第2栏"其中：本期认证相符且本期申报抵扣"份数、金额、税额应小于等于认证通过的防伪税控专用发票加机动车销售发票加货运专票的份数、金额、税额之和。

5. 运输发票进项抵扣比对：增值税纳税申报表附列资料二第8栏"运输费用结算单据"金额、税额应小于等于纳税人认证通过的公路、内河货运发票金额、税额加纳税人使用通用采集软件填写的货运发票允许抵扣的金额、税额。

采集数据通过网上申报或大厅CTAIS前台采集，最终保存到CTAIS增值税申报运输发票附表中。

6. 海关专用缴款书进项抵扣比对：增值税纳税申报附列资料二第5栏"海关进口增值税专用缴款书"税额应小于等于纳税人使用通用采集软件填写的海关完税凭证记载的税额。

此数据通过网上申报或大厅CTAIS前台采集，最终保存到CTAIS增值税申报海关完税凭证附表中。

7. 代开发票进项抵扣比对：增值税纳税申报附列资料二第9、10栏金额、税额应小于等于纳税人使用通用采集软件填写的代开发票抵扣清单记载的税额。

8. 进项转出税额比对：增值税纳税申报表附列资料二第20行"红字专

用发票通知单注明的进项税额"税额应等于防伪税控系统开具红字发票通知单税额。

9. 辅导期一般纳税人进项比对：

（1）审核增值税纳税申报表附列资料二第3栏份数、金额、税额是否等于或小于本期稽核系统比对相符的专用发票抵扣联数据。

（2）审核增值税纳税申报表附列资料二第5栏份数、金额、税额是否等于或小于本期交叉稽核比对相符和协查后允许抵扣的海关进口增值税专用缴款书合计数。

（3）审核增值税纳税申报表附列资料二中第8栏的份数、金额是否等于或小于本期交叉稽核比对相符和协查后允许抵扣的运输费用结算单据合计数。

（四）增值税一般纳税人"一窗式"比对基本流程

1. 先申报后报税：纳税人先完成增值税纳税申报，再持抄税后的税控设备到办税大厅报税或进行网上报税操作（货运税控系统暂时不能进行网上报税操作）。

2. 报税时进行"一窗式"比对，比对通过自动解锁，否则转其他岗位调查。

3. 对既使用防伪税控系统，又使用货运税控系统或机动车统一发票税控系统的一般纳税人，除了要求完成纳税申报外，还要求将几个系统都完成报税后方能一一解锁。

例如，既使用防伪税控系统，又使用货运税控系统的单位：

第一步，完成增值税纳税申报。

第二步，进行防伪税控系统报税。此时防伪税控系统完成报税，但不解锁。

第三步，进行货运税控系统报税。货运税控系统完成报税数据读取的同时按比对规则进行"一窗式"比对，比对通过对货运税控系统解锁（即返写监控数据）。

第四步，回防伪税控系统中执行自动解锁操作。

为保证"一窗式"比对顺利通过，一般纳税人填写增值税纳税申报表时，相关数据一定要准确，尤其是附列资料一相关栏目一定根据当月增值税专用发票、货运专票和税控机动车统一销售发票的开具金额、税额准确填写。申报其他内容的逻辑关系一定要符合"一窗式"比对基本内容要求。

（五）一般纳税人申报表填列特别需要注意的事项

1. 按照税法规定享受即征即退税收优惠政策的纳税人要特别注意：应当将一般货物及劳务和应税服务与即征即退货物及劳务和应税服务的数据分别填写在增值税纳税申报表的"一般货物及劳务和应税服务"和"即征即退货物及劳务和应税服务"栏内。

"即征即退货物及劳务和应税服务"栏只填写纳税人按照税法规定享受即征即退税收优惠政策，由税务机关负责征收并直接办理退税的增值税应税货物及劳务和应税服务，不填写由财政部门返还增值税的货物及劳务和应税服务。

但享受即征即退税收优惠政策的货物及劳务和应税服务经税务稽查发现偷税的，不得填入"即征即退货物及劳务和应税服务"部分，而应将本部分销售额在"一般货物及劳务和应税服务"栏中反映。

2. 虽然一般纳税人增值税纳税申报表的"25栏"、"27栏"、"30栏"的数据由系统自动生成，但是某些时候会出现错误（比如辅导期纳税人预缴税款、转为正式一般纳税人的几个月份，"25栏"可能出现错误；一般纳税人申请延期缴纳税款时，"27栏"、"30栏"可能出现错误），税务会计要认真核对申报数据，按照实际情况进行修改，修改正确后，再点击"提交"，否则会造成数据错误。

3. 按4%征收率减半征收的税额填写在申报表第23栏，不能在附列资料一中直接按减半数填写。具体填写方法为：

（1）填写增值税纳税申报表附列资料一"二、简易计税方法征税"中"开具其他发票"的"4%征收率"相关栏次。

（2）增值税纳税申报表第5栏"按简易征收办法征税货物销售额"和第21栏"按简易征收办法计算的应纳税额"自动生成。将计算的减征税额填入增值税纳税申报表第23栏"应纳税额减征额"栏次。

4. 附列资料一第1至8列分别填写纳税人取得的销售额以及销项（应纳）税额。"开具税控增值税专用发票"部分包括开具防伪税控增值税专用发票部分，货运增值税专用发票部分以及机动车销售统一发票的销售额及销项（应纳）税额；"开具其他发票部分"填写纳税人开具上述几种发票以外的发票所取得的销售额及销项（应纳）税额。

纳税人必须根据发票类型、税率分别在相应的栏次填写销售额和税额，与防伪税控开票系统开票数据认真核对，确保申报数据与系统数据完全一致。

纳税人操作失误的，也必须按照防伪税控开票系统开票数据进行纳税申报，次月再进行调整，比如发票税率开错，将6%开成17%，本月按17%的发票申报，次月红字重回后重新开具6%的发票再申报；再比如开具的纸质发票作废但系统发票未作废，本月按系统发票数额申报，下月红字冲回后再进行负数申报。

5. 附列资料二第一部分"申报抵扣的进项税额"涉及主要的增值税扣税凭证：

（1）增值税专用发票（含机动车销售统一发票），在第1行填列。

（2）货物运输业增值税专用发票，包括纳税人自开的货物运输业增值税专用发票和税务机关代开的货物运输业增值税专用发票，在第1行填列。

①纳税人自开的货物运输业增值税专用发票均按发票票面"金额"填写本栏"金额"；按发票票面"税额"填写本栏"税额"。

②税务机关代开的货物运输业增值税专用发票按发票票面"金额"填写本栏"金额"；按发票票面"金额"乘以7%扣除率计算填写本栏"税额"。

（3）海关进口增值税专用缴款书，在第5行填列。

（4）农产品收购发票或者销售发票，在第6行填列。

（5）代扣代缴税收通用缴款书，在第7行填列，同时应填写"代扣代缴税收通用缴款书抵扣清单"，采集合法的代扣代缴税收通用缴款书明细。

代扣代缴税收通用缴款书，指营改增的纳税人，接受境外单位或个人提供的应税服务，境内的代理人或实际接受人代扣代缴增值税的税收通用缴款书。有两点必须注意：

①接受境外单位或个人提供的营业税服务，代扣代缴营业税的税收通用缴款书不允许抵扣，因此不得填入本栏。

②接受境外单位或个人在境内提供的加工修理修配劳务，代扣代缴增值税的税收通用缴款书不允许抵扣，因此不得填入本栏。

(6) 运输费用结算单据，包含铁路、航空、管道、海洋运输费用结算单据和公路内河货物运输业统一发票，不包含货物运输业增值税专用发票。

铁路、航空、管道、海洋运输费用结算单据需同时填入增值税运输发票抵扣清单中，公路内河货物运输业统一发票只需填入第8行，不需填入运输发票抵扣清单中。

6. 附列资料二第二部分"进项税额转出额"主要涉及两种类型的进项税额转出：

(1) 纳税人已经抵扣，但按税法规定不允许抵扣，需做进项税额转出的部分。

(2) 发生服务中止、购进货物退出、折让而收回的增值税额，应从当期的进项税额中扣减。

纳税人填写时需注意：

(1) 纳税人进项税额转出栏次需要填写准确。比如，不能将红字专用发票通知单注明的进项税额填入第23行"其他应作进项税额转出的情形"，而应填入第20行"红字专用发票通知单注明的进项税额"。

(2) 购货方当月开具红字发票通知单，若需作进项税额转出的，不论销货方是否已开具红字发票，不论购货方是否已收到对方的红字发票，购买方必须在取得红字发票通知单的当月从当期进项税额中转出，在次月纳税申报时将需要转出的税额填入附表二，不可多转或少转，不可提前或滞后，否则防伪税控抄报税时系统无法对红字发票通知单进行核销。

(3) 购买方取得的红字专用发票不需要认证，直接在附表二第20行转出，若企业已经将红字发票认证，在第23行填写负数进行更正。

7. 附列资料二第三部分"待抵扣进项税额"，主要是由辅导期一般纳税人填写。

辅导期一般纳税人当月认证，待取得稽核比对通知书后才能按通知书结果申报抵扣。纳税人需注意以下栏次的填写：

（1）辅导期一般纳税人在填报附列资料二时，一定要注意第3栏、第25栏、第26栏、第27栏是否填写正确！若填写不正确可能会导致辅导期一般纳税人抵扣税额不正确。

对于本期认证的进项税额部分，在会计处理时记入"待抵扣进项税额"，并在增值税申报表附列资料二第26栏"本期认证相符且本期未申报抵扣"内填写此行内容。下期收到《稽核比对结果通知书》后，在增值税纳税申报表附列资料二第3栏"前期认证相符且本期申报抵扣"自动生成数据，第25栏"期初已认证相符但未申报抵扣"的数据必须手工录入，因为这四栏勾稽计算关系为"第3栏＝第25栏＋第26栏－第27栏"，第25栏如果不录入数据，第27栏容易出错，有时候还可能出负数。所以会计人员一定要搞清附列资料二的勾稽计算关系，以免造成不必要的麻烦。

另外，遇到数据出错或者以前认证的数据未在报表上体现出来等情况，一定要及时联系所属分局操作人员，否则出现跨月后，将无法抵扣，从而给企业造成巨大损失！

（2）第5栏填写税务机关出据的《稽核比对结果通知书》及其明细清单注明的本期稽核相符的海关进口增值税专用缴款书、协查结果中允许抵扣的海关进口增值税专用缴款书的份数、金额、税额。

（3）第8栏填写税务机关出据的《稽核比对结果通知书》及其明细清单注明的本期稽核相符的运输费用结算单据、协查结果中允许抵扣的运输费用结算单据的份数、金额、税额。

（4）第30栏填写本月未收到稽核比对结果的海关进口增值税专用缴款书。

（5）第33栏填写本月未收到稽核比对结果的运输费用结算单据数据。

8. 附列资料三填写应税服务扣除项目明细，不同税率应税服务差额应分别扣除，不能通扣。应税服务有扣除项目的一般纳税人应到主管税务机关进行增值税税收优惠事项备案（差额征税类），同时填写"应税服务减除项目清单",采集合法的扣除凭证明细,否则无法填报附列资料三。

9. 在纳税申报中,需要认真核对申报数据,如遇到数据出现错误或异常,比如申报表累计数据出错、留抵税款、期初未缴税款、预缴税款、机动车认证数据和红字发票通知单等数据出现错误或异常,必须及时改正,无法自行修改的应该及时联系所属国税分局,及时改正,如果申报完成,数据导入省局数据库,则无法修改,从而给企业造成不必要的麻烦。

(六) 小规模纳税人申报表填列特别需要注意的事项

1. 主表"应税货物及劳务"与"应税服务"各项目应分别填写,不得合并计算。

2. 纳税人应税服务有扣除项目的,应先填报附表。

3. 对应税服务有扣除项目的纳税人,主表第1项"应征增值税不含税销售额"栏数据,为减除应税服务扣除额后,计算的不含税销售额,其数据与当期附表第8栏对应。

4. 对发生"应税服务扣除项目",并向税务机关申请全额代开增值税专用发票的,主表第2项"税务机关代开的增值税专用发票不含税销售额"栏,应填写税务机关全额代开的增值税专用发票的销售额合计。

5. 应税服务有扣除项目的增值税小规模纳税人应到主管税务机关进行增值税税收优惠事项备案(差额征税类),同时填写"应税服务减除项目清单",采集合法的扣除凭证,否则无法填报附表。

6. 附表第2项"本期发生额"栏数据,填写本期发生的根据国家有关营业税改征增值税的税收政策规定,对纳税人按照国家有关营业税政策规定差额征收营业税的,在计算应税服务销售额时,允许从其取得的全部价款和价外费用中扣除的价款数额。

二、试点地区增值税纳税申报表及其附列资料的填写示范

试点地区一般纳税人增值税纳税申报表主表与原增值税纳税申报表主

表相同，附表主要是增加了应税服务项目、应税服务扣除项目、新增的税率和征收率等几栏，填写起来也很容易，读者可以参考"《增值税纳税申报表（适用于增值税一般纳税人）》及其附列资料填表说明"（本章附件1）填写。

试点地区小规模纳税人增值税纳税申报表非常简单，不再举例，格式和填写方法见"《增值税纳税申报表（适用于增值税小规模纳税人）》及其附列资料填表说明"（本章附件2）。

【例5-1】 试点纳税人B市丰收计算机有限公司（以下简称丰收公司）是增值税一般纳税人，主要从事计算机的生产和销售业务、技术服务，还兼营运输业务。其他资料如下：

纳税人识别号：000000000000066

所属行业：计算机整机制造

法定代表人姓名：雨泽

注册地址：B市××区××路6号

营业地址：B市××区××路6号

开户银行及账号：30000000800310000000

企业登记注册类型：有限责任公司

电话号码：6668888

1—6月份相关数据：应税货物销售额1 600万元，应税劳务销售额80万元，销项税额1 841 000元，进项税额551 000元，应纳税额1 290 000元，年初未缴税额177 700元，本期已缴税额1 467 700元，7月份缴纳6月份增值税227 000元。

20×3年7月份发生如下业务：

1. 销售计算机一批，开具增值税专用发票17份，销售额100万元，销项税额17万元。

2. 技术服务费收入106万元，开具增值税专用发票20份，销售额100万元，销项税额6万元。

3. 运输收入88.8万元，开具增值税专用发票9份，销售额80万元，销项税额8.8万元。支付非试点联运企业运费11.1万元，取得运输发票2份。

4. 购进原材料一批，取得增值税专用发票6份，金额20万元，税额3.4万元。

5. 购进生产设备一台，取得增值税专用发票1份，金额10万元，税额1.7万元。

上述业务均用银行存款结算。则7月份丰收公司账务处理如下：

1. 取得销售计算机收入：

  借：银行存款   1 170 000
    贷：主营业务收入   1 000 000
      应交税费——应交增值税（销项税额）   170 000

2. 取得技术服务收入：

  借：银行存款   1 060 000
    贷：主营业务收入   1 000 000
      应交税费——应交增值税（销项税额）   60 000

3. 取得运输收入：

  借：银行存款   888 000
    贷：主营业务收入   800 000
      应交税费——应交增值税（销项税额）   88 000

支付非试点联运企业运费：

  营改增抵减的销项税额＝11.1÷(1+11％)×11％＝1.1（万元）

  借：主营业务成本   100 000
    应交税费——应交增值税（营改增抵减的销项税额）   11 000
    贷：银行存款   111 000

4. 购进原材料：

  借：原材料   200 000
    应交税费——应交增值税（进项税额）   34 000
    贷：银行存款   234 000

5. 购进生产设备：

  借：固定资产   100 000
    应交税费——应交增值税（进项税额）   17 000

贷：银行存款　　　　　　　　　　　　　　　　　　　　117 000

6. 进项税额＝34 000＋17 000＝51 000（元）

　　销项税额＝170 000＋60 000＋88 000－11 000＝307 000（元）

　　应纳税额＝销项税额－进项税额＝307 000－51 000＝256 000（元）

丰收公司7月份增值税纳税申报表填写结果见表5-3至表5-7。

表5-3　　　　　　　　　　　增值税纳税申报表
（适用于增值税一般纳税人）

根据《中华人民共和国增值税暂行条例》和《交通运输业和部分现代服务业营业税改征增值税试点实施办法》的规定制定本表。纳税人不论有无销售额，均应按主管税务机关核定的纳税期限按期填报本表，并向当地税务机关申报。

税款所属时间：自20×3年07月01日至20×3年07月31日

填表日期：20×3年　年08月07日　　　　　　　　　　金额单位：元至角分

纳税人识别号	000000000000066		所属行业	计算机整机制造		
纳税人名称	B市丰收计算机有限公司（公章）	法定代表人姓名	雨泽	注册地址	B市××区××路6号	营业地址	B市××区××路6号
开户银行及账号	300000008003100000000		企业登记注册类型	有限责任公司	电话号码	6668888

项　目		栏次	一般货物及劳务和应税服务		即征即退货物及劳务和应税服务	
			本月数	本年累计	本月数	本年累计
销售额	（一）按适用税率征税销售额	1	2 800 000	19 600 000		
	其中：应税货物销售额	2	1 000 000	17 000 000		
	应税劳务销售额	3	1 800 000	2 600 000		
	纳税检查调整的销售额	4				
	（二）按简易征收办法征税销售额	5				
	其中：纳税检查调整的销售额	6				
	（三）免、抵、退办法出口销售额	7			—	—
	（四）免税销售额	8			—	—
	其中：免税货物销售额	9				
	免税劳务销售额	10				

税款计算	销项税额	11	307 000	2 148 000		
	进项税额	12	51 000	602 000		
	上期留抵税额	13				—
	进项税额转出	14				
	免、抵、退应退税额	15			—	—
	按适用税率计算的纳税检查应补缴税额	16			—	—
	应抵扣税额合计	17＝12＋13－14－15＋16	51 000			
	实际抵扣税额	18（如17＜11，则为17，否则为11）	51 000	602 000		
	应纳税额	19＝11－18	256 000	1 546 000		
	期末留抵税额	20＝17－18				—
	简易征收办法计算的应纳税额	21				
	按简易征收办法计算的纳税检查应补缴税额	22				
	应纳税额减征额	23				
	应纳税额合计	24＝19＋21－23	256 000	1 546 000		
税款缴纳	期初未缴税额（多缴为负数）	25	227 000	177 700		
	实收出口开具专用缴款书退税额	26			—	—
	本期已缴税额	27＝28＋29＋30＋31	227 000	1 467 700		
	①分次预缴税额	28			—	—
	②出口开具专用缴款书预缴税额	29			—	—
	③本期缴纳上期应纳税额	30	227 000	1 467 700		
	④本期缴纳欠缴税额	31				
	期末未缴税额（多缴为负数）	32＝24＋25＋26－27	256 000	256 000		
	其中：欠缴税额（≥0）	33＝25＋26－27				
	本期应补（退）税额	34＝24－28－29	256 000			
	即征即退实际退税额	35	—			
	期初未缴查补税额	36			—	—
	本期入库查补税额	37			—	—
	期末未缴查补税额	38＝16＋22＋36－37			—	—

授权声明	如果你已委托代理人申报，请填写下列资料： 　　为代理一切税务事宜，现授权 　　　　（地址）　　　　　　　　　　为本纳税人的代理申报人，任何与本申报表有关的往来文件都可寄与此人。 　　　　授权人签字：	申报人声明	此纳税申报表是根据《中华人民共和国增值税暂行条例》的规定填报的，我相信它是真实的、可靠的、完整的。 　　　　声明人签字：

以下由税务机关填写：
　　收到日期：　　　　　　接收人：　　　　　　主管税务机关盖章：

表 5-4

增值税纳税申报表附列资料（一）
（本期销售情况明细）

税款所属时间：20×3 年 07 月 01 日至 20×3 年 07 月 31 日

纳税人名称：B 市丰收计算机有限公司（公章）

金额单位：元至角分

项目及栏次		开具增值税专用发票		开具其他发票		未开具发票		纳税检查调整		合计			应税服务扣除项目本期实际扣除金额	扣除后		
		销售额	销项（应纳）税额	销售额	销项（应纳）税额	销售额	销项（应纳）税额	销售额	销项（应纳）税额	销售额 9=1+3+5+7	销项（应纳）税额 10=2+4+6+8	价税合计 11=9+10	12	含税（免税）销售额 13=11-12	销项（应纳）税额 14=13÷(100%+税率或征收率)×税率或征收率
		1	2	3	4	5	6	7	8						
一、一般计税方法征税	全部征税项目	17%税率的货物及加工修理修配劳务 1	1 000 000	170 000							1 000 000	170 000	—	—	—	—
		17%税率的有形动产租赁服务 2											—	—	—	—
		13%税率 3											—	—	—	—
		11%税率 4	800 000	88 000							800 000	88 000	888 000	111 000	777 000	77 000
		6%税率 5	1 000 000	60 000							1 000 000	60 000	1 060 000		1 060 000	60 000
	其中：即征即退货物及加工修理修配劳务	6	—	—	—	—	—	—	—	—			—	—	—	—
	即征即退应税服务	7	—	—	—	—	—	—	—	—			—	—	—	—

			序号						
二、简易计税方法征税项目	全部征税项目	6%征收率	8	—	—	—	—	—	—
		5%征收率	9	—	—	—	—	—	—
		4%征收率	10	—	—	—	—	—	—
		3%征收率的货物及加工修理修配劳务	11	—	—	—	—	—	—
		3%征收率的应税服务	12	—	—	—	—	—	—
	其中：即征即退项目	即征即退货物及加工修理修配劳务	13	—	—	—	—	—	—
		即征即退应税服务	14	—	—	—	—	—	—
三、免抵退税		货物及加工修理修配劳务	15	—	—	—	—	—	—
		应税服务	16	—	—		—	—	—
四、免税		货物及加工修理修配劳务	17	—	—	—	—	—	—
		应税服务	18	—	—	—	—	—	—

表 5-5

增值税纳税申报表附列资料（二）
（本期进项税额明细）

税款所属时间：20×3 年 07 月 01 日至 20×3 年 07 月 31 日
纳税人名称：B 市丰收计算机有限公司（公章）　　　　　　　　　金额单位：元至角分

一、申报抵扣的进项税额					
项目	栏次	份数	金额	税额	
（一）认证相符的税控增值税专用发票	1＝2＋3	7	300 000	51 000	
其中：本期认证相符且本期申报抵扣	2	7	300 000	51 000	
前期认证相符且本期申报抵扣	3				
（二）其他扣税凭证	4＝5＋6＋7＋8				
其中：海关进口增值税专用缴款书	5				
农产品收购发票或者销售发票	6				
代扣代缴税收通用缴款书	7				
运输费用结算单据	8				
	9	—	—	—	
	10	—	—	—	
（三）外贸企业进项税额抵扣证明	11				
当期申报抵扣进项税额合计	12＝1＋4＋11	7	300 000	51 000	

二、进项税额转出额		
项目	栏次	税额
本期进项税转出额	13＝14 至 23 之和	
其中：免税项目用	14	
非应税项目用、集体福利、个人消费	15	
非正常损失	16	
简易计税方法征税项目用	17	
免抵退税办法不得抵扣的进项税额	18	
纳税检查调减进项税额	19	
红字专用发票通知单注明的进项税额	20	
上期留抵税额抵减欠税	21	
上期留抵税额退税	22	
其他应作进项税额转出的情形	23	

三、待抵扣进项税额				
项目	栏次	份数	金额	税额
（一）认证相符的税控增值税专用发票	24	—	—	—
期初已认证相符但未申报抵扣	25			
本期认证相符且本期未申报抵扣	26			
期末已认证相符但未申报抵扣	27			
其中：按照税法规定不允许抵扣	28			
（二）其他扣税凭证	29＝30 至 33 之和			
其中：海关进口增值税专用缴款书	30			
农产品收购发票或者销售发票	31			
代扣代缴税收通用缴款书	32		—	
运输费用结算单据	33			
	34			

四、其他				
项目	栏次	份数	金额	税额
本期认证相符的税控增值税专用发票	35	7	300 000	51 000
代扣代缴税额	36	—	—	

第五章 营业税改征增值税试点地区纳税申报实务操作

表 5-6

增值税纳税申报表附列资料（三）
（应税服务扣除项目明细）

税款所属时间：20×3 年 07 月 01 日至 20×3 年 07 月 31 日
纳税人名称：B 市丰收计算机有限公司（公章）

金额单位：元至角分

项目及栏次	本期应税服务价税合计额（免税销售额）	应税服务扣除项目			
		期初余额	本期发生额	本期应扣除金额 4=2+3	本期实际扣除金额 5 (5≤1且5≤4)	期末余额 6=4-5
	1	2	3	4=2+3	5 (5≤1且5≤4)	6=4-5
17%税率的有形动产租赁服务						
11%税率的应税服务	888 000		111 000	111 000	111 000	0
6%税率的应税服务						
3%征收率的应税服务						
免抵退税的应税服务						
免税的应税服务						

表 5-7

固定资产进项税额抵扣情况表

纳税人识别号：00000000000000066
纳税人名称（公章）：B 市丰收计算机有限公司
填表日期：20×3 年 08 月 07 日

金额单位：元至角分

项目	当期申报抵扣的固定资产进项税额	当期申报抵扣的固定资产进项税额累计
增值税专用发票	17 000	17 000
海关进口增值税专用缴款书		
合　计		

注：本表一式二份，一份纳税人留存，一份主管税务机关留存。

附件1：《增值税纳税申报表（适用于增值税一般纳税人）》及其附列资料填表说明

本申报表适用于增值税一般纳税人（以下简称纳税人）填报。

一、名词解释

（一）本申报表及本填表说明所称"货物"，是指增值税应税的货物。

（二）本申报表及本填表说明所称"劳务"，是指增值税应税的加工、修理、修配劳务。

（三）本申报表及本填表说明所称"应税服务"，是指营业税改征增值税的应税服务。

（四）本申报表及本填表说明所称"按适用税率征税"、"按适用税率计算"和"一般计税方法"，均指按"应纳税额＝销项税额－进项税额"公式计算增值税应纳税额的征税方法。

（五）本申报表及本填表说明所称"按简易征收办法征税"、"按简易征收办法计算"和"简易计税方法"，均指按"应纳税额＝销售额×征收率"公式计算增值税应纳税额的征税方法。

（六）本申报表及本填表说明所称"应税服务扣除项目"，是指按照国家现行营业税政策规定差额征收营业税的纳税人，营业税改征增值税后，允许其从取得的应税服务全部价款和价外费用中扣除的项目。

（七）本申报表及本填表说明所称"税控增值税专用发票"，具体包括以下三种：

1. 增值税防伪税控系统开具的防伪税控增值税专用发票；
2. 货物运输业增值税专用发票税控系统开具的货物运输业增值税专用发票；
3. 机动车销售统一发票税控系统开具的税控机动车销售统一发票。

二、《增值税纳税申报表（适用于增值税一般纳税人）》填表说明

（一）"税款所属时间"：指纳税人申报的增值税应纳税额的所属时间，

应填写具体的起止年、月、日。

（二）"填表日期"：指纳税人填写本表的具体日期。

（三）"纳税人识别号"：填写税务机关为纳税人确定的识别号，即税务登记证号码。

（四）"所属行业"：按照国民经济行业分类与代码中的小类行业填写。

（五）"纳税人名称"：填写纳税人单位名称全称。

（六）"法定代表人姓名"：填写纳税人法定代表人的姓名。

（七）"注册地址"：填写纳税人税务登记证所注明的详细地址。

（八）"营业地址"：填写纳税人营业地的详细地址。

（九）"开户银行及账号"：填写纳税人开户银行的名称和纳税人在该银行的结算账户号码。

（十）"企业登记注册类型"：按税务登记证填写。

（十一）"电话号码"：填写可联系到纳税人的实际电话号码。

（十二）"即征即退货物及劳务和应税服务"列：反映纳税人按照税法规定享受增值税即征即退税收优惠政策的货物及劳务和应税服务的征（退）税数据。

（十三）"一般货物及劳务和应税服务"列：反映除享受增值税即征即退税收优惠政策以外的货物及劳务和应税服务的征（免）税数据。

（十四）"本年累计"列：除第13栏，第18栏"实际抵扣税额"的"一般货物及劳务和应税服务"列，第20栏、25栏、32栏、36栏、38栏外，"本年累计"列中其他各栏次，均填写本年度内各月"本月数"之和。

（十五）第1栏"（一）按适用税率征税销售额"：反映纳税人本期按一般计税方法计算缴纳增值税的销售额。包含在财务上不作销售但按税法规定应缴纳增值税的视同销售和价外费用的销售额；外贸企业作价销售进料加工复出口货物的销售额；税务、财政、审计部门检查按一般计税方法计算调整的销售额。

营业税改征增值税的纳税人，应税服务有扣除项目的，本栏应填写扣除之前的不含税销售额。

本栏"一般货物及劳务和应税服务"列"本月数"＝附列资料（一）第

9列第1至5行之和－第9列第6、7行之和；本栏"即征即退货物及劳务和应税服务"列"本月数"＝附列资料（一）第9列第6、7行之和。

（十六）第2栏"其中：应税货物销售额"：反映纳税人本期按适用税率缴纳增值税的应税货物的销售额。包含在财务上不作销售但按税法规定应缴纳增值税的视同销售货物和价外费用销售额，以及外贸企业作价销售进料加工复出口的货物。

（十七）第3栏"其中：应税劳务销售额"：反映纳税人本期按适用税率缴纳增值税的应税劳务的销售额。

（十八）第4栏"其中：纳税检查调整的销售额"：反映纳税人因税务、财政、审计部门检查，并按一般计税方法在本期计算调整的销售额。但享受即征即退税收优惠政策的货物及劳务和应税服务，经纳税检查发现偷税的，不填入"即征即退货物及劳务和应税服务"列，而应填入"一般货物及劳务和应税服务"列。

营业税改征增值税的纳税人，应税服务有扣除项目的，本栏应填写扣除之前的不含税销售额。

本栏"一般货物及劳务和应税服务"列的"本月数"＝附列资料（一）第7列第1至5行之和。

（十九）第5栏"按简易征收办法征税销售额"：反映纳税人本期按简易计税方法征收增值税的销售额。包含纳税检查调整按简易计税方法征收增值税的销售额。

营业税改征增值税的纳税人，应税服务有扣除项目的，本栏应填写扣除之前的不含税销售额。

本栏"一般货物及劳务和应税服务"列的"本月数"≥附列资料（一）第9列第8至12行之和－第9列第13、14行之和；本栏"即征即退货物及劳务和应税服务"列的"本月数"≥附列资料（一）第9列第13、14行之和。

（二十）第6栏"其中：纳税检查调整的销售额"：反映纳税人因税务、财政、审计部门检查，并按简易计税方法在本期计算调整的销售额。但享受即征即退税收优惠政策的货物及劳务和应税服务，经纳税检查发现偷税的,不填入"即征即退货物及劳务和应税服务"列,而应填入"一般货物及劳务和应税服务"列。

营业税改征增值税的纳税人,应税服务有扣除项目的,本栏应填写扣除之前的不含税销售额。

(二十一)第7栏"免、抵、退办法出口销售额":反映纳税人本期执行免、抵、退税办法的出口货物、劳务和应税服务的销售额。

营业税改征增值税的纳税人,应税服务有扣除项目的,本栏应填写扣除之前的销售额。

本栏"一般货物及劳务和应税服务"列的"本月数"=附列资料(一)第9列第15、16行之和。

(二十二)第8栏"免税销售额":反映纳税人本期按照税法规定免征增值税的销售额和适用零税率的销售额,但零税率的销售额中不包括适用免、抵、退税办法的销售额。

营业税改征增值税的纳税人,应税服务有扣除项目的,本栏应填写扣除之前的免税销售额。

本栏"一般货物及劳务和应税服务"列的"本月数"=附列资料(一)第9列第17、18行之和。

(二十三)第9栏"其中:免税货物销售额":反映纳税人本期按照税法规定免征增值税的货物销售额及适用零税率的货物销售额,但不包括适用免、抵、退办法出口货物的销售额。

(二十四)第10栏"其中:免税劳务销售额":反映纳税人本期按照税法规定免征增值税的劳务销售额及适用零税率的劳务销售额,但不包括适用免、抵、退办法的劳务的销售额。

(二十五)第11栏"销项税额":反映纳税人本期按一般计税方法征税的货物及劳务和应税服务的销项税额。

营业税改征增值税的纳税人,应税服务有扣除项目的,本栏应填写扣除之后的销项税额。

本栏"一般货物及劳务和应税服务"列的"本月数"=附列资料(一)(第10列第1、3行之和-10列第6行)+(第14列第2、4、5行之和-14

列第 7 行）；

本栏"即征即退货物及劳务和应税服务"列的"本月数"＝附列资料（一）第 10 列第 6 行＋第 14 列第 7 行。

（二十六）第 12 栏"进项税额"：反映纳税人本期申报抵扣的进项税额。

本栏"一般货物及劳务和应税服务"列的"本月数"＋"即征即退货物及劳务和应税服务"列的"本月数"＝附列资料（二）第 12 栏"税额"。

（二十七）第 13 栏"上期留抵税额"。

1. 上期留抵税额按规定须挂账的纳税人，按以下要求填写本栏的"本月数"和"本年累计"：

上期留抵税额按规定须挂账的纳税人是指试点实施之日前一个税款所属期的申报表第 20 栏"期末留抵税额""一般货物及劳务"列的"本月数"大于零，且兼有营业税改征增值税应税服务的纳税人（下同）。其试点实施之日前一个税款所属期的申报表第 20 栏"期末留抵税额"的"一般货物及劳务"列"本月数"，以下称为货物和劳务挂账留抵税额。

（1）本栏"一般货物及劳务和应税服务"列"本月数"：试点实施之日的税款所属期填写"0"；以后各期按上期申报表第 20 栏"期末留抵税额"的"一般货物及劳务和应税服务"列"本月数"填写。

（2）本栏"一般货物及劳务和应税服务"列"本年累计"：反映货物和劳务挂账留抵税额本期期初余额。试点实施之日的税款所属期按试点实施之日前一个税款所属期的申报表第 20 栏"期末留抵税额"的"一般货物及劳务"列"本月数"填写；以后各期按上期申报表第 20 栏"期末留抵税额"的"一般货物及劳务和应税服务"列"本年累计"填写。

（3）本栏"即征即退货物及劳务和应税服务"列"本月数"：按上期申报表第 20 栏"期末留抵税额"的"即征即退货物及劳务和应税服务"列"本月数"填写。

2. 其他纳税人，按以下要求填写本栏"本月数"和"本年累计"：

其他纳税人是指除上期留抵税额按规定须挂账的纳税人之外的纳税人（下同）。

（1）本栏"一般货物及劳务和应税服务"列"本月数"：按上期申报表

第20栏"期末留抵税额"的"一般货物及劳务和应税服务"列"本月数"填写。

(2) 本栏"一般货物及劳务和应税服务"列"本年累计"：填写"0"。

(3) 本栏"即征即退货物及劳务和应税服务"列"本月数"：按上期申报表第20栏"期末留抵税额"的"即征即退货物及劳务和应税服务"列"本月数"填写。

(二十八) 第14栏"进项税额转出"：反映纳税人已经抵扣按税法规定本期应转出的进项税额。

本栏"一般货物及劳务和应税服务"列"本月数"＋"即征即退货物及劳务和应税服务"列"本月数"＝附列资料（二）第13栏"税额"。

(二十九) 第15栏"免、抵、退应退税额"：反映税务机关退税部门按照出口货物、劳务和应税服务免、抵、退办法审批的增值税应退税额。

(三十) 第16栏"按适用税率计算的纳税检查应补缴税额"：反映税务、财政、审计部门检查，按一般计税方法计算征税的纳税检查应补缴的增值税税额。

本栏"一般货物及劳务和应税服务"列"本月数"≤附列资料（一）第8列第1至5行之和＋附列资料（二）第19栏。

(三十一) 第17栏"应抵扣税额合计"：反映纳税人本期应抵扣进项税额的合计数。按表中所列公式计算填写。

(三十二) 第18栏"实际抵扣税额"。

1. 上期留抵税额按规定须挂账的纳税人，按以下要求填写本栏的"本月数"和"本年累计"：

(1) 本栏"一般货物及劳务和应税服务"列"本月数"：按表中所列公式计算填写。

(2) 本栏"一般货物及劳务和应税服务"列"本年累计"：反映货物和劳务挂账留抵税额本期实际抵减一般货物和劳务应纳税额的数额。将"货物和劳务挂账留抵税额本期期初余额"与"一般计税方法的一般货物及劳务应纳税额"两个数据相比较，取二者中小的数据。

其中：货物和劳务挂账留抵税额本期期初余额＝第13栏"上期留抵税

额"的"一般货物及劳务和应税服务"列"本年累计";

其中：一般计税方法的一般货物及劳务应纳税额＝(第11栏"销项税额"的"一般货物及劳务和应税服务"列"本月数"－第18栏"实际抵扣税额"的"一般货物及劳务和应税服务"列"本月数")×一般货物及劳务销项税额比例；

一般货物及劳务销项税额比例＝(附列资料(一)第10列第1、3行之和－第10列第6行)÷第11栏"销项税额""一般货物及劳务和应税服务"列"本月数"×100％。

(3) 本栏"即征即退货物及劳务和应税服务"列"本月数"：按表中所列公式计算填写。

2. 其他纳税人，按以下要求填写本栏的"本月数"和"本年累计"：

(1) 本栏"一般货物及劳务和应税服务"列"本月数"：按表中所列公式计算填写。

(2) 本栏"一般货物及劳务和应税服务"列"本年累计"：填写"0"。

(3) 本栏"即征即退货物及劳务和应税服务"列"本月数"：按表中所列公式计算填写。

(三十三) 第19栏"应纳税额"：反映纳税人本期按一般计税方法计算并应缴纳的增值税额。按以下公式计算填写：

1. 本栏"一般货物及劳务和应税服务"列"本月数"＝第11栏"销项税额"的"一般货物及劳务和应税服务"列"本月数"－第18栏"实际抵扣税额"的"一般货物及劳务和应税服务"列"本月数"－第18栏"实际抵扣税额"的"一般货物及劳务和应税服务"列"本年累计"。

2. 本栏"即征即退货物及劳务和应税服务"列"本月数"＝第11栏"销项税额"的"即征即退货物及劳务和应税服务"列"本月数"－第18栏"实际抵扣税额"的"即征即退货物及劳务和应税服务"列"本月数"。

(三十四) 第20栏"期末留抵税额"。

1. 上期留抵税额按规定须挂账的纳税人，按以下要求填写本栏的"本月数"和"本年累计"：

(1) 本栏"一般货物及劳务和应税服务"列"本月数"：反映试点实施

以后，一般货物及劳务和应税服务共同形成的留抵税额。按表中所列公式计算填写。

（2）本栏"一般货物及劳务和应税服务"列"本年累计"：反映货物和劳务挂账留抵税额，在试点实施以后抵减一般货物和劳务应纳税额后的余额。按以下公式计算填写：

本栏"一般货物及劳务和应税服务"列"本年累计"＝第13栏"上期留抵税额"的"一般货物及劳务和应税服务"列"本年累计"－第18栏"实际抵扣税额"的"一般货物及劳务和应税服务"列"本年累计"。

（3）本栏"即征即退货物及劳务和应税服务"列"本月数"：按表中所列公式计算填写。

2. 其他纳税人，按以下要求填写本栏"本月数"和"本年累计"：

（1）本栏"一般货物及劳务和应税服务"列"本月数"：按表中所列公式计算填写。

（2）本栏"一般货物及劳务和应税服务"列"本年累计"：填写"0"。

（3）本栏"即征即退货物及劳务和应税服务"列"本月数"：按表中所列公式计算填写。

（三十五）第21栏"简易征收办法计算的应纳税额"：反映纳税人本期按简易计税方法计算并应缴纳的增值税额，但不包括按简易计税方法计算的纳税检查应补缴税额。按以下公式计算填写：

本栏"一般货物及劳务和应税服务"列"本月数"＝附列资料（一）（第10列第8至11行之和－10列第13行）＋（第14列第12行－14列第14行）。

本栏"即征即退货物及劳务和应税服务"列"本月数"＝附列资料（一）第10列第13行＋第14列第14行。

（三十六）第22栏"按简易征收办法计算的纳税检查应补缴税额"：反映纳税人本期因税务、财政、审计部门检查并按简易计税方法计算的纳税检查应补缴税额。

（三十七）第23栏"应纳税额减征额"：反映纳税人本期按照税法规定减征的增值税应纳税额。包含按税法规定可在增值税应纳税额中全额抵减的增值税税控系统专用设备费用以及技术维护费。

当本期减征额小于或等于第19栏"应纳税额"与第21栏"简易征收办法计算的应纳税额"之和时，按本期减征额实际填写；当本期减征额大于第19栏"应纳税额"与第21栏"简易征收办法计算的应纳税额"之和时，按本期第19栏与第21栏之和填写。本期减征额不足抵减部分结转下期继续抵减。

（三十八）第24栏"应纳税额合计"：反映纳税人本期应缴增值税的合计数。按表中所列公式计算填写。

（三十九）第25栏"期初未缴税额（多缴为负数）"："本月数"按上一税款所属期申报表第32栏"期末未缴税额（多缴为负数）"的"本月数"填写。"本年累计"按上年度最后一个税款所属期申报表第32栏"期末未缴税额（多缴为负数）"的"本年累计"填写。

（四十）第26栏"实收出口开具专用缴款书退税额"：本栏不填写。

（四十一）第27栏"本期已缴税额"：反映纳税人本期实际缴纳的增值税额，但不包括本期入库的查补税款。按表中所列公式计算填写。

（四十二）第28栏"①分次预缴税额"：反映纳税人本期已缴纳的准予在本期增值税应纳税额中抵减的税额。营业税改征增值税总机构试点纳税人，按照税法规定从本期增值税应纳税额中抵减的分支机构已缴纳的增值税和营业税税款，也填入本栏。

（四十三）第29栏"②出口开具专用缴款书预缴税额"：本栏不填写。

（四十四）第30栏"③本期缴纳上期应纳税额"：反映纳税人本期缴纳上一税款所属期应缴未缴的增值税额。

（四十五）第31栏"④本期缴纳欠缴税额"：反映纳税人本期实际缴纳和留抵税额抵减的增值税欠税额，但不包括缴纳入库的查补增值税额。

（四十六）第32栏"期末未缴税额（多缴为负数）"："本月数"反映纳税人本期期末应缴未缴的增值税额，但不包括纳税检查应缴未缴的税额。按表中所列公式计算填写。"本年累计"栏与"本月数"栏数据相同。

（四十七）第33栏"其中：欠缴税额（≥0）"：反映纳税人按照税法规定已形成欠税的增值税额。按表中所列公式计算填写。

（四十八）第 34 栏"本期应补（退）税额"：反映纳税人本期应纳税额中应补缴或应退回的数额。按表中所列公式计算填写。

（四十九）第 35 栏"即征即退实际退税额"：反映纳税人本期因符合增值税即征即退优惠政策规定，而实际收到的税务机关退回的增值税额。

（五十）第 36 栏"期初未缴查补税额"："本月数"按上一税款所属期申报表第 38 栏"期末未缴查补税额"的"本月数"填写。"本年累计"按上年度最后一个税款所属期申报表第 38 栏"期末未缴查补税额"的"本年累计"填写。

（五十一）第 37 栏"本期入库查补税额"：反映纳税人本期因税务、财政、审计部门检查而实际入库的增值税额，包括按一般计税方法计算并实际缴纳的查补增值税额和按简易计税方法计算并实际缴纳的查补增值税额。

（五十二）第 38 栏"期末未缴查补税额"："本月数"反映纳税人因纳税检查本期期末应缴未缴的增值税额。按表中所列公式计算填写。"本年累计"栏与"本月数"栏数据相同。

三、《增值税纳税申报表附列资料（一）》（本期销售情况明细）填表说明

（一）"税款所属时间"、"纳税人名称"的填写同主表。

（二）各列说明。

1. 第 1 列和第 2 列"开具税控增值税专用发票"：反映本期开具防伪税控增值税专用发票、税控机动车销售统一发票和货物运输业增值税专用发票的情况。

2. 第 3 列和第 4 列"开具其他发票"：反映除上述三种发票以外本期开具的其他发票的情况。

3. 第 5 列和第 6 列"未开具发票"：反映本期未开具发票的销售情况。

4. 第 7 列和第 8 列"纳税检查调整"：反映经税务、财政、审计部门检查并在本期调整的销售情况。

5. 第 9 列和第 11 列"合计"：填写"开具税控增值税专用发票"列、"开具其他发票"列、"未开具发票"列和"纳税检查调整"列之和。

营业税改征增值税的纳税人，应税服务有扣除项目的，第1～11列应填写扣除之前的征（免）税销售额、销项（应纳）税额和价税合计额。

6. 第12列"应税服务扣除项目本期实际扣除金额"：营业税改征增值税的纳税人，应税服务有扣除项目的，按附列资料（三）第5列对应各行次数据填写；应税服务无扣除项目的，本列填写"0"。其他纳税人不填写。

7. 第13列"扣除后""含税（免税）销售额"：营业税改征增值税的纳税人，发生应税服务的，本列各行次＝第11列对应各行次－第12列对应各行次。其他纳税人不填写。

8. 第14列"扣除后""销项（应纳）税额"：营业税改征增值税的纳税人发生应税服务，按以下要求填写本列，其他纳税人不填写。

（1）应税服务按照一般计税方法征税。

$$本列各行次 = 第13列 \div (100\% + 对应行次税率) \times 对应行次税率$$

本列第7行"按一般计税方法征税的即征即退应税服务"不按本列的说明填写。具体填写要求见"各行说明"第2条第（2）项第③点的说明。

（2）应税服务按照简易计税方法征税。

$$\frac{本列}{各行次} = 第13列 \div (100\% + 对应行次征收率) \times 对应行次征收率$$

（3）应税服务实行免抵退税或免税的，本列不填写。

（三）各行说明

1. 第1至5行"一、一般计税方法征税"的"全部征税项目"各行：按不同税率和项目分别填写按一般计税方法计算增值税的全部征税项目。本部分反映的是按一般计税方法的全部征税项目。有即征即退征税项目的纳税人，本部分数据中既包括即征即退征税项目，又包括不享受即征即退政策的一般征税项目。

2. 第6至7行"一、一般计税方法征税"的"其中：即征即退项目"各行：只反映按一般计税方法计算增值税的即征即退征税项目。按照税法规定不享受即征即退政策的纳税人，不填写本行。即征即退征税项目是全部征税项目的其中数。

(1) 第6行"即征即退货物及加工修理修配劳务":反映按一般计税方法征收增值税且享受即征即退政策的货物和加工修理修配劳务。本行不包括应税服务的内容。

①本行第9列"合计""销售额"栏:反映按一般计税方法征收增值税且享受即征即退政策的货物及加工修理修配劳务的不含税销售额。该栏不按第9列所列公式计算,应按照税法规定据实填写。

②本行第10列"合计""销项(应纳)税额"栏:反映按一般计税方法征收增值税且享受即征即退政策的货物及加工修理修配劳务的销项税额。该栏不按第10列所列公式计算,应按照税法规定据实填写。

(2) 第7行"即征即退应税服务":反映按一般计税方法征收增值税且享受即征即退政策的应税服务。本行不包括货物及加工修理修配劳务的内容。

①本行第9列"合计""销售额"栏:反映按一般计税方法征收增值税且享受即征即退政策的应税服务的不含税销售额。应税服务有扣除项目的,按扣除之前的不含税销售额填写。该栏不按第9列所列公式计算,应按照税法规定据实填写。

②本行第10列"合计""销项(应纳)税额"栏:反映按一般计税方法征收增值税且享受即征即退政策的应税服务的销项税额。应税服务有扣除项目的,按扣除之前的销项税额填写。该栏不按第10列所列公式计算,应按照税法规定据实填写。

③本行第14列"扣除后"的"销项(应纳)税额"栏:反映按一般计税方法征收增值税且享受即征即退政策的应税服务实际应计提的销项税额。应税服务有扣除项目的,按扣除之后的销项税额填写;应税服务无扣除项目的,按本行第10列填写。该栏不按第14列所列公式计算,应按照税法规定据实填写。

3. 第8至12行"二、简易计税方法征税"的"全部征税项目"各行:按不同征收率和项目分别填写按简易计税方法计算增值税的全部征税项目。本部分反映的是简易计税方法的全部征税项目。有即征即退征税项目的纳税人,本部分数据中既包括即征即退征税项目,也包括不享受即征即退政策的一般征税项目。

4. 第13至14行"二、简易计税方法征税"的"其中：即征即退项目"各行：只反映按简易计税方法计算增值税的即征即退征税项目。按照税法规定不享受即征即退政策的纳税人，不填写本行。即征即退征税项目是全部征税项目的其中数。

（1）第13行"即征即退货物及加工修理修配劳务"：反映按简易计税方法计算增值税且享受即征即退政策的货物及加工修理修配劳务。本行不包括应税服务的内容。

①本行第9列"合计""销售额"栏：反映按简易计税方法计算增值税且享受即征即退政策的货物及加工修理修配劳务的不含税销售额。该栏不按第9列所列公式计算，纳税人应依据税法规定据实填写。

②本行第10列"合计""销项（应纳）税额"栏：反映按简易计税方法计算缴纳增值税且享受即征即退政策的货物及加工修理修配劳务的应纳税额。该栏不按第10列所列公式计算，应按照税法规定据实填写。

（2）第14行"即征即退应税服务"：反映按简易计税方法计算缴纳增值税且享受即征即退政策的应税服务。本行不包括货物及加工修理修配劳务的内容。

①本行第9列"合计""销售额"栏：反映按简易计税方法计算增值税且享受即征即退政策的应税服务的不含税销售额。应税服务有扣除项目的，按扣除之前的不含税销售额填写。该栏不按第9列所列公式计算，应按照税法规定据实填写。

②本行第10列"合计""销项（应纳）税额"栏：反映按简易计税方法计算增值税且享受即征即退政策的应税服务的应纳税额。应税服务有扣除项目的，按扣除之前的应纳税额填写。该栏不按第10列所列公式计算，应按照税法规定据实填写。

③本行第14列"扣除后"的"销项（应纳）税额"栏：反映按简易计税方法计算增值税且享受即征即退政策的应税服务实际应计提的应纳税额。应税服务有扣除项目的，按扣除之后的应纳税额填写；应税服务无扣除项目的，按本行第10列填写。

5. 第15行"三、免抵退税"的"货物及加工修理修配劳务":反映适用免、抵、退税政策的出口货物、加工修理修配劳务。

6. 第16行"三、免抵退税"的"应税服务":反映适用免、抵、退税政策的应税服务。

7. 第17行"四、免税""货物及加工修理修配劳务":反映按照税法规定免征增值税的货物及劳务和适用零税率的出口货物、加工修理修配劳务,但不包括适用免、抵、退税办法的出口货物、加工修理修配劳务。

8. 第18行"四、免税""应税服务":反映按照税法规定免征增值税的应税服务和适用零税率的应税服务,但不包括适用免、抵、退税办法的应税服务。

四、《增值税纳税申报表附列资料(表二)》(本期进项税额明细)填表说明

(一)"税款所属时间"、"纳税人名称"的填写同主表。

(二)第1至12栏"一、申报抵扣的进项税额"各栏:分别反映纳税人按税法规定符合抵扣条件,在本期申报抵扣的进项税额。

1. 第1栏"(一)认证相符的税控增值税专用发票":反映纳税人取得的认证相符本期申报抵扣的防伪税控增值税专用发票、税控机动车销售统一发票和货物运输业增值税专用发票的情况。该栏应等于第2栏"本期认证相符且本期申报抵扣"与第3栏"前期认证相符且本期申报抵扣"数据之和。

(1)申报抵扣的防伪税控增值税专用发票、税控机动车销售统一发票和发票"税率"栏为"11%"的货物运输业增值税专用发票,均按发票票面"金额"填写本栏"金额",按发票票面"税额"填写本栏"税额"。

(2)发票票面左上角注明"代开"字样且发票"税率"栏为"***"的货物运输业增值税专用发票,按发票票面"价税合计"填写本栏"金额",按发票票面"价税合计"乘以7%扣除率计算填写本栏"税额"。

2. 第2栏"其中:本期认证相符且本期申报抵扣":反映本期认证相符且本期申报抵扣的防伪税控增值税专用发票、税控机动车销售统一发票和货物运输业增值税专用发票的情况。本栏是第1栏的其中数，本栏只填写本期认证相符且本期申报抵扣的部分。

3. 第3栏"前期认证相符且本期申报抵扣"：反映前期认证相符且本期申报抵扣的防伪税控增值税专用发票、税控机动车销售统一发票和货物运输业增值税专用发票的情况。辅导期纳税人依据税务机关告知的稽核比对结果通知书及明细清单注明的稽核相符的税控增值税专用发票填写本栏。本栏是第1栏的其中数，本栏只填写前期认证相符且本期申报抵扣的部分。

4. 第4栏"（二）其他扣税凭证"：反映本期申报抵扣的除税控增值税专用发票之外的其他扣税凭证的情况。具体包括：海关进口增值税专用缴款书、农产品收购发票或者销售发票（含农产品核定扣除的进项税额）、代扣代缴税收通用缴款书和运输费用结算单据（运输费用结算单据不包括货物运输业增值税专用发票）。该栏应等于第5至8栏之和。

5. 第5栏"海关进口增值税专用缴款书"：反映本期申报抵扣的海关进口增值税专用缴款书的情况。辅导期纳税人依据税务机关告知的稽核比对结果通知书及明细清单注明的稽核相符的海关进口增值税专用缴款书填写本栏。

6. 第6栏"农产品收购发票或者销售发票"：反映本期申报抵扣的农产品收购发票和农产品销售普通发票的情况。执行农产品增值税进项税额核定扣除办法的，填写当期允许抵扣的农产品增值税进项税额，不填写"份数"、"金额"栏。

7. 第7栏"代扣代缴税收通用缴款书"：填写本期按税法规定准予抵扣的代扣代缴税收通用缴款书上注明的增值税额。

8. 第8栏"运输费用结算单据"：反映本期申报抵扣的交通运输费用结算单据的情况。运输费用结算单据不包括《货物运输业增值税专用发票》。本栏"税额"按运输费用结算单据中准予抵扣的金额乘以7%扣除率计算填写。辅导期纳税人取得的公路、内河货物运输业统一发票，依据税务机关告知的稽核比对结果通知书及明细清单注明的稽核相符的发票填写本栏。

9. 第11栏"（三）外贸企业进项税额抵扣证明"：填写本期申报抵扣的税务机关出口退税部门开具的《外贸企业出口视同内销征税货物进项税额

抵扣证明》允许抵扣的进项税额。

10. 第12栏"当期申报抵扣进项税额合计"：反映本期申报抵扣进项税额的合计数。按表中所列公式计算填写。

（三）第13至23栏"二、进项税额转出额"各栏：分别反映纳税人已经抵扣按税法规定在本期应转出的进项税额明细情况。

1. 第13栏"本期进项税转出额"：反映已经抵扣按税法规定在本期应转出的进项税额合计数。按表中所列公式计算填写。

2. 第14栏"免税项目用"：反映用于免征增值税项目，按税法规定在本期应转出的进项税额。

3. 第15栏"非应税项目用、集体福利、个人消费"：反映用于非增值税应税项目、集体福利或者个人消费，按税法规定在本期应转出的进项税额。

4. 第16栏"非正常损失"：反映纳税人发生非正常损失，按税法规定在本期应转出的进项税额。

5. 第17栏"简易计税方法征税项目用"：反映用于按简易计税方法征税项目，按税法规定在本期应转出的进项税额。

6. 第18栏"免抵退税办法不得抵扣的进项税额"：反映按照免、抵、退税办法的规定，由于征税税率与退税税率存在税率差，在本期应转出的进项税额。

7. 第19栏"纳税检查调减进项税额"：反映税务、财政、审计部门检查而调减的进项税额。

8. 第20栏"红字专用发票通知单注明的进项税额"：填写主管税务机关开具的《开具红字增值税专用发票通知单》、《开具红字货物运输业增值税专用发票通知单》和《开具红字公路、内河货物运输业发票通知单》注明的在本期应转出的进项税额。

9. 第21栏"上期留抵税额抵减欠税"：填写本期经税务机关批准的抵减额。

10. 第22栏"上期留抵税额退税"：填写本期经税务机关批准的上期留抵税额退税额。

11. 第23栏"其他应作进项税额转出的情形"：反映除上述列明进项税

额转出情形外，其他应在本期转出的进项税额。

（四）第24至34栏"三、待抵扣进项税额"各栏：分别反映纳税人已经取得，但按税法规定不符合抵扣条件，暂不予在本期申报抵扣的进项税额情况及按税法规定不允许抵扣的进项税额情况。

1. 第24至28栏均包括防伪税控增值税专用发票、税控机动车销售统一发票和货物运输业增值税专用发票。

（1）防伪税控增值税专用发票、税控机动车销售统一发票和发票"税率"栏为"11%"的货物运输业增值税专用发票，均按发票票面"金额"填写本栏"金额"，按发票票面"税额"填写本栏"税额"。

（2）发票票面左上角注明"代开"字样且发票"税率"栏为"＊＊＊"的货物运输业增值税专用发票，按发票票面"价税合计"填写本栏"金额"，按发票票面"价税合计"乘以7%扣除率计算填写本栏"税额"。

2. 第25栏"期初已认证相符但未申报抵扣"：反映前期认证相符，但按照税法规定暂不予抵扣及不允许抵扣，结存至本期的税控增值税专用发票情况。辅导期纳税人填写认证相符但未收到稽核比对结果的税控增值税专用发票期初余额数。

3. 第26栏"本期认证相符且本期未申报抵扣"：反映本期认证相符，但按税法规定暂不予抵扣及不允许抵扣，而未申报抵扣的税控增值税专用发票情况。辅导期纳税人填写本期认证相符但未收到稽核比对结果的税控增值税专用发票。

4. 第27栏"期末已认证相符但未申报抵扣"：反映截至本期期末，按照税法规定仍暂不予抵扣及不允许抵扣且已认证相符的税控增值税专用发票情况。辅导期纳税人填写截至本期期末已认证相符但未收到稽核比对结果的税控增值税专用发票期末余额数。

5. 第28栏"其中：按照税法规定不允许抵扣"：反映截至本期期末已认证相符但未申报抵扣的税控增值税专用发票中，按照税法规定不允许抵扣的税控增值税专用发票情况。

6. 第29栏"（二）其他扣税凭证"：反映截至本期期末仍未申报抵扣的除税控增值税专用发票之外的其他扣税凭证情况。具体包括：海关进口增值税专用缴款书、农产品收购发票或者销售发票、代扣代缴税收通用缴款书和运输费用结算单据。该栏应等于第 30 至 33 栏之和。

7. 第 30 栏"海关进口增值税专用缴款书"：反映已取得但截至本期期末仍未申报抵扣的海关进口增值税专用缴款书情况。辅导期纳税人填写截至本期期末仍未收到稽核比对结果的海关进口增值税专用缴款书。

8. 第 31 栏"农产品收购发票或者销售发票"：反映已取得但截至本期期末仍未申报抵扣的农产品收购发票和农产品销售普通发票情况。

9. 第 32 栏"代扣代缴税收通用缴款书"：反映已取得但截至本期期末仍未申报抵扣的代扣代缴税收通用缴款书情况。

10. 第 33 栏"运输费用结算单据"：反映已取得但截至本期期末仍未申报抵扣的运输费用结算单据情况。辅导期纳税人填写截至本期期末未收到稽核比对结果的公路、内河货物运输业统一发票。

（五）第 35 至 36 栏"四、其他"各栏。

1. 第 35 栏"本期认证相符的税控增值税专用发票"：反映本期认证相符的防伪税控增值税专用发票、税控机动车销售统一发票和货物运输业增值税专用发票情况。

2. 第 36 栏"代扣代缴税额"：填写纳税人根据《中华人民共和国增值税暂行条例》第十八条扣缴的应税劳务的增值税额和根据《交通运输业和部分现代服务业营业税改征增值税试点实施办法》第六条规定扣缴的应税服务增值税额之和。

五、《增值税纳税申报表附列资料（三）》（应税服务扣除项目明细）填表说明

（一）本表用于营业税改征增值税的应税服务有扣除项目的纳税人填写。其他纳税人不填写。

（二）"税款所属时间"、"纳税人名称"的填写同主表。

（三）第 1 列"本期应税服务价税合计额（免税销售额）"：营业税改征增值税的应税服务属于征税项目的，填写扣除之前的本期应税服务价税合计额；营业税改征增值税的应税服务属于免抵退税或免税项目的，填写扣除之前的本期应税服务免税销售额。本列各行次等于附列资料（一）第11列对应行次。

（四）第2列"应税服务扣除项目"的"期初余额"：填写应税服务扣除项目上期期末结存的金额，试点实施之日的税款所属期填写"0"。本列各行次等于上期附列资料（三）第6列对应行次。

（五）第3列"应税服务扣除项目"的"本期发生额"：填写本期取得的按税法规定准予扣除的应税服务扣除项目凭证金额。

（六）第4列"应税服务扣除项目"的"本期应扣除金额"：填写应税服务扣除项目本期应扣除的金额。

本列各行次＝第2列对应各行次＋第3列对应各行次

（七）第5列"应税服务扣除项目"的"本期实际扣除金额"：填写应税服务扣除项目本期实际扣除的金额。本列各行次应小于或等于第4列对应各行次，且小于或等于第1列对应各行次。

（八）第6列"应税服务扣除项目"的"期末余额"：填写应税服务扣除项目本期期末结存的金额。

本列各行次＝第4列对应各行次－第5列对应各行次

六、《固定资产进项税额抵扣情况表》填表说明

本表反映纳税人在附列资料（二）"一、申报抵扣的进项税额"中固定资产的进项税额。本表按增值税专用发票、海关进口增值税专用缴款书分别填写。税控机动车销售统一发票填入增值税专用发票栏内。

附件2：《增值税纳税申报表（适用于增值税小规模纳税人）》及其附列资料填表说明

一、名词解释

（一）本申报表及本填表说明所称"应税货物"，是指增值税应税的货物。

(二) 本申报表及本填表说明所称"应税劳务",是指增值税应税的加工、修理、修配劳务。

(三) 本申报表及本填表说明所称"应税服务",是指营业税改征增值税的应税服务。

(四) 本申报表及本填表说明所称"应税服务扣除项目",是指按照国家现行营业税政策规定差额征收营业税的纳税人,营业税改征增值税后,允许其从取得的应税服务全部价款和价外费用中扣除的项目。

二、《增值税纳税申报表(适用于增值税小规模纳税人)》填表说明

(一) 填报范围。

本申报表适用于增值税小规模纳税人(以下简称纳税人)填报。本表"应税货物及劳务"与"应税服务"各项目应分别填写,不得合并计算。

应税服务有扣除项目的纳税人,应填报本表附列资料。

(二) 填报项目。

1. 本表"税款所属期"是指纳税人申报的增值税应纳税额的所属时间,应填写具体的起止年、月、日。

2. 本表"纳税人识别号"栏,填写税务机关为纳税人确定的识别号,即税务登记证号码。

3. 本表"纳税人名称"栏,填写纳税人单位名称全称,不得填写简称。

4. 本表第1项"应征增值税不含税销售额"栏数据,填写应税货物及劳务、应税服务的不含税销售额,不包括销售使用过的应税固定资产和销售旧货的不含税销售额、免税销售额、出口免税销售额、稽查查补销售额。

对应税服务有扣除项目的纳税人,本栏数据为减除应税服务扣除额后计算的不含税销售额,其数据与当期《增值税纳税申报表(适用于增值税小规模纳税人)附列资料》第8栏数据一致。

5. 本表第2项"税务机关代开的增值税专用发票不含税销售额"栏数据,填写税务机关代开的增值税专用发票注明的金额合计。

6. 本表第3项"税控器具开具的普通发票不含税销售额"栏数据,填写税控器具开具的应税货物及劳务、应税服务的普通发票注明的金额换算的不含税销售额。本栏数据不包括销售使用过的应税固定资产和销售旧货、免税项目、出口免税项目数据。

7. 本表第 4 项"销售使用过的应税固定资产不含税销售额"栏数据，填写销售自己使用过的应税固定资产和销售旧货的不含税销售额，销售额＝含税销售额/(1＋3%)。

8. 本表第 5 项"税控器具开具的普通发票不含税销售额"栏数据，填写税控器具开具的销售自己使用过的应税固定资产和销售旧货的普通发票金额换算的不含税销售额。

9. 本表第 6 项"免税销售额"栏数据，填写销售免征增值税的应税货物及劳务、免征增值税的应税服务的销售额。

对应税服务有扣除项目的纳税人，本栏数据为未减除应税服务扣除额的销售额。

10. 本表第 7 项"税控器具开具的普通发票销售额"栏数据，填写税控器具开具的销售免征增值税的应税货物及劳务、免征增值税的应税服务的普通发票注明的金额。

11. 本表第 8 项"出口免税销售额"栏数据，填写出口免征增值税的应税货物及劳务、出口免征增值税的应税服务的销售额。

对应税服务有扣除项目的纳税人，本栏数据为未减除应税服务扣除额的销售额。

12. 本表第 9 项"税控器具开具的普通发票销售额"栏数据，填写税控器具开具的出口免征增值税的应税货物及劳务、出口免征增值税的应税服务的普通发票注明的金额。

13. 本表第 10 项"本期应纳税额"栏数据，填写本期按征收率计算缴纳的应纳税额。

14. 本表第 11 项"本期应纳税额减征额"栏数据，填写纳税人本期按照税法规定减征的增值税应纳税额。包含可在增值税应纳税额中全额抵减的增值税税控系统专用设备费用以及技术维护费，可在增值税应纳税额中抵免购置税控收款机的增值税税额。

当本期减征额小于或等于第 10 栏"本期应纳税额"时，按本期减征额实际填写；当本期减征额大于第 10 栏"本期应纳税额"时，按本期第 10 栏填写，本期减征额不足抵减部分结转下期继续抵减。

15. 本表第 13 项"本期预缴税额"栏数据，填写纳税人本期预缴的增值税额，但不包括稽查补缴的应纳增值税额。

三、《增值税纳税申报表（适用于增值税小规模纳税人）附列资料》填表说明

（一）填报范围。

本附列资料适用于应税服务有扣除项目的增值税小规模纳税人填报。本附列资料各栏次申报项目均不包含免征增值税的应税服务数据。

（二）填报项目。

1. 本附列资料"税款所属期"是指纳税人申报的增值税应纳税额的所属时间，应填写具体的起止年、月、日。

2. 本附列资料"纳税人名称"栏，填写纳税人单位名称全称，不得填写简称。

3. 本附列资料第 1 项"期初余额"栏数据，填写应税服务扣除项目上期期末结存的金额，试点实施之日的税款所属期填写"0"。

4. 本附列资料第 2 项"本期发生额"栏数据，填写本期取得的按税法规定准予扣除的应税服务扣除项目凭证金额。

5. 本附列资料第 3 项"本期扣除额"栏数据，填写应税服务扣除项目本期实际扣除的金额。

第 3 栏"本期扣除额"≤第 1 栏"期初余额"＋第 2 栏"本期发生额"之和，且第 3 栏"本期扣除额"≤5 栏"全部含税收入"。

6. 本附列资料第 4 项"期末余额"栏数据，填写应税服务扣除项目本期期末结存的金额。

第 4 栏"期末余额"＝第 1 栏"期初余额"＋第 2 栏"本期发生额"－第 3 栏"本期扣除额"。

7. 本附列资料第 5 项"全部含税收入"栏数据，填写纳税人提供应税服务取得的全部价款和价外费用数额。

8. 本附列资料第6项"本期扣除额"栏数据，填写本附列资料第3项"本期扣除额"栏数据。

第6项"本期扣除额"=第3项"本期扣除额"

9. 本附列资料第7项"含税销售额"栏数据，填写应税服务的含税销售额。

第7项"含税销售额"=第5栏"全部含税收入"－第6项"本期扣除额"

10. 本附列资料第8项"不含税销售额"栏数据，填写应税服务的不含税销售额。

第8栏"不含税销售额"=第7栏"含税销售额"÷1.03

第8项"不含税销售额"栏数据与《增值税纳税申报表（适用于小规模纳税人）》第1项"应征增值税不含税销售额""本期数"的"应税服务"栏数据一致。

第六章 营业税改征增值税纳税人常见税务风险

纳入营改增试点的纳税人由原来缴纳营业税改为缴纳增值税，而增值税的税收政策、发票管理、账务处理、纳税申报等事项较营业税要复杂得多，难度也更大，试点纳税人若不能全面了解增值税相关政策，提升增值税业务处理能力，掌握增值税业务处理技巧，在日常税务处理中，将很难避免出现税务风险。

下面讲述营改增试点纳税人常见的增值税税务风险。

一、销项税额的税务风险

（一）增值税纳税义务发生时间

企业应按照增值税纳税义务发生时间开具发票并确认收入计提销项税额。有的企业不按照纳税义务发生时间确认收入计提销项税额，而是按照自身或付款人的需求开具发票确认收入，存在延迟申报缴纳增值税的税务风险。

根据《交通运输业和部分现代服务业营业税改征增值税试点实施办法》第四十一条规定，增值税纳税义务发生时间为：

（1）纳税人提供应税服务并收讫销售款项或者取得索取销售款项凭据的当天；先开具发票的，为开具发票的当天。

收讫销售款项，是指纳税人提供应税服务过程中或者完成后收到款项。

取得索取销售款项凭据的当天，是指书面合同确定的付款日期；未签订书面合同或者书面合同未确定付款日期的，为应税服务完成的当天。

（2）纳税人提供有形动产租赁服务采取预收款方式的，其纳税义务发生时间为收到预收款的当天。

（3）纳税人发生本办法第十一条视同提供应税服务的，其纳税义务发生时间为应税服务完成的当天。

（4）增值税扣缴义务发生时间为纳税人增值税纳税义务发生的当天。

(二) 视同提供应税服务行为

视同提供应税服务行为，由于没有收取款项，不少企业不作账务处理，不进行纳税申报，造成少缴增值税的税务风险。

根据《交通运输业和部分现代服务业营业税改征增值税试点实施办法》第十一条规定，单位和个体工商户的下列情形，视同提供应税服务：

(1) 向其他单位或者个人无偿提供交通运输业和部分现代服务业服务，但以公益活动为目的或者以社会公众为对象的除外。

(2) 财政部和国家税务总局规定的其他情形。

(三) 差额征税

营改增试点期间差额征税的政策运用和处理，是纳税人核算容易出错的环节，也是容易造成少缴或多缴增值税税款风险的环节。差额征税的税收政策如下：

1. 《交通运输业和部分现代服务业营业税改征增值税试点有关事项的规定》（财税〔2011〕111号附件2）第一条第（三）项规定：

(1) 试点纳税人提供应税服务，按照国家有关营业税政策规定差额征收营业税的，允许其以取得的全部价款和价外费用，扣除支付给非试点纳税人（指试点地区不按照《试点实施办法》缴纳增值税的纳税人和非试点地区的纳税人）价款后的余额为销售额。

(2) 试点纳税人中的小规模纳税人提供交通运输业服务和国际货物运输代理服务，按照国家有关营业税政策规定差额征收营业税的，其支付给试点纳税人的价款，也允许从其取得的全部价款和价外费用中扣除。

(3) 试点纳税人中的一般纳税人提供国际货物运输代理服务，按照国家有关营业税政策规定差额征收营业税的，其支付给试点纳税人的价款，也允许从其取得的全部价款和价外费用中扣除；其支付给试点纳税人的价款，取得增值税专用发票的，不得从其取得的全部价款和价外费用中扣除。

允许扣除价款的项目，应当符合国家有关营业税差额征税政策规定。

2. 根据《财政部 国家税务总局关于交通运输业和部分现代服务业营业

税改征增值税试点若干税收政策的通知》（财税〔2011〕133号）第五条规定，试点纳税人中的一般纳税人按《试点有关事项的规定》第一条第（三）项确定销售额时，其支付给非试点纳税人价款中，不包括已抵扣进项税额的货物、加工修理修配劳务的价款。

3. 根据《交通运输业和部分现代服务业营业税改征增值税试点有关事项的规定》（财税〔2011〕111号附件2）第一条第（三）项规定，试点纳税人从全部价款和价外费用中扣除价款，应当取得符合法律、行政法规和国家税务总局有关规定的凭证。否则，不得扣除。

上述凭证是指：

（1）支付给境内单位或者个人的款项，且该单位或者个人发生的行为属于增值税或营业税征收范围的，以该单位或者个人开具的发票为合法有效凭证。

（2）支付的行政事业性收费或者政府性基金，以开具的财政票据为合法有效凭证。

（3）支付给境外单位或者个人的款项，以该单位或者个人的签收单据为合法有效凭证，税务机关对签收单据有疑义的，可以要求其提供境外公证机构的确认证明。

（4）国家税务总局规定的其他凭证。

（四）销售额

企业确定一般纳税业务的销售额并不难，但是向关联方提供应税服务的价格可能会存在不公允的情形，价格明显偏低或者偏高；还有视同提供应税服务而无销售额的情形。有的企业不按税法规定的顺序确定销售额，而是以价格较小者确定销售额，这些做法都存在少缴增值税的税务风险。

根据《交通运输业和部分现代服务业营业税改征增值税试点实施办法》（财税〔2011〕111号附件1）第四十条规定，纳税人提供应税服务的价格明显偏低或者偏高且不具有合理商业目的的，或者发生视同提供应税服务而无销售额的，主管税务机关有权按照下列顺序确定销售额：

（1）按照纳税人最近时期提供同类应税服务的平均价格确定。

(2) 按照其他纳税人最近时期提供同类应税服务的平均价格确定。

(3) 按照组成计税价格确定。组成计税价格的公式为：

组成计税价格＝成本×(1＋成本利润率)

(五) 价外费用

很多企业对提供应税服务价外收取的手续费、违约金、滞纳金、延期付款利息、赔偿金、代收款项等费用不计提缴纳增值税，造成少缴增值税的税务风险。

《交通运输业和部分现代服务业营业税改征增值税试点实施办法》(财税〔2011〕111号附件1) 第三十三条规定：

销售额，是指纳税人提供应税服务取得的全部价款和价外费用。

价外费用，是指价外收取的各种性质的价外收费，但不包括代为收取的政府性基金或者行政事业性收费。

价外费用，包括价外向购买方收取的手续费、补贴、基金、集资费、返还利润、奖励费、违约金、滞纳金、延期付款利息、赔偿金、代收款项、代垫款项、包装费、包装物租金、储备费、优质费、运输装卸费以及其他各种性质的价外收费。

(六) 适用税率

有的企业提供应税服务适用税率错误导致增值税计算错误，特别是在兼有不同税率或者征收率应税服务的情况下。

纳税人兼有不同税率或者征收率的销售货物、提供加工修理修配劳务或者应税服务的，应当分别核算适用不同税率或征收率的销售额，未分别核算销售额的，按照以下方法适用税率或征收率：

1. 兼有不同税率的销售货物、提供加工修理修配劳务或者应税服务的，从高适用税率。

2. 兼有不同征收率的销售货物、提供加工修理修配劳务或者应税服务的，从高适用征收率。

3. 兼有不同税率和征收率的销售货物、提供加工修理修配劳务或者应税服务的，从高适用税率。

(七) 兼营行为

纳税人兼营行为应当分别核算，有的企业未分别核算，也会给企业带来税务风险。

1. 纳税人兼营营业税应税项目的，应当分别核算增值税应税服务的销售额和营业税应税项目的营业额；未分别核算的，由主管税务机关核定应税服务的销售额。

2. 纳税人兼营免税、减税项目的，应当分别核算免税、减税项目的销售额；未分别核算的，不得免税、减税。

(八) 销售收入的完整性

确认企业有无应计销售收入而未计导致少缴增值税的情形，比如：

1. 提供应税服务不开发票，未计收入申报纳税；
2. 预收账款长期挂账，应税服务已提供不按规定结转收入申报纳税；
3. 收取的款项，没有按规定全额计收入，而是将支付的回扣、手续费等费用扣除，坐支销货款；
4. 应缴纳增值税的业务缴纳了营业税；
5. 出售应税固定资产，是否未按适用税率计提销项税额或按征收率计算应纳税额。
6. 以物易物、以物抵债等特殊业务收入，是否未计收入申报纳税。

二、进项税额的税务风险

(一) 增值税扣税凭证

1. 纳税人取得的增值税扣税凭证不符合法律、行政法规或者国家税务总局有关规定的，其进项税额不得从销项税额中抵扣。

2. 增值税扣税凭证，是指增值税专用发票、海关进口增值税专用缴款书、农产品收购发票、农产品销售发票、运输费用结算单据和通用缴款书。

《交通运输业和部分现代服务业营业税改征增值税试点实施办法》第二十二条规定：下列进项税额准予从销项税额中抵扣：

（1）从销售方或者提供方取得的增值税专用发票上注明的增值税额。

（2）从海关取得的海关进口增值税专用缴款书上注明的增值税额。

（3）购进农产品，除取得增值税专用发票或者海关进口增值税专用缴款书外，按照农产品收购发票或者销售发票上注明的农产品买价和13％的扣除率计算的进项税额。计算公式为：

$$进项税额＝买价×扣除率$$

买价，是指纳税人购进农产品在农产品收购发票或者销售发票上注明的价款和按照规定缴纳的烟叶税。

（4）接受交通运输业服务，除取得增值税专用发票外，按照运输费用结算单据上注明的运输费用金额和7％的扣除率计算的进项税额。进项税额计算公式为：

$$进项税额＝运输费用金额×扣除率$$

运输费用金额，是指运输费用结算单据上注明的运输费用（包括铁路临管线及铁路专线运输费用）、建设基金，不包括装卸费、保险费等其他杂费。

（5）接受境外单位或者个人提供的应税服务，从税务机关或者境内代理人取得的解缴税款的中华人民共和国税收通用缴款书上注明的增值税额。

除上述规定之外的其他发票（比如取得的增值税普通发票等）都不能作为抵扣进项税额的合法凭证。

纳税人需注意，即使取得上述合规票据，也并非一定能够抵扣进项税额。

（二）不应抵扣而抵扣了进项税额

1.《交通运输业和部分现代服务业营业税改征增值税试点实施办法》第二十四条规定：下列项目的进项税额不得从销项税额中抵扣：

(1) 用于适用简易计税方法计税项目、非增值税应税项目、免征增值税项目、集体福利或者个人消费的购进货物、接受加工修理修配劳务或者应税服务。其中涉及的固定资产、专利技术、非专利技术、商誉、商标、著作权、有形动产租赁，仅指专用于上述项目的固定资产、专利技术、非专利技术、商誉、商标、著作权、有形动产租赁。

(2) 非正常损失的购进货物及相关的加工修理修配劳务和交通运输业服务。

(3) 非正常损失的在产品、产成品所耗用的购进货物（不包括固定资产）、加工修理修配劳务或者交通运输业服务。

(4) 接受的旅客运输服务。

(5) 自用的应征消费税的摩托车、汽车、游艇，但作为提供交通运输业服务的运输工具和租赁服务标的物的除外。

2.《交通运输业和部分现代服务业营业税改征增值税试点实施办法》第二十五条规定：

非增值税应税项目，是指非增值税应税劳务、转让无形资产（专利技术、非专利技术、商誉、商标、著作权除外）、销售不动产以及不动产在建工程。

非增值税应税劳务，是指《应税服务范围注释》所列项目以外的营业税应税劳务。

不动产，是指不能移动或者移动后会引起性质、形状改变的财产，包括建筑物、构筑物和其他土地附着物。

纳税人新建、改建、扩建、修缮、装饰不动产，均属于不动产在建工程。

个人消费，包括纳税人的交际应酬消费。

固定资产，是指使用期限超过 12 个月的机器、机械、运输工具以及其他与生产经营有关的设备、工具、器具等。

非正常损失，是指因管理不善造成被盗、丢失、霉烂变质的损失，以及被执法部门依法没收或者强令自行销毁的货物。

3.《交通运输业和部分现代服务业营业税改征增值税试点实施办法》

第二十九条规定，有下列情形之一者，应当按照销售额和增值税税率计算应纳税额，不得抵扣进项税额，也不得使用增值税专用发票：

（1）一般纳税人会计核算不健全，或者不能够提供准确税务资料的。

（2）应当申请办理一般纳税人资格认定而未申请的。

（三）应作进项税额转出而未作

已抵扣进项税额的购进货物、接受加工修理修配劳务或者应税服务，发生上述《实施办法》二十四条1~5款规定情形（简易计税方法计税项目、非增值税应税劳务、免征增值税项目除外）的，应当将该进项税额从当期进项税额中扣减；无法确定该进项税额的，按照当期实际成本计算应扣减的进项税额。

兼营简易计税方法计税项目、非增值税应税劳务、免征增值税项目而无法划分不得抵扣的进项税额，按照下列公式计算不得抵扣的进项税额：

$$\text{不得抵扣的进项税额} = \text{当期无法划分的全部进项税额} \times \left[\frac{\text{当期简易计税方法计税项目销售额} + \text{非增值税应税劳务营业额} + \text{免征增值税项目销售额}}{\text{当期全部销售额} + \text{当期全部营业额}} \right]$$

（四）扣税凭证要符合规定，资料要齐全

1. 纳税人取得的增值税扣税凭证不符合法律法规的，进项税额不准从销项税额抵扣。

例如，一般纳税人销售货物或者提供应税劳务（服务）可汇总开具专用发票。汇总开具专用发票的，同时使用防伪税控系统开具销售货物或者提供应税劳务（服务）清单，并加盖发票专用章。若收到无清单或自制清单的汇总开具的专用发票，则不可以抵扣税款。

再如，纳税人提供应税服务，开具增值税专用发票后，发生提供应税服务中止、折让、开票有误等情形，应当按照国家税务总局的规定开具红字增值税专用发票。未按照规定开具红字增值税专用发票的，不得扣减销项税额或者销售额。有些企业自作聪明，改由接受服务方向提供服务方开

具增值税专用发票,避免开具红字发票的麻烦,这属于不按规定开具发票的行为,是不可以抵扣进项税额的。

2. 纳税人资料不全的,进项税额也不得从销项税额中抵扣。

例如,纳税人接受境外单位或者个人提供应税服务,使用代扣代缴增值税而取得的中华人民共和国通用税收缴款书抵扣进项税额的,应当具备书面合同、付款证明和境外单位的对账单或者发票。若资料不全,仅凭通用税收缴款书,其进项税额也不得从销项税额中抵扣。

(五)抵扣率要准确

自营改增试点之日起,增值税一般纳税人从试点地区一般纳税人取得的货物运输业增值税专用发票的抵扣率为11%,从试点地区小规模纳税人取得的税务机关代开的货物运输业增值税专用发票和非试点地区取得的货运发票的抵扣率为7%。因此,试点期间接受交通运输业服务的纳税人,要注意发票不同而造成的抵扣率的差异,正确计算进项税额,防范企业的税务风险。

三、发票使用管理税务风险

发票,是指在购销商品,提供或者接受服务以及从事其他经营活动中,开具、收取的收付款凭证。

《中华人民共和国发票管理办法》第三十六条规定,违反发票管理法规的行为包括:(1)未按照规定印制发票或者生产发票防伪专用品的;(2)未按照规定领购发票的;(3)未按照规定开具发票的;(4)未按照规定取得发票的;(5)未按照规定保管发票的;(6)未按照规定接受税务机关检查的。对有前款所列行为之一的单位和个人,由税务机关责令限期改正,没收非法所得,可以并处1万元以下的罚款。有前款所列两种或者两种以上行为的,可以分别处罚。

因此,纳税人在日常发票管理过程中,要建立完善的发票使用、保管制度,严格按规定使用、保管发票,严格防范上述行为的发生,否则就有可能受到相应处罚。

常见的发票管理税务风险有以下几种。

（一）不得开具增值税专用发票而开具

《交通运输业和部分现代服务业营业税改征增值税试点实施办法》第四十九条规定：纳税人提供应税服务，应当向索取增值税专用发票的接受方开具增值税专用发票，并在增值税专用发票上分别注明销售额和销项税额。属于下列情形之一的，不得开具增值税专用发票：

（1）向消费者个人提供应税服务。

（2）适用免征增值税规定的应税服务。

（二）增值税发票不及时认证

据笔者所知，很多企业在开具发票后、收到货款前不将发票交给购货方，而有些购货方财务人员为了调节税负在收到发票后不及时认证抵扣，也有些业务员不及时把取得的发票交给财务人员，这些做法都有可能会对企业产生税收风险。

目前增值税专用发票已建立了严密的监控机制，国家税务总局定期把滞留票信息下发到基层进行核查，防止纳税人为隐瞒销售收入不抵扣进项税额的行为，因此，建议纳税人收到专用发票后及时认证。

根据《国家税务总局关于调整增值税扣税凭证抵扣期限有关问题的通知》（国税函〔2009〕617号）规定，增值税一般纳税人取得2010年1月1日以后开具的增值税专用发票、公路内河货物运输业统一发票和机动车销售统一发票，应在开具之日起180日内到税务机关办理认证，并在认证通过的次月申报期内，向主管税务机关申报抵扣进项税额。

根据《国家税务总局关于增值税一般纳税人取得防伪税控系统开具的增值税专用发票进项税额抵扣问题的通知》（国税发〔2003〕17号）规定，增值税一般纳税人认证通过的防伪税控系统开具的增值税专用发票，应在认证通过的当月按照增值税有关规定核算当期进项税额并申报抵扣，否则不予抵扣进项税额。

根据《国家税务总局关于修订〈增值税专用发票使用规定〉的通知》(国税发〔2006〕156号)规定,一般纳税人取得专用发票后,发生销货退回、开票有误等情形但不符合作废条件的,或者因销货部分退回及发生销售折让的,购买方应向主管税务机关填报《开具红字增值税专用发票申请单》。《申请单》所对应的蓝字专用发票应经税务机关认证。主管税务机关对一般纳税人填报的《申请单》进行审核后,出具《开具红字增值税专用发票通知单》,销售方凭购买方提供的《通知单》开具红字专用发票,在防伪税控系统中以销项负数开具。购买方必须暂依《通知单》所列增值税税额从当期进项税额中转出,未抵扣增值税进项税额的可列入当期进项税额,待取得销售方开具的红字专用发票后,与留存的《通知单》一并作为记账凭证。

因此,根据上述规定,存在两种税务风险:

1. 购货方因为发票超过180天认证期限未认证而无法抵扣,多缴纳增值税款。

2. 购货方因为发票超过180天认证期限未认证而无法认证,不得申请出具《通知单》,不可以将发票退回,销货方也不可以作废或冲红后重新开具,造成购销两方均多缴纳增值税款。

[温馨提醒]

增值税专用发票一定要在认证期限内认证,如果超过180日认证期限而没有认证的,则将出现购货方无法认证抵扣、销货方无法开具红字发票冲销销售收入的问题,直接增加购销双方企业的税收负担,企业开出专用发票后应及时交购货方抵扣,减少税务风险。

(三) 虚开发票

有些营改增试点纳税人,面对"凭票抵扣税款"的诱惑,希望通过获取更多增值税扣税凭证来抵扣税款,从而达到少纳税的非法目的,就可能会产生虚开发票、代开发票、"买票"等利用发票套利行为,为企业带来巨大的税务风险。

《刑法》第二百零五条规定：虚开增值税专用发票或者虚开用于骗取出口退税、抵扣税款的其他发票，是指有为他人虚开、为自己虚开、让他人为自己虚开、介绍他人虚开行为之一的。

最高人民法院《关于适用〈全国人民代表大会常务委员会关于惩治虚开、伪造和非法出售增值税专用发票犯罪的决定〉的若干问题的解释》（以下简称《解释》）规定，虚开增值税专用发票的，构成虚开增值税专用发票罪。具有下列行为之一的，属于"虚开增值税专用发票"：

1. 没有货物购销或者没有提供或接受应税劳务而为他人、为自己、让他人为自己、介绍他人开具增值税专用发票；

2. 有货物购销或者提供或接受了应税劳务但为他人、为自己、让他人为自己、介绍他人开具数量或者金额不实的增值税专用发票；

3. 进行了实际经营活动，但让他人为自己代开专用发票。

在最高人民法院《关于对为他人代开增值税专用发票的行为如何定性问题的答复》（以下简称《答复》）和《解释》这两个文件中，都把"为他人的实际经营活动代开增值税专用发票的行为"纳入到了虚开增值税专用发票罪中。所不同的是，《答复》中的代开是指"自己为他人的实际经营活动代开"，"自己"构成虚开增值税专用发票罪；《解释》中的代开是指"进行了实际经营活动，但让他人为自己代开"。"他人"构成虚开增值税专用发票罪。

总之，根据这两个文件规定，可以得出一个结论：尽管进行了实际经营活动，但是，只要代开，无论是开票人还是发票代开请求人，即便开票数额和经营数额相符，也可构成虚开增值税专用发票罪。

按照《刑法》及相关司法解释的规定，构成犯罪的，量刑标准分为四种情形。其中，最低刑罚是处以"三年以下有期徒刑或者拘役，并处二万元以上二十万元以下罚金"；最高刑罚则是处以"无期徒刑或者死刑，并没收财产"。

虚开增值税专用发票税务风险主要体现在以下几个方面：

1. 补缴已申报抵扣的增值税款。

《国家税务总局关于纳税人虚开增值税专用发票征补税款问题的公

告》(国家税务总局公告 2012 年第 33 号) 规定: 纳税人虚开增值税专用发票,未就其虚开金额申报并缴纳增值税的,应按照其虚开金额补缴增值税;已就其虚开金额申报并缴纳增值税的,不再按照其虚开金额补缴增值税。税务机关对纳税人虚开增值税专用发票的行为,应按《税收征收管理法》及《发票管理办法》的有关规定给予处罚。纳税人取得虚开的增值税专用发票,不得作为增值税合法有效的扣税凭证抵扣其进项税额。

无论有没有实际经营活动,纳税人一旦被查处为自己、让他人为自己虚开增值税专用发票,凭虚开增值税专用发票申报抵扣的税款必须补缴入库。

2. 罚款、滞纳金。

根据《税收征收管理法》第六十三条: 对纳税人逃避缴纳税款的,由税务机关追缴其不缴或者少缴的税款、滞纳金,并处不缴或者少缴税款百分之五十以上五倍以下的罚款。《税收征收管理法实施细则》第五十二条规定: 滞纳金的计算期限自纳税人应缴未缴税款之日起至实际缴纳之日止,按日加收滞纳税款万分之五。

3、承担刑事责任。

一旦虚开增值税专用发票的数量和程度达到《刑法》关于"虚开增值税专用发票或者虚开用于骗取出口退税、抵扣税款的其他发票"的定罪量刑标准——虚开税款数额 1 万元以上或者虚开增值税专用发票致使国家税款被骗取 5 000 元以上,将被移送司法机关追究刑事责任,重者判处死刑,并处没收财产。

另外,虚开增值税专用发票一旦被查处,纳税人在贷款人、投资人、客户、供货商的信誉度下降,纳税人正常的经营运作会受到较大的负面影响,涉案当事人的信誉也受到影响。

(四) 接受非试点地区运输费用结算单据

非试点地区运输费用结算单据的税务风险主要有以下三种:

1. 运输费用结算单据票面内容不符合规定而进行了抵扣。常见情况为:

（1）运费和杂费未分别注明，而合并注明为运杂费；

（2）发货人、收货人、起运地、到达地、运输方式、货物名称、货物数量、运输单价、运费金额等项目填写不齐全；

（3）收货人、发货人两栏是否符合实际情况；

（4）开票方与承运方不一致；

（5）与购进和销售货物的名称、数量不匹配、不吻合。

2．不允许抵扣项目的运输费用结算单据进行了抵扣，常见情况为：

（1）非增值税应税项目、免征增值税项目、集体福利或者个人消费、非正常损失的购进或销售货物的运输费用结算单据；

（2）与购进和销售货物无关的运输费用结算单据；

（3）国际货物运输代理业发票和国际货物运输发票等不允许抵扣的运输费用结算单据。

3．接受虚开、代开的运输费用结算单据进行抵扣，常见情况为：

（1）由个体运输户（个人）提供运输劳务，取得企业虚开或代开的运输发票。

这些个体运输户通常是支付给开票企业手续费，开票企业把发票邮寄过来，个体运输户取得运输发票后提供给接受劳务的企业。这些个体运输户之所以不通过当地地税局代开发票，是因为开票企业的手续费较地税局的手续费低。而企业在接受这类发票时，只注重发票票面形式上的审查和能否通过认证，对个体运输户提供的运输发票为什么没有从地税部门代开并不关心。

（2）由货运代理公司和运输公司提供运输劳务，取得的运输发票上的承运人与运输合同签订单位不一致。

这类发票往往就是代开、虚开的。在企业提出异议时，提供发票方往往会拍着胸脯保证发票绝对是真票，保证一定可以通过认证抵扣。而实际上，这种代开、虚开运输发票本身就是违法的，是不允许抵扣的。

（3）由供货方代办运输，代垫运费，供货方转交的运输发票是代开、虚开的。

这种情况购货企业不容易审查，应该要求供货方代为审查把关。

四、税控设备管理税务风险

（一）防伪税控专用设备被盗、丢失

增值税防伪税控系统的专用设备包括金税卡、IC 卡、读卡器或金税盘和报税盘；货物运输业增值税专用发票税控系统专用设备包括税控盘和报税盘；机动车销售统一发票税控系统和公路内河货物运输业发票税控系统专用设备包括税控盘和传输盘。

防伪税控企业应采取有效措施保障防伪税控设备的安全，防伪税控企业专用设备发生被盗、丢失的，应迅速将有关情况报告当地公安机关和主管税务机关，税务机关按照规定进行处理。

虽然丢失、被盗税控设备不是企业的主观故意行为，但根据《防伪税控系统管理办法》和《发票管理办法》规定，企业因主观或非主观原因丢失、被盗防伪税控设备，处以一万元以下罚款，并在规定的期限内办理处罚手续。

丢失、被盗税控设备会造成一系列严重后果：纳税人丢失、被盗税控设备后，必须层报税务机关审批后才能重新购买，纳税人将有一段时间无法开具专用发票，直接影响纳税人的正常生产经营。而且，防伪税控专用设备被盗，造成增值税专用发票电子数据失控，会给不法分子虚开增值税专用发票骗取国家税款提供可乘之机，从而给国家税款流失造成隐患。

（二）未按照规定安装、使用税控装置的税务风险

根据《税收征收管理法》规定，纳税人未按照规定安装、使用税控装置，损毁或者擅自改动税控装置的，由税务机关责令限期改正，可以处 2 000 元以下的罚款；情节严重的，处 2 000 元以上 1 万元以下的罚款。

因此，企业应加强法律意识，对防伪税控设备应采取专人、专室保管，保证税控设备的安全。

五、逾期申报、逾期缴税的税务风险

(一) 逾期申报

纳税人必须依照法律、行政法规规定或者税务机关依照法律、行政法规的规定确定的申报期限、申报内容如实办理纳税申报,报送纳税申报表、财务会计报表以及税务机关根据实际需要要求纳税人报送的其他纳税资料。纳税人未按照规定的期限办理纳税申报和报送纳税资料的,或者扣缴义务人未按照规定的期限向税务机关报送代扣代缴、代收代缴税款报告表和有关资料的,由税务机关责令限期改正,可以处 2 000 元以下的罚款;情节严重的,可以处 2 000 元以上 1 万元以下的罚款。

纳税人应按照法律、行政法规规定或者税务机关按照法律、行政法规的规定确定的申报期限、申报内容办理纳税申报和报送纳税资料,纳税人未按照规定的期限办理纳税申报和报送纳税资料的,或者扣缴义务人未按照规定的期限向税务机关报送代扣代缴、代收代缴税款报告表和有关资料的,将按《税收征收管理法》的规定,由税务机关责令限期改正,可以处 2 000 元以下的罚款;情节严重的,可以处 2 000 元以上 1 万元以下的罚款。

(二) 逾期缴税

纳税人、扣缴义务人按照法律、行政法规规定或者税务机关按照法律、行政法规的规定确定的期限,缴纳或者解缴税款。

按期缴税是纳税人的基本义务,纳税人应该提前做好资金安排,以防止逾期纳税而被税务机关处以罚款和支付滞纳金。纳税人确有特殊困难不能按期缴纳税款的,可按《税收征收管理法》第三十一条、《税收征收管理法实施细则》第四十一条和四十二条的规定,报经省、自治区、直辖市国家税务局批准,可以延期缴纳税款,但最长不得超过三个月。

若纳税人、扣缴义务人在规定期限内不缴或者少缴应纳或者应解缴的税款且没有提出延期缴税并经批准的,税务机关除依照规定采取强制执行措施追缴其不缴或者少缴的税款外,将按《税收征收管理法》的规定处以不缴或者少缴的税款百分之五十以上五倍以下的罚款。

六、纳税人销售额超过小规模纳税人标准不认定的税务风险

1. 根据《增值税暂行条例实施细则》第三十四条规定，纳税人销售额超过小规模纳税人标准，未申请办理一般纳税人认定手续的，应按销售额依照增值税税率计算应纳税额，不得抵扣进项税额，也不得使用增值税专用发票。

2. 根据《交通运输业和部分现代服务业营业税改征增值税试点实施办法》(财税〔2011〕111号文件附件1)第二十九条规定，有下列情形之一者，应当按照销售额和增值税税率计算应纳税额，不得抵扣进项税额，也不得使用增值税专用发票：

(1) 一般纳税人会计核算不健全，或者不能够提供准确税务资料的。

(2) 应当申请办理一般纳税人资格认定而未申请的。

因此，对达到一般纳税人标准但不申请办理一般纳税人认定手续的纳税人，应按销售额依照规定的增值税税率计算应纳税额，不得抵扣进项税额。

七、账务处理的税务风险

账务处理的税务风险主要是由于企业财务人员自身的专业素质所限，对税法不熟悉或账务处理水平较低引起的，虽然没有主观故意，但是却给企业带来税收风险。

营业税账务处理较为简单，而增值税账务处理相对复杂，营改增试点政策实施后，涉及会计科目增多，会计核算要求也相应提高，企业整个会计核算体系随之改变。企业在财务的日常管理中，由于财务人员自身业务素质的限制，对相关税收法规的精神把握不准，对增值税缺乏全面的认识，以致产生理解上的偏差，不能正确、合理地运用，虽然主观上并没有逃避缴纳税款的心理，但在实际纳税处理时却没有按照有关税收规定操作，或

者只是在表面上、局部上符合规定，但在实质上、整体上却没有能够按照税收规定操作，从而造成事实上的逃避缴纳税款，给企业带来一定的税务风险。

账务处理方面的风险主要有以下几方面：

1. 销项税额方面。对视同提供应税服务行为、收取价外费用等业务不计提增值税或计提增值税额不正确，例如，向其他单位或者个人无偿提供交通运输业和部分现代服务业服务等业务时；服务中止、折让、折扣等特殊销售行为处理不得当；发生纳税义务没有申报缴纳增值税等。

2. 进项税额方面。对不应当抵扣的进项税额进行了抵扣，应当做进项税额转出的没有转出等。

3. 发票方面。发票是否按规定填开；红字发票是否使用得当；抵扣凭证是否符合要求等。

企业财务人员自身的专业素质也是造成税务风险的一个重要因素，因此企业应组织财务人员认真研读税收法规，不断加强税收学习，不断提高自己的涉税处理水平，避免因账务处理不当而给企业带来损失。

八、财政补贴申请材料的操作风险

为了平稳有序推进营改增试点工作，帮助试点企业平稳过渡，根据国家税务总局明确的"改革试点行业总体税负不增加或略有下降，基本消除重复征税因素"的要求，各试点地区先后出台了过渡性财政扶持政策，对营改增企业开展税负变动情况申报工作，税负增加的企业可以申请财政补贴。要及时申请到财政补贴，企业首先要了解当地财政扶持政策，对企业税负变动情况进行测算，税负增加的企业需要根据政策要求准备相应的申报材料，比如《营业税改征增值税试点企业税负变化申报表》及其附列资料、《营业税改征增值税企业财政扶持资金申请/审核表》等。

纳税人要高度关注当地财政扶持政策的相关动态，尤其要把握申请材料的合规性要求，对相关主管部门的审核重点予以充分重视。有关专家认为："尤其是在当前宏观经济形势呈现下行趋势的情况下，地方政府的财政状况并不乐观，对相关财政扶持资金的管理会非常严格，企业如果准备工作不充分，相关材料不齐全，很有可能无法满足财政扶持资金的申请条件"。

因此，企业要认真按照当地财政扶持政策的要求准备申请资料，防止企业税负增加却因材料不合规而得不到财政扶持的风险。

九、节税筹划的操作风险

节税筹划方案要建立在正确理解税法的基础上，若纳税人对税法理解不当，注意不到税法的变化，考虑不到税法的某些特殊规定，则很容易造成节税筹划失败，给企业带来税务风险，甚至造成一定的损失，因此，企业应该高度警惕增值税筹划方案中的税务风险。

纳税人降低节税筹划操作风险的途径：

1. 规范企业财务管理是节税筹划的基础。

我国纳税人（一般是中小企业）往往重经营、轻财务，在企业内部的经营机构和组织机构的设置上都较简单，没有太多的管理层次，有的企业会计机构设置很不规范，甚至不设置会计机构，只是为了出报表、报税而招聘一些兼职会计，而且相当一部分会计人员业务素质、业务水平不高，对国家的各项税收政策理解不够，规范管理、规范经营根本无从谈起。中小企业各项管理制度不够规范，会计核算的随意性大，节税筹划存在相当大的税收风险。要想取得筹划成功，规范企业财务管理是第一步。

2. 密切关注政策变化，注意节税筹划时效性。

纳税人应当密切关注国家有关税收法律法规等政策的变化，准确理解税收法律法规的政策实质，及时调整节税筹划的思路和方法，全面系统地把握税收政策，注意节税筹划时效性，某些节税筹划的思路和方法可能会随着新的税收法规的出台而不再适用。

3. 遵循成本效益原则。

纳税人在选择节税筹划方案时，必须遵循成本效益原则，才能保证节税筹划目标的实现。任何一项筹划方案的实施，都必须满足节税筹划成本小于节税筹划所得收益之条件才是合理可行的。节税筹划成本主要包括方案实施对其他税种的影响、相关管理成本、机会成本、货币时间价值及风险收益等,对节税筹划成本进行综合考虑,选择能实现纳税人整体效益最大化的节税筹划方案。

4. 建立良好的税企关系。

税务机关和纳税人对某些税收政策的理解存在差异,税务执法机关往往拥有较大的自由裁量权,各地税务机关在税收政策的执行中都存在一定的弹性空间,除了国家颁布的有关税收政策外,地方政府还出台了一些相关规定,因此,纳税人在进行增值税节税筹划时必须加强对税务机关的联系和沟通,向他们咨询有关税法的执行办法,争取在税法的理解上与税务机关取得一致,特别是对一些比较模糊、没有明确界定的税务处理尽可能地得到税务机关的认可。这样可以减少对节税筹划的错误认识,缓解征纳矛盾,避免无效筹划,降低节税筹划风险,使节税筹划方案得以顺利实施。

5. 聘请财税专业人士。

节税筹划,涉及税收、财务、投资、金融、物流、贸易、法律等多方面专业知识,其专业性相当强。而且,节税筹划方案具有一定的时效性,随着时间、经营状况和税收政策变化,原有方案可能不再有效,甚至由合法变成违法。节税筹划方案也具有一定针对性,随不同的纳税人和不同的业务而不同,不可以模仿硬套。纳税人,特别是中小企业由于知识、经验和人才的不足,独立完成节税筹划具有一定难度,因此,纳税人最好聘请财税专业人士或者具有专业胜任能力的社会中介机构来进行筹划,从而提高节税筹划的合法性、规范性和可操作性,降低节税筹划的风险。

附录一　营业税改征增值税相关政策一览

1.《财政部 国家税务总局关于印发〈营业税改征增值税试点方案〉的通知》（财税〔2011〕110号）

2.《财政部 国家税务总局关于在上海市开展交通运输业和部分现代服务业营业税改征增值税试点的通知》（财税〔2011〕111号）

3.《国家税务总局关于上海市营业税改征增值税试点增值税一般纳税人资格认定有关事项的公告》（国家税务总局公告2011年第65号）

4.《国家税务总局关于调整增值税纳税申报有关事项的公告》（国家税务总局公告2011年第66号）

5.《国家税务总局关于启用货物运输业增值税专用发票的公告》（国家税务总局公告2011年第74号）

6.《国家税务总局关于营业税改征增值税试点有关税收征收管理问题的公告》（国家税务总局公告2011年第77号）

7.《财政部 国家税务总局关于应税服务适用增值税零税率和免税政策的通知》（财税〔2011〕131号）

8.《总机构试点纳税人增值税计算缴纳暂行办法》（财税〔2011〕132号）注：已被财税〔2013〕9号废止

9.《财政部 国家税务总局关于交通运输业和部分现代服务业营业税改征增值税试点若干税收政策的通知》（财税〔2011〕133号）

10.《财政部 国家税务总局关于交通运输业和部分现代服务业营业税改

征增值税试点若干税收政策的补充通知》(财税〔2012〕53号)

11.《财政部 国家税务总局关于在北京等8省市开展交通运输业和部分现代服务业营业税改征增值税试点的通知》(财税〔2012〕71号)

12.《关于营业税改征增值税试点中文化事业建设费征收有关问题的通知》(财综〔2012〕68号)

13.《营业税改征增值税试点有关企业会计处理规定》(财会〔2012〕13号)

14.《国家税务总局关于发布〈营业税改征增值税试点地区适用增值税零税率应税服务免抵退税管理办法(暂行)〉的公告》(国家税务总局公告2012年第13号)

15.《国家税务总局关于北京等8省市营业税改征增值税试点增值税一般纳税人资格认定有关事项的公告》(国家税务总局公告2012年第38号)

16.《国家税务总局关于北京等8省市营业税改征增值税试点有关税收征收管理问题的公告》(国家税务总局公告2012年第42号)

17.《国家税务总局关于北京等8省市营业税改征增值税试点增值税纳税申报有关事项的公告》(国家税务总局公告2012年第43号)

18.《财政部 国家税务总局关于交通运输业和部分现代服务业营业税改征增值税试点应税服务范围等若干税收政策的补充通知》(财税〔2012〕86号)

19.《财政部 国家税务总局关于营业税改征增值税试点中文化事业建设费征收问题的补充通知》(财综〔2012〕96号)

20.《国家税务总局关于营业税改征增值税试点文化事业建设费缴费信息登记有关事项的公告》(国家税务总局公告2012年第50号)

21.《国家税务总局关于营业税改征增值税试点文化事业建设费申报有关事项的公告》(国家税务总局公告2012年第51号)

22.《财政部 国家税务总局关于印发〈总分支机构试点纳税人增值税计算缴纳暂行办法〉的通知》(财税〔2012〕84号)

23.《财政部 国家税务总局关于部分航空公司执行总分机构试点纳税人增值税计算缴纳暂行办法的通知》(财税〔2013〕9号)

附录二　营业税改征增值税相关政策

财政部 国家税务总局关于印发
《营业税改征增值税试点方案》的通知
（财税〔2011〕110号）

各省、自治区、直辖市、计划单列市财政厅（局）、国家税务局、地方税务局，新疆生产建设兵团财务局：

《营业税改征增值税试点方案》已经国务院同意，现印发你们，请遵照执行。

附件：营业税改征增值税试点方案

附件：

营业税改征增值税试点方案

根据党的十七届五中全会精神，按照《中华人民共和国国民经济和社会发展第十二个五年规划纲要》确定的税制改革目标和2011年《政府工作报告》的要求，制定本方案。

一、指导思想和基本原则

（一）指导思想。

建立健全有利于科学发展的税收制度,促进经济结构调整,支持现代服务业发展。

(二)基本原则。

1. 统筹设计、分步实施。正确处理改革、发展、稳定的关系,统筹兼顾经济社会发展要求,结合全面推行改革需要和当前实际,科学设计,稳步推进。

2. 规范税制、合理负担。在保证增值税规范运行的前提下,根据财政承受能力和不同行业发展特点,合理设置税制要素,改革试点行业总体税负不增加或略有下降,基本消除重复征税。

3. 全面协调、平稳过渡。妥善处理试点前后增值税与营业税政策的衔接、试点纳税人与非试点纳税人税制的协调,建立健全适应第三产业发展的增值税管理体系,确保改革试点有序运行。

二、改革试点的主要内容

(一)改革试点的范围与时间。

1. 试点地区。综合考虑服务业发展状况、财政承受能力、征管基础条件等因素,先期选择经济辐射效应明显、改革示范作用较强的地区开展试点。

2. 试点行业。试点地区先在交通运输业、部分现代服务业等生产性服务业开展试点,逐步推广至其他行业。条件成熟时,可选择部分行业在全国范围内进行全行业试点。

3. 试点时间。2012年1月1日开始试点,并根据情况及时完善方案,择机扩大试点范围。

(二)改革试点的主要税制安排。

1. 税率。在现行增值税17%标准税率和13%低税率基础上,新增11%和6%两档低税率。租赁有形动产等适用17%税率,交通运输业、建筑业等适用11%税率,其他部分现代服务业适用6%税率。

2. 计税方式。交通运输业、建筑业、邮电通信业、现代服务业、文化体育业、销售不动产和转让无形资产,原则上适用增值税一般计税方法。

金融保险业和生活性服务业，原则上适用增值税简易计税方法。

3. 计税依据。纳税人计税依据原则上为发生应税交易取得的全部收入。对一些存在大量代收转付或代垫资金的行业，其代收代垫金额可予以合理扣除。

4. 服务贸易进出口。服务贸易进口在国内环节征收增值税，出口实行零税率或免税制度。

（三）改革试点期间过渡性政策安排。

1. 税收收入归属。试点期间保持现行财政体制基本稳定，原归属试点地区的营业税收入，改征增值税后收入仍归属试点地区，税款分别入库。因试点产生的财政减收，按现行财政体制由中央和地方分别负担。

2. 税收优惠政策过渡。国家给予试点行业的原营业税优惠政策可以延续，但对于通过改革能够解决重复征税问题的，予以取消。试点期间针对具体情况采取适当的过渡政策。

3. 跨地区税种协调。试点纳税人以机构所在地作为增值税纳税地点，其在异地缴纳的营业税，允许在计算缴纳增值税时抵减。非试点纳税人在试点地区从事经营活动的，继续按照现行营业税有关规定申报缴纳营业税。

4. 增值税抵扣政策的衔接。现有增值税纳税人向试点纳税人购买服务取得的增值税专用发票，可按现行规定抵扣进项税额。

三、组织实施

（一）财政部和国家税务总局根据本方案制定具体实施办法、相关政策和预算管理及缴库规定，做好政策宣传和解释工作。经国务院同意，选择确定试点地区和行业。

（二）营业税改征的增值税，由国家税务局负责征管。国家税务总局负责制定改革试点的征管办法，扩展增值税管理信息系统和税收征管信息系统，设计并统一印制货物运输业增值税专用发票，全面做好相关征管准备和实施工作。

财政部 国家税务总局关于在上海市开展交通运输业和部分现代服务业营业税改征增值税试点的通知

(财税〔2011〕111号)

各省、自治区、直辖市、计划单列市财政厅（局）、国家税务局、地方税务局，新疆生产建设兵团财务局：

经国务院批准，在上海市开展交通运输业和部分现代服务业营业税改征增值税试点。根据《营业税改征增值税试点方案》，我们制定了《交通运输业和部分现代服务业营业税改征增值税试点实施办法》、《交通运输业和部分现代服务业营业税改征增值税试点有关事项的规定》和《交通运输业和部分现代服务业营业税改征增值税试点过渡政策的规定》。现印发你们，自2012年1月1日起施行。

上海市各相关部门要根据试点的要求，认真组织试点工作，确保试点的顺利进行，遇到问题及时向财政部和国家税务总局报告。

附件1：交通运输业和部分现代服务业营业税改征增值税试点实施办法

附件2：交通运输业和部分现代服务业营业税改征增值税试点有关事项的规定

附件3：交通运输业和部分现代服务业营业税改征增值税试点过渡政策的规定

财政部 国家税务总局

二〇一一年十一月十六日

附件1：

交通运输业和部分现代服务业营业税改征增值税试点实施办法

第一章 纳税人和扣缴义务人

第一条 在中华人民共和国境内（以下称境内）提供交通运输业和部分现代服务业服务（以下称应税服务）的单位和个人，为增值税纳税人。

纳税人提供应税服务，应当按照本办法缴纳增值税，不再缴纳营业税。

单位，是指企业、行政单位、事业单位、军事单位、社会团体及其他单位。

个人，是指个体工商户和其他个人。

第二条 单位以承包、承租、挂靠方式经营的，承包人、承租人、挂靠人（以下称承包人）以发包人、出租人、被挂靠人（以下称发包人）名义对外经营并由发包人承担相关法律责任的，以该发包人为纳税人。否则，以承包人为纳税人。

第三条 纳税人分为一般纳税人和小规模纳税人。

应税服务的年应征增值税销售额（以下称应税服务年销售额）超过财政部和国家税务总局规定标准的纳税人为一般纳税人，未超过规定标准的纳税人为小规模纳税人。

应税服务年销售额超过规定标准的其他个人不属于一般纳税人；非企业性单位、不经常提供应税服务的企业和个体工商户可选择按照小规模纳税人纳税。

第四条 小规模纳税人会计核算健全，能够提供准确税务资料的，可以向主管税务机关申请一般纳税人资格认定，成为一般纳税人。

会计核算健全，是指能够按照国家统一的会计制度规定设置账簿，根据合法、有效凭证核算。

第五条 符合一般纳税人条件的纳税人应当向主管税务机关申请一般纳税人资格认定。具体认定办法由国家税务总局制定。

除国家税务总局另有规定外，一经认定为一般纳税人后，不得转为小规模纳税人。

第六条 中华人民共和国境外（以下称境外）的单位或者个人在境内提供应税服务，在境内未设有经营机构的，以其代理人为增值税扣缴义务人；在境内没有代理人的，以接受方为增值税扣缴义务人。

第七条 两个或者两个以上的纳税人，经财政部和国家税务总局批准可以视为一个纳税人合并纳税。具体办法由财政部和国家税务总局另行制定。

第二章 应税服务

第八条 应税服务，是指陆路运输服务、水路运输服务、航空运输服务、管道运输服务、研发和技术服务、信息技术服务、文化创意服务、物流辅助服务、有形动产租赁服务、鉴证咨询服务。

应税服务的具体范围按照本办法所附的《应税服务范围注释》执行。

第九条 提供应税服务，是指有偿提供应税服务。

有偿，是指取得货币、货物或者其他经济利益。

非营业活动中提供的交通运输业和部分现代服务业服务不属于提供应税服务。

非营业活动，是指：

（一）非企业性单位按照法律和行政法规的规定，为履行国家行政管理和公共服务职能收取政府性基金或者行政事业性收费的活动。

（二）单位或者个体工商户聘用的员工为本单位或者雇主提供交通运输业和部分现代服务业服务。

（三）单位或者个体工商户为员工提供交通运输业和部分现代服务业服务。

（四）财政部和国家税务总局规定的其他情形。

第十条 在境内提供应税服务，是指应税服务提供方或者接受方在境内。

下列情形不属于在境内提供应税服务：

（一）境外单位或者个人向境内单位或者个人提供完全在境外消费的应税服务。

（二）境外单位或者个人向境内单位或者个人出租完全在境外使用的有形动产。

（三）财政部和国家税务总局规定的其他情形。

第十一条 单位和个体工商户的下列情形，视同提供应税服务：

（一）向其他单位或者个人无偿提供交通运输业和部分现代服务业服务，但以公益活动为目的或者以社会公众为对象的除外。

（二）财政部和国家税务总局规定的其他情形。

第三章 税率和征收率

第十二条 增值税税率：

（一）提供有形动产租赁服务，税率为17％。

（二）提供交通运输业服务，税率为11％。

（三）提供现代服务业服务（有形动产租赁服务除外），税率为6％。

（四）财政部和国家税务总局规定的应税服务，税率为零。

第十三条 增值税征收率为3％。

第四章 应纳税额的计算

第一节 一般性规定

第十四条 增值税的计税方法，包括一般计税方法和简易计税方法。

第十五条 一般纳税人提供应税服务适用一般计税方法计税。

一般纳税人提供财政部和国家税务总局规定的特定应税服务，可以选择适用简易计税方法计税，但一经选择，36个月内不得变更。

第十六条 小规模纳税人提供应税服务适用简易计税方法计税。

第十七条 境外单位或者个人在境内提供应税服务，在境内未设有经营机构的，扣缴义务人按照下列公式计算应扣缴税额：

$$应扣缴税额 = 接受方支付的价款 \div (1 + 税率) \times 税率$$

第二节 一般计税方法

第十八条 一般计税方法的应纳税额，是指当期销项税额抵扣当期进项税额后的余额。应纳税额计算公式：

$$应纳税额 = 当期销项税额 - 当期进项税额$$

当期销项税额小于当期进项税额不足抵扣时，其不足部分可以结转下期继续抵扣。

第十九条 销项税额，是指纳税人提供应税服务按照销售额和增值税税率计算的增值税额。销项税额计算公式：

$$销项税额＝销售额 \times 税率$$

第二十条 一般计税方法的销售额不包括销项税额，纳税人采用销售额和销项税额合并定价方法的，按照下列公式计算销售额：

$$销售额＝含税销售额 \div (1＋税率)$$

第二十一条 进项税额，是指纳税人购进货物或者接受加工修理修配劳务和应税服务，支付或者负担的增值税税额。

第二十二条 下列进项税额准予从销项税额中抵扣：

（一）从销售方或者提供方取得的增值税专用发票上注明的增值税额。

（二）从海关取得的海关进口增值税专用缴款书上注明的增值税额。

（三）购进农产品，除取得增值税专用发票或者海关进口增值税专用缴款书外，按照农产品收购发票或者销售发票上注明的农产品买价和13%的扣除率计算的进项税额。计算公式为：

$$进项税额＝买价 \times 扣除率$$

买价，是指纳税人购进农产品在农产品收购发票或者销售发票上注明的价款和按照规定缴纳的烟叶税。

（四）接受交通运输业服务，除取得增值税专用发票外，按照运输费用结算单据上注明的运输费用金额和7%的扣除率计算的进项税额。进项税额计算公式：

$$进项税额＝运输费用金额 \times 扣除率$$

运输费用金额，是指运输费用结算单据上注明的运输费用（包括铁路临管线及铁路专线运输费用）、建设基金，不包括装卸费、保险费等其他杂费。

（五）接受境外单位或者个人提供的应税服务，从税务机关或者境内代理人取得的解缴税款的中华人民共和国税收通用缴款书（以下称通用缴款书）上注明的增值税额。

第二十三条 纳税人取得的增值税扣税凭证不符合法律、行政法规或者国家税务总局有关规定的，其进项税额不得从销项税额中抵扣。

增值税扣税凭证，是指增值税专用发票、海关进口增值税专用缴款书、农产品收购发票、农产品销售发票、运输费用结算单据和通用缴款书。

纳税人凭通用缴款书抵扣进项税额的，应当具备书面合同、付款证明和境外单位的对账单或者发票。资料不全的，其进项税额不得从销项税额中抵扣。

第二十四条 下列项目的进项税额不得从销项税额中抵扣：

（一）用于适用简易计税方法计税项目、非增值税应税项目、免征增值税项目、集体福利或者个人消费的购进货物、接受加工修理修配劳务或者应税服务。其中涉及的固定资产、专利技术、非专利技术、商誉、商标、著作权、有形动产租赁，仅指专用于上述项目的固定资产、专利技术、非专利技术、商誉、商标、著作权、有形动产租赁。

（二）非正常损失的购进货物及相关的加工修理修配劳务和交通运输业服务。

（三）非正常损失的在产品、产成品所耗用的购进货物（不包括固定资产）、加工修理修配劳务或者交通运输业服务。

（四）接受的旅客运输服务。

（五）自用的应征消费税的摩托车、汽车、游艇，但作为提供交通运输业服务的运输工具和租赁服务标的物的除外。

第二十五条 非增值税应税项目，是指非增值税应税劳务、转让无形资产（专利技术、非专利技术、商誉、商标、著作权除外）、销售不动产以及不动产在建工程。

非增值税应税劳务，是指《应税服务范围注释》所列项目以外的营业税应税劳务。

不动产，是指不能移动或者移动后会引起性质、形状改变的财产，包括建筑物、构筑物和其他土地附着物。

纳税人新建、改建、扩建、修缮、装饰不动产，均属于不动产在建工程。

个人消费，包括纳税人的交际应酬消费。

固定资产，是指使用期限超过12个月的机器、机械、运输工具以及其他与生产经营有关的设备、工具、器具等。

非正常损失，是指因管理不善造成被盗、丢失、霉烂变质的损失，以及被执法部门依法没收或者强令自行销毁的货物。

第二十六条 适用一般计税方法的纳税人，兼营简易计税方法计税项目、非增值税应税劳务、免征增值税项目而无法划分不得抵扣的进项税额，按照下列公式计算不得抵扣的进项税额：

$$\begin{aligned}\text{不得抵扣的进项税额} = &\text{当期无法划分的全部进项税额} \times [\text{当期简易计税方法计税项目销售额} + \text{非增值税应税劳务营业额} \\ &+ \text{免征增值税项目销售额}] \div [\text{当期全部销售额} + \text{当期全部营业额}]\end{aligned}$$

主管税务机关可以按照上述公式依据年度数据对不得抵扣的进项税额进行清算。

第二十七条 已抵扣进项税额的购进货物、接受加工修理修配劳务或者应税服务，发生本办法第二十四条规定情形（简易计税方法计税项目、非增值税应税劳务、免征增值税项目除外）的，应当将该进项税额从当期进项税额中扣减；无法确定该进项税额的，按照当期实际成本计算应扣减的进项税额。

第二十八条 纳税人提供的适用一般计税方法计税的应税服务，因服务中止或者折让而退还给购买方的增值税额，应当从当期的销项税额中扣减；发生服务中止、购进货物退出、折让而收回的增值税额，应当从当期的进项税额中扣减。

第二十九条 有下列情形之一者，应当按照销售额和增值税税率计算应纳税额，不得抵扣进项税额，也不得使用增值税专用发票：

（一）一般纳税人会计核算不健全，或者不能够提供准确税务资料的。

（二）应当申请办理一般纳税人资格认定而未申请的。

第三节 简易计税方法

第三十条 简易计税方法的应纳税额，是指按照销售额和增值税征收率计算的增值税额，不得抵扣进项税额。应纳税额计算公式：

$$\text{应纳税额} = \text{销售额} \times \text{征收率}$$

第三十一条　简易计税方法的销售额不包括其应纳税额，纳税人采用销售额和应纳税额合并定价方法的，按照下列公式计算销售额：

$$销售额 = 含税销售额 \div (1 + 征收率)$$

第三十二条　纳税人提供的适用简易计税方法计税的应税服务，因服务中止或者折让而退还给接受方的销售额，应当从当期销售额中扣减。扣减当期销售额后仍有余额造成多缴的税款，可以从以后的应纳税额中扣减。

第四节　销售额的确定

第三十三条　销售额，是指纳税人提供应税服务取得的全部价款和价外费用。

价外费用，是指价外收取的各种性质的价外收费，但不包括代为收取的政府性基金或者行政事业性收费。

第三十四条　销售额以人民币计算。

纳税人按照人民币以外的货币结算销售额的，应当折合成人民币计算，折合率可以选择销售额发生的当天或者当月1日的人民币汇率中间价。纳税人应当在事先确定采用何种折合率，确定后12个月内不得变更。

第三十五条　纳税人提供适用不同税率或者征收率的应税服务，应当分别核算适用不同税率或者征收率的销售额；未分别核算的，从高适用税率。

第三十六条　纳税人兼营营业税应税项目的，应当分别核算应税服务的销售额和营业税应税项目的营业额；未分别核算的，由主管税务机关核定应税服务的销售额。

第三十七条　纳税人兼营免税、减税项目的，应当分别核算免税、减税项目的销售额；未分别核算的，不得免税、减税。

第三十八条　纳税人提供应税服务，开具增值税专用发票后，提供应税服务中止、折让、开票有误等情形，应当按照国家税务总局的规定开具红字增值税专用发票。未按照规定开具红字增值税专用发票的，不得按照本办法第二十八条和第三十二条的规定扣减销项税额或者销售额。

第三十九条　纳税人提供应税服务，将价款和折扣额在同一张发票上分别注明的，以折扣后的价款为销售额；未在同一张发票上分别注明的，以价款为销售额，不得扣减折扣额。

第四十条 纳税人提供应税服务的价格明显偏低或者偏高且不具有合理商业目的的，或者发生本办法第十一条所列视同提供应税服务而无销售额的，主管税务机关有权按照下列顺序确定销售额：

（一）按照纳税人最近时期提供同类应税服务的平均价格确定。

（二）按照其他纳税人最近时期提供同类应税服务的平均价格确定。

（三）按照组成计税价格确定。组成计税价格的公式为：

$$组成计税价格 = 成本 \times (1 + 成本利润率)$$

成本利润率由国家税务总局确定。

第五章　纳税义务、扣缴义务发生时间和纳税地点

第四十一条 增值税纳税义务发生时间为：

（一）纳税人提供应税服务并收讫销售款项或者取得索取销售款项凭据的当天；先开具发票的，为开具发票的当天。

收讫销售款项，是指纳税人提供应税服务过程中或者完成后收到款项。

取得索取销售款项凭据的当天，是指书面合同确定的付款日期；未签订书面合同或者书面合同未确定付款日期的，为应税服务完成的当天。

（二）纳税人提供有形动产租赁服务采取预收款方式的，其纳税义务发生时间为收到预收款的当天。

（三）纳税人发生本办法第十一条视同提供应税服务的，其纳税义务发生时间为应税服务完成的当天。

（四）增值税扣缴义务发生时间为纳税人增值税纳税义务发生的当天。

第四十二条 增值税纳税地点为：

（一）固定业户应当向其机构所在地或者居住地主管税务机关申报纳税。总机构和分支机构不在同一县（市）的，应当分别向各自所在地的主管税务机关申报纳税；经财政部和国家税务总局或者其授权的财政和税务机关批准，可以由总机构合并向总机构所在地的主管税务机关申报纳税。

（二）非固定业户应当向应税服务发生地主管税务机关申报纳税；未申报纳税的，由其机构所在地或者居住地主管税务机关补征税款。

（三）扣缴义务人应当向其机构所在地或者居住地主管税务机关申报缴纳其扣缴的税款。

第四十三条 增值税的纳税期限分别为1日、3日、5日、10日、15日、1个月或者1个季度。纳税人的具体纳税期限，由主管税务机关根据纳税人应纳税额的大小分别核定。以1个季度为纳税期限的规定适用于小规模纳税人以及财政部和国家税务总局规定的其他纳税人。不能按照固定期限纳税的，可以按次纳税。

纳税人以1个月或者1个季度为1个纳税期的，自期满之日起15日内申报纳税；以1日、3日、5日、10日或者15日为1个纳税期的，自期满之日起5日内预缴税款，于次月1日起15日内申报纳税并结清上月应纳税款。

扣缴义务人解缴税款的期限，按照前两款规定执行。

第六章　税收减免

第四十四条 纳税人提供应税服务适用免税、减税规定的，可以放弃免税、减税，依照本办法的规定缴纳增值税。放弃免税、减税后，36个月内不得再申请免税、减税。

第四十五条 个人提供应税服务的销售额未达到增值税起征点的，免征增值税；达到起征点的，全额计算缴纳增值税。

增值税起征点不适用于认定为一般纳税人的个体工商户。

第四十六条 增值税起征点幅度如下：

（一）按期纳税的，为月应税销售额5 000～20 000元（含本数）。

（二）按次纳税的，为每次（日）销售额300～500元（含本数）。

起征点的调整由财政部和国家税务总局规定。省、自治区、直辖市财政厅（局）和国家税务局应当在规定的幅度内，根据实际情况确定本地区适用的起征点，并报财政部和国家税务总局备案。

第七章　征收管理

第四十七条 营业税改征的增值税，由国家税务局负责征收。

第四十八条 纳税人提供适用零税率的应税服务,应当按期向主管税务机关申报办理退（免）税,具体办法由财政部和国家税务总局制定。

第四十九条 纳税人提供应税服务,应当向索取增值税专用发票的接受方开具增值税专用发票,并在增值税专用发票上分别注明销售额和销项税额。

属于下列情形之一的,不得开具增值税专用发票:

（一）向消费者个人提供应税服务。

（二）适用免征增值税规定的应税服务。

第五十条 小规模纳税人提供应税服务,接受方索取增值税专用发票的,可以向主管税务机关申请代开。

第五十一条 纳税人增值税的征收管理,按照本办法和《中华人民共和国税收征收管理法》及现行增值税征收管理有关规定执行。

第八章 附则

第五十二条 纳税人应当按照国家统一的会计制度进行增值税会计核算。

第五十三条 本办法适用于试点地区的单位和个人,以及向试点地区的单位和个人提供应税服务的境外单位和个人。

试点地区的单位和个人,是指机构所在地在试点地区的单位和个体工商户,以及居住地在试点地区的其他个人。

附:

应税服务范围注释

一、交通运输业

交通运输业,是指使用运输工具将货物或者旅客送达目的地,使其空间位置得到转移的业务活动。包括陆路运输服务、水路运输服务、航空运输服务和管道运输服务。

（一）陆路运输服务。

陆路运输服务，是指通过陆路（地上或者地下）运送货物或者旅客的运输业务活动，包括公路运输、缆车运输、索道运输及其他陆路运输，暂不包括铁路运输。

（二）水路运输服务。

水路运输服务，是指通过江、河、湖、川等天然、人工水道或者海洋航道运送货物或者旅客的运输业务活动。

远洋运输的程租、期租业务，属于水路运输服务。

程租业务，是指远洋运输企业为租船人完成某一特定航次的运输任务并收取租赁费的业务。

期租业务，是指远洋运输企业将配备有操作人员的船舶承租给他人使用一定期限，承租期内听候承租方调遣，不论是否经营，均按天向承租方收取租赁费，发生的固定费用均由船东负担的业务。

（三）航空运输服务。

航空运输服务，是指通过空中航线运送货物或者旅客的运输业务活动。

航空运输的湿租业务，属于航空运输服务。

湿租业务，是指航空运输企业将配备有机组人员的飞机承租给他人使用一定期限，承租期内听候承租方调遣，不论是否经营，均按一定标准向承租方收取租赁费，发生的固定费用均由承租方承担的业务。

（四）管道运输服务。

管道运输服务，是指通过管道设施输送气体、液体、固体物质的运输业务活动。

二、部分现代服务业

部分现代服务业，是指围绕制造业、文化产业、现代物流产业等提供技术性、知识性服务的业务活动。包括研发和技术服务、信息技术服务、文化创意服务、物流辅助服务、有形动产租赁服务、鉴证咨询服务。

（一）研发和技术服务。

研发和技术服务，包括研发服务、技术转让服务、技术咨询服务、合同能源管理服务、工程勘察勘探服务。

1. 研发服务，是指就新技术、新产品、新工艺或者新材料及其系统进行研究与试验开发的业务活动。

2. 技术转让服务，是指转让专利或者非专利技术的所有权或者使用权的业务活动。

3. 技术咨询服务，是指对特定技术项目提供可行性论证、技术预测、专题技术调查、分析评价报告和专业知识咨询等业务活动。

4. 合同能源管理服务，是指节能服务公司与用能单位以契约形式约定节能目标，节能服务公司提供必要的服务，用能单位以节能效果支付节能服务公司投入及其合理报酬的业务活动。

5. 工程勘察勘探服务，是指在采矿、工程施工以前，对地形、地质构造、地下资源蕴藏情况进行实地调查的业务活动。

（二）信息技术服务。

信息技术服务，是指利用计算机、通信网络等技术对信息进行生产、收集、处理、加工、存储、运输、检索和利用，并提供信息服务的业务活动。包括软件服务、电路设计及测试服务、信息系统服务和业务流程管理服务。

1. 软件服务，是指提供软件开发服务、软件咨询服务、软件维护服务、软件测试服务的业务行为。

2. 电路设计及测试服务，是指提供集成电路和电子电路产品设计、测试及相关技术支持服务的业务行为。

3. 信息系统服务，是指提供信息系统集成、网络管理、桌面管理与维护、信息系统应用、基础信息技术管理平台整合、信息技术基础设施管理、数据中心、托管中心、安全服务的业务行为。

4. 业务流程管理服务，是指依托计算机信息技术提供的人力资源管理、财务经济管理、金融支付服务、内部数据分析、呼叫中心和电子商务平台等服务的业务活动。

（三）文化创意服务。

文化创意服务，包括设计服务、商标著作权转让服务、知识产权服务、广告服务和会议展览服务。

1. 设计服务，是指把计划、规划、设想通过视觉、文字等形式传递出来的业务活动。包括工业设计、造型设计、服装设计、环境设计、平面设计、包装设计、动漫设计、展示设计、网站设计、机械设计、工程设计、创意策划等。

2. 商标著作权转让服务，是指转让商标、商誉和著作权的业务活动。

3. 知识产权服务，是指处理知识产权事务的业务活动。包括对专利、商标、著作权、软件、集成电路布图设计的代理、登记、鉴定、评估、认证、咨询、检索服务。

4. 广告服务，是指利用图书、报纸、杂志、广播、电视、电影、幻灯、路牌、招贴、橱窗、霓虹灯、灯箱、互联网等各种形式为客户的商品、经营服务项目、文体节目或者通告、声明等委托事项进行宣传和提供相关服务的业务活动。包括广告的策划、设计、制作、发布、播映、宣传、展示等。

5. 会议展览服务，是指为商品流通、促销、展示、经贸洽谈、民间交流、企业沟通、国际往来等举办的各类展览和会议的业务活动。

（四）物流辅助服务。

物流辅助服务，包括航空服务、港口码头服务、货运客运场站服务、打捞救助服务、货物运输代理服务、代理报关服务、仓储服务和装卸搬运服务。

1. 航空服务，包括航空地面服务和通用航空服务。

航空地面服务，是指航空公司、飞机场、民航管理局、航站等向在我国境内航行或者在我国境内机场停留的境内外飞机或者其他飞行器提供的导航等劳务性地面服务的业务活动。包括旅客安全检查服务、停机坪管理服务、机场候机厅管理服务、飞机清洗消毒服务、空中飞行管理服务、飞机起降服务、飞行通讯服务、地面信号服务、飞机安全服务、飞机跑道管理服务、空中交通管理服务等。

通用航空服务，是指为专业工作提供飞行服务的业务活动，包括航空摄影、航空测量、航空勘探、航空护林、航空吊挂播洒、航空降雨等。

2. 港口码头服务，是指港务船舶调度服务、船舶通讯服务、航道管理服务、航道疏浚服务、灯塔管理服务、航标管理服务、船舶引航服务、理货服务、系解缆服务、停泊和移泊服务、海上船舶溢油清除服务、水上交通管理服务、船只专业清洗消毒检测服务和防止船只漏油服务等为船只提供服务的业务活动。

3. 货运客运场站服务，是指货运客运场站（不包括铁路运输）提供的货物配载服务、运输组织服务、中转换乘服务、车辆调度服务、票务服务和车辆停放服务等业务活动。

4. 打捞救助服务，是指提供船舶人员救助、船舶财产救助、水上救助和沉船沉物打捞服务的业务活动。

5. 货物运输代理服务，是指接受货物收货人、发货人的委托，以委托人的名义或者以自己的名义，在不直接提供货物运输劳务情况下，为委托人办理货物运输及相关业务手续的业务活动。

6. 代理报关服务，是指接受进出口货物的收、发货人委托，代为办理报关手续的业务活动。

7. 仓储服务，是指利用仓库、货场或者其他场所代客贮放、保管货物的业务活动。

8. 装卸搬运服务，是指使用装卸搬运工具或人力、畜力将货物在运输工具之间、装卸现场之间或者运输工具与装卸现场之间进行装卸和搬运的业务活动。

（五）有形动产租赁服务。

有形动产租赁，包括有形动产融资租赁和有形动产经营性租赁。

1. 有形动产融资租赁，是指具有融资性质和所有权转移特点的有形动产租赁业务活动。即出租人根据承租人所要求的规格、型号、性能等条件购入有形动产租赁给承租人，合同期内设备所有权属于出租人，承租人只拥有使用权，合同期满付清租金后，承租人有权按照残值购入有形动产，以拥有其所有权。不论出租人是否将有形动产残值销售给承租人，均属于融资租赁。

2. 有形动产经营性租赁，是指在约定时间内将物品、设备等有形动产转让他人使用且租赁物所有权不变更的业务活动。

远洋运输的光租业务、航空运输的干租业务，属于有形动产经营性租赁。

光租业务，是指远洋运输企业将船舶在约定的时间内出租给他人使用，不配备操作人员，不承担运输过程中发生的各项费用，只收取固定租赁费的业务活动。

干租业务，是指航空运输企业将飞机在约定的时间内出租给他人使用，不配备机组人员，不承担运输过程中发生的各项费用，只收取固定租赁费的业务活动。

（六）鉴证咨询服务。

鉴证咨询服务，包括认证服务、鉴证服务和咨询服务。

1. 认证服务，是指具有专业资质的单位利用检测、检验、计量等技术，证明产品、服务、管理体系符合相关技术规范、相关技术规范的强制性要求或者标准的业务活动。

2. 鉴证服务，是指具有专业资质的单位，为委托方的经济活动及有关资料进行鉴证，发表具有证明力的意见的业务活动。包括会计、税务、资产评估、律师、房地产土地评估、工程造价的鉴证。

3. 咨询服务，是指提供和策划财务、税收、法律、内部管理、业务运作和流程管理等信息或者建议的业务活动。

附件2：

交通运输业和部分现代服务业营业税
改征增值税试点有关事项的规定

为贯彻《交通运输业和部分现代服务业营业税改征增值税试点实施办法》（以下称《试点实施办法》），保证营业税改征增值税试点顺利实施，现将试点期间有关事项规定如下：

一、试点纳税人（指按照《试点实施办法》缴纳增值税的纳税人）有关政策

（一）混业经营。

试点纳税人兼有不同税率或者征收率的销售货物、提供加工修理修配劳务或者应税服务的,应当分别核算适用不同税率或征收率的销售额,未分别核算销售额的,按照以下方法适用税率或征收率:

1. 兼有不同税率的销售货物、提供加工修理修配劳务或者应税服务的,从高适用税率。

2. 兼有不同征收率的销售货物、提供加工修理修配劳务或者应税服务的,从高适用征收率。

3. 兼有不同税率和征收率的销售货物、提供加工修理修配劳务或者应税服务的,从高适用税率。

(二)油气田企业。

试点地区的油气田企业提供应税服务,应当按照《试点实施办法》缴纳增值税,不再执行《财政部国家税务总局关于印发〈油气田企业增值税管理办法〉的通知》(财税〔2009〕8号)。

(三)销售额。

1. 试点纳税人提供应税服务,按照国家有关营业税政策规定差额征收营业税的,允许其以取得的全部价款和价外费用,扣除支付给非试点纳税人(指试点地区不按照《试点实施办法》缴纳增值税的纳税人和非试点地区的纳税人)价款后的余额为销售额。

试点纳税人中的小规模纳税人提供交通运输业服务和国际货物运输代理服务,按照国家有关营业税政策规定差额征收营业税的,其支付给试点纳税人的价款,也允许从其取得的全部价款和价外费用中扣除。

试点纳税人中的一般纳税人提供国际货物运输代理服务,按照国家有关营业税政策规定差额征收营业税的,其支付给试点纳税人的价款,也允许从其取得的全部价款和价外费用中扣除;其支付给试点纳税人的价款,取得增值税专用发票的,不得从其取得的全部价款和价外费用中扣除。

允许扣除价款的项目,应当符合国家有关营业税差额征税政策规定。

2. 试点纳税人从全部价款和价外费用中扣除价款,应当取得符合法律、行政法规和国家税务总局有关规定的凭证。否则,不得扣除。

上述凭证是指:

（1）支付给境内单位或者个人的款项，且该单位或者个人发生的行为属于增值税或营业税征收范围的，以该单位或者个人开具的发票为合法有效凭证。

（2）支付的行政事业性收费或者政府性基金，以开具的财政票据为合法有效凭证。

（3）支付给境外单位或者个人的款项，以该单位或者个人的签收单据为合法有效凭证，税务机关对签收单据有疑义的，可以要求其提供境外公证机构的确认证明。

（4）国家税务总局规定的其他凭证。

（四）进项税额。

试点纳税人接受试点纳税人中的小规模纳税人提供的交通运输业服务，按照取得的增值税专用发票上注明的价税合计金额和7％的扣除率计算进项税额。

试点纳税人从试点地区取得的2012年1月1日（含）以后开具的运输费用结算单据（铁路运输费用结算单据除外），不得作为增值税扣税凭证。

（五）一般纳税人资格认定和计税方法。

1.《试点实施办法》第三条规定的应税服务年销售额标准为500万元（含本数，下同）。

财政部和国家税务总局可以根据试点情况对应税服务年销售额标准进行调整。

试点地区应税服务年销售额未超过500万元的原公路、内河货物运输业自开票纳税人，应当申请认定为一般纳税人。

2. 试点纳税人中的一般纳税人提供的公共交通运输服务（包括轮客渡、公交客运、轨道交通、出租车），可以选择按照简易计税方法计算缴纳增值税。

（六）跨年度租赁。

试点纳税人在2011年12月31日（含）前签订的尚未执行完毕的租赁合同，在合同到期日之前继续按照现行营业税政策规定缴纳营业税。

（七）非固定业户。

机构所在地或者居住地在试点地区的非固定业户在非试点地区提供应税服务，应当向其机构所在地或者居住地主管税务机关申报缴纳增值税。

二、扣缴义务人有关政策

符合下列情形的，按照《试点实施办法》第六条规定代扣代缴增值税：

（一）以境内代理人为扣缴义务人的，境内代理人和接受方的机构所在地或者居住地均在试点地区。

（二）以接受方为扣缴义务人的，接受方的机构所在地或者居住地在试点地区。

不符合上述情形的，仍按照现行营业税有关规定代扣代缴营业税。

三、原增值税纳税人（指按照《中华人民共和国增值税暂行条例》缴纳增值税的纳税人）有关政策

（一）进项税额。

1. 原增值税一般纳税人接受试点纳税人提供的应税服务，取得的增值税专用发票上注明的增值税额为进项税额，准予从销项税额中抵扣。

2. 原增值税一般纳税人接受试点纳税人中的小规模纳税人提供的交通运输业服务，按照从提供方取得的增值税专用发票上注明的价税合计金额和7%的扣除率计算进项税额，从销项税额中抵扣。

3. 试点地区的原增值税一般纳税人接受境外单位或者个人提供的应税服务，按照规定应当扣缴增值税的，准予从销项税额中抵扣的进项税额为从税务机关或者代理人取得的解缴税款的中华人民共和国税收通用缴款书（以下称通用缴款书）上注明的增值税额。

上述纳税人凭通用缴款书抵扣进项税额的，应当具备书面合同、付款证明和境外单位的对账单或者发票。否则，进项税额不得从销项税额中抵扣。

4. 试点地区的原增值税一般纳税人购进货物或者接受加工修理修配劳务，用于《应税服务范围注释》所列项目的，不属于《中华人民共和国增值税暂行条例》（以下称《增值税条例》）第十条所称的用于非增值税应税项目，其进项税额准予从销项税额中抵扣。

5. 原增值税一般纳税人接受试点纳税人提供的应税服务，下列项目的进项税额不得从销项税额中抵扣：

（1）用于简易计税方法计税项目、非增值税应税项目、免征增值税项目、集体福利或者个人消费，其中涉及的专利技术、非专利技术、商誉、商标、著作权、有形动产租赁，仅指专用于上述项目的专利技术、非专利技术、商誉、商标、著作权、有形动产租赁。

（2）接受的旅客运输服务。

（3）与非正常损失的购进货物相关的交通运输业服务。

（4）与非正常损失的在产品、产成品所耗用购进货物相关的交通运输业服务。

上述非增值税应税项目，对于试点地区的原增值税一般纳税人，是指《增值税条例》第十条所称的非增值税应税项目，但不包括《应税服务范围注释》所列项目；对于非试点地区的原增值税一般纳税人，是指《增值税条例》第十条所称的非增值税应税项目。

6. 原增值税一般纳税人从试点地区取得的 2012 年 1 月 1 日（含）以后开具的运输费用结算单据（铁路运输费用结算单据除外），一律不得作为增值税扣税凭证。

（二）一般纳税人认定。

试点地区的原增值税一般纳税人兼有应税服务，按照《试点实施办法》和本规定第一条第（五）款的规定应当申请认定一般纳税人的，不需要重新办理一般纳税人认定手续。

（三）增值税期末留抵税额。

试点地区的原增值税一般纳税人兼有应税服务的，截止到 2011 年 12 月 31 日的增值税期末留抵税额，不得从应税服务的销项税额中抵扣。

附件3：

交通运输业和部分现代服务业营业税
改征增值税试点过渡政策的规定

交通运输业和部分现代服务业营业税改征增值税后，为实现试点纳税人(指按照《试点实施办法》缴纳增值税的纳税人)原享受的营业税优惠政策平稳过渡,现将试点期间试点纳税人有关增值税优惠政策规定如下:

一、下列项目免征增值税

(一)个人转让著作权。

(二)残疾人个人提供应税服务。

(三)航空公司提供飞机播洒农药服务。

(四)试点纳税人提供技术转让、技术开发和与之相关的技术咨询、技术服务。

1. 技术转让,是指转让者将其拥有的专利和非专利技术的所有权或者使用权有偿转让他人的行为;技术开发,是指开发者接受他人委托,就新技术、新产品、新工艺或者新材料及其系统进行研究开发的行为;技术咨询,是指就特定技术项目提供可行性论证、技术预测、专题技术调查、分析评价报告等。

与技术转让、技术开发相关的技术咨询、技术服务,是指转让方(或受托方)根据技术转让或开发合同的规定,为帮助受让方(或委托方)掌握所转让(或委托开发)的技术,而提供的技术咨询、技术服务业务,且这部分技术咨询、服务的价款与技术转让(或开发)的价款应当开在同一张发票上。

2. 审批程序。试点纳税人申请免征增值税时,须持技术转让、开发的书面合同,到试点纳税人所在地省级科技主管部门进行认定,并持有关的书面合同和科技主管部门审核意见证明文件报主管国家税务局备查。

(五)符合条件的节能服务公司实施合同能源管理项目中提供的应税服务。

上述"符合条件"是指同时满足下列条件:

1. 节能服务公司实施合同能源管理项目相关技术,应当符合国家质量监督检验检疫总局和国家标准化管理委员会发布的《合同能源管理技术通则》(GB/T24915—2010)规定的技术要求。

2. 节能服务公司与用能企业签订《节能效益分享型》合同,其合同格式和内容,符合《中华人民共和国合同法》和国家质量监督检验检疫总局和国家标准化管理委员会发布的《合同能源管理技术通则》(GB/T24915—2010)等规定。

(六) 自 2012 年 1 月 1 日起至 2013 年 12 月 31 日,注册在上海的企业从事离岸服务外包业务中提供的应税服务。

从事离岸服务外包业务,是指注册在上海的企业根据境外单位与其签订的委托合同,由本企业或其直接转包的企业为境外提供信息技术外包服务(ITO)、技术性业务流程外包服务(BPO)或技术性知识流程外包服务(KPO)。

(七) 台湾航运公司从事海峡两岸海上直航业务在大陆取得的运输收入。

台湾航运公司,是指取得交通运输部颁发的"台湾海峡两岸间水路运输许可证"且该许可证上注明的公司登记地址在台湾的航运公司。

(八) 台湾航空公司从事海峡两岸空中直航业务在大陆取得的运输收入。

台湾航空公司,是指取得中国民用航空局颁发的"经营许可"或依据《海峡两岸空运协议》和《海峡两岸空运补充协议》规定,批准经营两岸旅客、货物和邮件不定期(包机)运输业务,且公司登记地址在台湾的航空公司。

(九) 美国 ABS 船级社在非营利宗旨不变、中国船级社在美国享受同等免税待遇的前提下,在中国境内提供的船检服务。

(十) 随军家属就业。

1. 为安置随军家属就业而新开办的企业,自领取税务登记证之日起,其提供的应税服务 3 年内免征增值税。

享受税收优惠政策的企业,随军家属必须占企业总人数的 60%(含)以上,并有军(含)以上政治和后勤机关出具的证明。

2. 从事个体经营的随军家属,自领取税务登记证之日起,其提供的应税服务 3 年内免征增值税。

随军家属必须有师以上政治机关出具的可以表明其身份的证明,但税务部门应当进行相应的审查认定。

主管税务机关在企业或个人享受免税期间,应当对此类企业进行年度检查,凡不符合条件的,取消其免税政策。

按照上述规定，每一名随军家属可以享受一次免税政策。

（十一）军队转业干部就业。

1. 从事个体经营的军队转业干部，经主管税务机关批准，自领取税务登记证之日起，其提供的应税服务3年内免征增值税。

2. 为安置自主择业的军队转业干部就业而新开办的企业，凡安置自主择业的军队转业干部占企业总人数60%（含）以上的，经主管税务机关批准，自领取税务登记证之日起，其提供的应税服务3年内免征增值税。

享受上述优惠政策的自主择业的军队转业干部必须持有师以上部队颁发的转业证件。

（十二）城镇退役士兵就业。

1. 为安置自谋职业的城镇退役士兵就业而新办的服务型企业当年新安置自谋职业的城镇退役士兵达到职工总数30%以上，并与其签订1年以上期限劳动合同的，经县级以上民政部门认定、税务机关审核，其提供的应税服务（除广告服务外）3年内免征增值税。

2. 自谋职业的城镇退役士兵从事个体经营的，自领取税务登记证之日起，其提供的应税服务（除广告服务外）3年内免征增值税。

新办的服务型企业，是指《国务院办公厅转发民政部等部门关于扶持城镇退役士兵自谋职业优惠政策意见的通知》（国办发〔2004〕10号）下发后新组建的企业。原有的企业合并、分立、改制、改组、扩建、搬迁、转产以及吸收新成员、改变领导或隶属关系、改变企业名称的，不能视为新办企业。

自谋职业的城镇退役士兵，是指符合城镇安置条件，并与安置地民政部门签订《退役士兵自谋职业协议书》，领取《城镇退役士兵自谋职业证》的士官和义务兵。

（十三）失业人员就业。

1. 持《就业失业登记证》（注明"自主创业税收政策"或附着《高校毕业生自主创业证》）人员从事个体经营的，在3年内按照每户每年8 000元为限额依次扣减其当年实际应缴纳的增值税、城市维护建设税、教育费附加和个人所得税。

试点纳税人年度应缴纳税款小于上述扣减限额的，以其实际缴纳的税款为限；大于上述扣减限额的，应当以上述扣减限额为限。

享受优惠政策的个体经营试点纳税人，是指提供《应税服务范围注释》服务（除广告服务外）的试点纳税人。

持《就业失业登记证》（注明"自主创业税收政策"或附着《高校毕业生自主创业证》）人员是指：（1）在人力资源和社会保障部门公共就业服务机构登记失业半年以上的人员；（2）零就业家庭、享受城市居民最低生活保障家庭劳动年龄内的登记失业人员；（3）毕业年度内高校毕业生。

高校毕业生，是指实施高等学历教育的普通高等学校、成人高等学校毕业的学生；毕业年度，是指毕业所在自然年，即1月1日至12月31日。

2. 服务型企业（除广告服务外）在新增加的岗位中，当年新招用持《就业失业登记证》（注明"企业吸纳税收政策"）人员，与其签订1年以上期限劳动合同并依法缴纳社会保险费的，在3年内按照实际招用人数予以定额依次扣减增值税、城市维护建设税、教育费附加和企业所得税优惠。定额标准为每人每年4 000元，可上下浮动20%，由试点地区省级人民政府根据本地区实际情况在此幅度内确定具体定额标准，并报财政部和国家税务总局备案。

按照上述标准计算的税收扣减额应当在企业当年实际应缴纳的增值税、城市维护建设税、教育费附加和企业所得税税额中扣减，当年扣减不足的，不得结转下年使用。

持《就业失业登记证》（注明"企业吸纳税收政策"）人员是指：（1）国有企业下岗失业人员；（2）国有企业关闭破产需要安置的人员；（3）国有企业所办集体企业（即厂办大集体企业）下岗职工；（4）享受最低生活保障且失业1年以上的城镇其他登记失业人员。

服务型企业，是指从事原营业税"服务业"税目范围内业务的企业。

国有企业所办集体企业（即厂办大集体企业），是指20世纪70、80年代，由国有企业批准或资助兴办的，以安置回城知识青年和国有企业职工子女就业为目的，主要向主办国有企业提供配套产品或劳务服务，在工商行政机关登记注册为集体所有制的企业。厂办大集体企业下岗职工包括在国有企业混岗工作的集体企业下岗职工。

3. 享受上述优惠政策的人员按照下列规定申领《就业失业登记证》、《高校毕业生自主创业证》等凭证：

（1）按照《就业服务与就业管理规定》（中华人民共和国劳动和社会保障部令第28号）第六十三条的规定，在法定劳动年龄内，有劳动能力，有就业要求，处于无业状态的城镇常住人员，在公共就业服务机构进行失业登记，申领《就业失业登记证》。其中，农村进城务工人员和其他非本地户籍人员在常住地稳定就业满6个月的，失业后可以在常住地登记。

（2）零就业家庭凭社区出具的证明，城镇低保家庭凭低保证明，在公共就业服务机构登记失业，申领《就业失业登记证》。

（3）毕业年度内高校毕业生在校期间凭学校出具的相关证明，经学校所在地省级教育行政部门核实认定，取得《高校毕业生自主创业证》（仅在毕业年度适用），并向创业地公共就业服务机构申请取得《就业失业登记证》；高校毕业生离校后直接向创业地公共就业服务机构申领《就业失业登记证》。

（4）服务型企业招录的人员，在公共就业服务机构申领《就业失业登记证》。

（5）《再就业优惠证》不再发放，原持证人员应当到公共就业服务机构换发《就业失业登记证》。正在享受下岗失业人员再就业税收优惠政策的原持证人员，继续享受原税收优惠政策至期满为止。

（6）上述人员申领相关凭证后，由就业和创业地人力资源和社会保障部门对人员范围、就业失业状态、已享受政策情况审核认定，在《就业失业登记证》上注明"自主创业税收政策"或"企业吸纳税收政策"字样，同时符合自主创业和企业吸纳税收政策条件的，可同时加注；主管税务机关在《就业失业登记证》上加盖戳记，注明减免税所属时间。

4. 上述税收优惠政策的审批期限为2011年1月1日至2013年12月31日，以试点纳税人到税务机关办理减免税手续之日起作为优惠政策起始时间。税收优惠政策在2013年12月31日未执行到期的，可继续享受至3年期满为止。

二、下列项目实行增值税即征即退

（一）注册在洋山保税港区内试点纳税人提供的国内货物运输服务、仓储服务和装卸搬运服务。

（二）安置残疾人的单位，实行由税务机关按照单位实际安置残疾人的人数，限额即征即退增值税的办法。

上述政策仅适用于从事原营业税"服务业"税目（广告服务除外）范围内业务取得的收入占其增值税和营业税业务合计收入的比例达到50%的单位。

有关享受增值税优惠政策单位的条件、定义、管理要求等按照《财政部国家税务总局关于促进残疾人就业税收优惠政策的通知》（财税〔2007〕92号）中有关规定执行。

（三）试点纳税人中的一般纳税人提供管道运输服务，对其增值税实际税负超过3%的部分实行增值税即征即退政策。

（四）经人民银行、银监会、商务部批准经营融资租赁业务的试点纳税人中的一般纳税人提供有形动产融资租赁服务，对其增值税实际税负超过3%的部分实行增值税即征即退政策。

三、2011年12月31日（含）前，如果试点纳税人已经按照有关政策规定享受了营业税税收优惠，在剩余税收优惠政策期限内，按照本办法规定享受有关增值税优惠。

国家税务总局关于上海市营业税改征增值税试点增值税一般纳税人资格认定有关事项的公告

（国家税务总局公告2011年第65号）

根据《财政部 国家税务总局关于在上海市开展交通运输业和部分现代服务业营业税改征增值税试点的通知》（财税〔2011〕111号），现就上海市试点纳税人有关增值税一般纳税人资格认定事项公告如下：

一、试点纳税人应税服务年销售额超过500万元的，除本公告第二、三条规定外，应当向主管税务机关申请增值税一般纳税人（以下简称一般纳税人）资格认定。

应税服务年销售额，是指试点纳税人在连续不超过12个月的经营期内，提供交通运输业和部分现代服务业服务的累计销售额,含免税、减税销售额。按《交通运输业和部分现代服务业营业税改征增值税试点有关事项的规定》(财税〔2011〕111号印发)第一条第(三)项确定销售额的试点纳税人,其应税服务年销售额按未扣除之前的销售额计算。

二、已取得一般纳税人资格并兼有应税服务的试点纳税人,不需重新申请认定,由主管税务机关制作、送达《税务事项通知书》,告知纳税人。

三、2011年年审合格的原公路、内河货物运输业自开票纳税人,其应税服务年销售额不论是否超过500万元,均应认定为一般纳税人。办理一般纳税人资格认定时,不需提交认定申请,由主管税务机关制作、送达《税务事项通知书》,告知纳税人。

四、应税服务年销售额未超过500万元以及新开业的试点纳税人,可以向主管税务机关申请一般纳税人资格认定。

提出申请并且同时符合下列条件的试点纳税人,主管税务机关应当为其办理一般纳税人资格认定:

(一)有固定的生产经营场所;

(二)能够按照国家统一的会计制度规定设置账簿,根据合法、有效凭证核算,能够提供准确税务资料。

五、试点纳税人取得一般纳税人资格后,发生增值税偷税、骗取退税和虚开增值税扣税凭证等行为的,主管税务机关可以对其实行不少于6个月的纳税辅导期管理。

六、试点纳税人一般纳税人资格认定具体程序由上海市国家税务局根据《增值税一般纳税人资格认定管理办法》(国家税务总局令第22号)和本公告确定,并报国家税务总局备案。

七、本公告自2012年1月1日起执行。

国家税务总局关于调整增值税纳税申报有关事项的公告
(国家税务总局公告2011年第66号)

根据《财政部 国家税务总局关于在上海市开展交通运输业和部分现代

服务业营业税改征增值税试点的通知》(财税〔2011〕111号),现就调整增值税纳税申报有关事项公告如下:

一、非试点地区有关事项

(一)非试点地区增值税一般纳税人纳税申报表不作调整。具体包括:《增值税纳税申报表(适用于增值税一般纳税人)》;《增值税纳税申报表附列资料(表一)、(表二)》和《固定资产进项税额抵扣情况表》。其中:《增值税纳税申报表(适用于增值税一般纳税人)》、《增值税纳税申报表附列资料(表一)》和《固定资产进项税额抵扣情况表》仍按原填表说明填写。

(二)《增值税纳税申报表附列资料(表二)》填表说明增加如下内容:

1. 接受试点纳税人提供的部分现代服务业服务,取得的《增值税专用发票》,填入第2栏"本期认证相符且本期申报抵扣"。辅导期一般纳税人按稽核比对结果通知书及其明细清单注明的稽核相符、允许抵扣的进项税额,填入第3栏"前期认证相符且本期申报抵扣"。

2. 接受试点纳税人提供的交通运输业服务,取得的《货物运输业增值税专用发票》,填入第8栏"运输费用结算单据"。

(1)第8栏"金额":按《货物运输业增值税专用发票》"合计金额"栏数据填写。

(2)第8栏"税额":《货物运输业增值税专用发票》"税率"栏为"11%"的,按《货物运输业增值税专用发票》"税额"栏数据填写;"税率"栏为其他情况的,按《货物运输业增值税专用发票》"价税合计"栏数据乘以7%扣除率计算填写。

3. "二、进项税额转出额"(第13栏至第21栏)增加已经抵扣按税法规定应作进项税额转出的应税服务进项税额。

4. "三、待抵扣进项税额"(第22栏至第34栏)增加纳税人已经取得或认证相符,按税法规定不符合抵扣条件,暂不予在本期申报抵扣和按照税法规定不允许抵扣的应税服务进项税额。

(三)非试点地区增值税小规模纳税人纳税申报不作调整。

二、试点地区增值税纳税申报由上海市国家税务局确定,报国家税务总局备案。

三、各地税务机关应做好纳税人增值税纳税申报宣传和培训辅导工作。

四、本公告自 2012 年 1 月 1 日起执行。

国家税务总局关于启用货物运输业增值税专用发票的公告

(国家税务总局公告 2011 年第 74 号)

2012 年 1 月 1 日起,将在部分地区和行业开展深化增值税制度改革试点,逐步将营业税改征增值税。为保障改革试点的顺利实施,税务总局决定启用货物运输业增值税专用发票。现将有关事项公告如下:

一、货物运输业增值税专用发票,是增值税一般纳税人提供货物运输服务(暂不包括铁路运输服务)开具的专用发票,其法律效力、基本用途、基本使用规定及安全管理要求等与现有增值税专用发票一致。

二、货物运输业增值税专用发票的联次和用途

货物运输业增值税专用发票分为三联票和六联票,第一联:记账联,承运人记账凭证;第二联:抵扣联,受票方扣税凭证;第三联:发票联,受票方记账凭证;第四联至第六联由发票使用单位自行安排使用。

三、货物运输业增值税专用发票纸张、式样、内容及防伪措施

(一)使用专用的无碳复写纸。

(二)发票规格为 240mm×178mm。

(三)发票各联次颜色与现有增值税专用发票相同,各联次的颜色依次为黑、绿、棕、红、灰和紫色。

(四)发票内容包括:发票代码、发票号码、开票日期、承运人及纳税人识别号、实际受票方及纳税人识别号、收货人及纳税人识别号、发货人及纳税人识别号、密码区、起运地、经由、到达地、费用项目及金额、运输货物信息、合计金额、税率、税额、机器编号、价税合计(大写)、小写、车种车号、车船吨位、主管税务机关及代码、备注、收款人、复核人、开票人、承运人(章)。

（五）发票代码为10位，编码原则：第1~4位代表省、自治区、直辖市和计划单列市，第5~6位代表制版年度，第7位代表批次（分别用1、2、3、4表示四个季度），第8位代表票种（7代表货物运输业增值税专用发票），第9位代表发票联次（分别用3和6表示三联和六联），第10位代表发票金额版本号（目前统一用"0"表示电脑发票）。

发票号码为8位，按年度、分批次编制。

（六）货物运输业增值税专用发票的防伪措施与现有增值税专用发票相同。

四、货物运输业增值税专用发票的发售价格与增值税专用发票的发售价格一致。

五、本公告自2012年1月1日起施行。

特此公告。

国家税务总局关于营业税改征增值税试点有关税收征收管理问题的公告

（国家税务总局公告2011年第77号）

经国务院批准，自2012年1月1日起，在部分地区部分行业开展深化增值税制度改革试点，逐步将营业税改征增值税。为保障改革试点的顺利实施，现将税收征收管理有关问题公告如下：

一、关于试点地区发票使用问题

（一）自2012年1月1日起，试点地区增值税一般纳税人（以下简称一般纳税人）从事增值税应税行为（提供货物运输服务除外）统一使用增值税专用发票（以下简称专用发票）和增值税普通发票，一般纳税人提供货物运输服务统一使用货物运输业增值税专用发票（以下简称货运专用发票）和普通发票。

小规模纳税人提供货物运输服务，接受方索取货运专用发票的，可向主管税务机关申请代开货运专用发票。代开货运专用发票按照代开专用发票的有关规定执行。

（二）2012年1月1日以后试点地区纳税人不得开具公路、内河货物运输业统一发票。

（三）试点地区提供港口码头服务的一般纳税人可以选择使用定额普通发票。

（四）试点纳税人2011年12月31日前提供改征增值税的营业税应税服务并开具发票后，如发生服务中止、折让、开票有误等，且不符合发票作废条件的，应开具红字普通发票，不得开具红字专用发票。对于需重新开具发票的，应开具普通发票，不得开具专用发票（包括货运专用发票）。

（五）试点地区从事国际货物运输代理业务的一般纳税人，应使用六联增值税专用发票或五联增值税普通发票，其中第四联用作购付汇联；从事国际货物运输代理业务的小规模纳税人开具的普通发票第四联用作购付汇联。

（六）为保障改革试点平稳过渡，上海市试点纳税人发生增值税应税行为，需要开具除专用发票（包括货运专用发票）和增值税普通发票以外发票的，在2012年3月31日前可继续使用上海市地税局监制的普通发票。

二、税控系统使用有关问题

自2012年1月1日起，试点地区新认定的一般纳税人（提供货物运输服务的纳税人除外）使用增值税防伪税控系统，提供货物运输服务的一般纳税人使用货物运输业增值税专用发票税控系统。试点地区使用的增值税防伪税控系统专用设备为金税盘和报税盘。纳税人应当使用金税盘开具发票，使用报税盘领购发票、抄报税。

三、货运专用发票开具有关问题

（一）一般纳税人提供应税货物运输服务使用货运专用发票，提供其他应税项目、免税项目或非增值税应税项目不得使用货运专用发票。

（二）货运专用发票中"承运人及纳税人识别号"栏内容为提供货物运输服务、开具货运专用发票的一般纳税人信息；"实际受票方及纳税人识别号"栏内容为实际负担运输费用、抵扣进项税额的一般纳税人信息；"费用项目及金额"栏内容为应税货物运输服务明细项目不含增值税额的销售额；

"合计金额"栏内容为应税货物运输服务项目不含增值税额的销售额合计;"税率"栏内容为增值税税率;"税额"栏为按照应税货物运输服务项目不含增值税额的销售额和增值税税率计算的增值税额;"价税合计(大写)(小写)"栏内容为不含增值税额的销售额和增值税额的合计;"机器编号"栏内容为货物运输业增值税专用发票税控系统税控盘编号。

(三)税务机关在代开货运专用发票时,货物运输业增值税专用发票税控系统在货运专用发票左上角自动打印"代开"字样;货运专用发票"费用项目及金额"栏内容为应税货物运输服务明细项目含增值税额的销售额;"合计金额"栏和"价税合计(大写)(小写)"栏内容为应税货物运输服务项目含增值税额的销售额合计;"税率"栏和"税额"栏均自动打印"***";"备注"栏打印税收完税凭证号码。

(四)一般纳税人提供货物运输服务,开具货运专用发票后,发生应税服务中止、折让、开票有误以及发票抵扣联、发票联均无法认证等情形,且不符合发票作废条件的,需要开具红字货运专用发票的,实际受票方或承运人应向主管税务机关填报《开具红字货物运输业增值税专用发票申请单》(附件1),经主管税务机关审核后,出具《开具红字货物运输业增值税专用发票通知单》(附件2,以下简称《通知单》)。承运方凭《通知单》在货物运输业增值税专用发票税控系统中以销项负数开具红字货运专用发票。《通知单》暂不通过系统开具和管理,其他事项按照现行红字专用发票有关规定执行。

四、货运专用发票管理有关问题

(一)货运专用发票暂不纳入失控发票快速反应机制管理。

(二)货运专用发票的认证结果、稽核结果分类暂与公路、内河货物运输业统一发票一致,认证、稽核异常货运专用发票的处理暂按照现行公路、内河货物运输业统一发票的有关规定执行。

(三)对稽核异常货运专用发票的审核检查暂按照现行公路、内河货物运输业统一发票的有关规定执行。

五、本公告自2012年1月1日起实施。

特此公告。

财政部 国家税务总局关于应税服务适用增值税零税率和免税政策的通知

(财税〔2011〕131号)

各省、自治区、直辖市、计划单列市财政厅（局）、国家税务局、地方税务局，新疆生产建设兵团财务局：

根据《财政部 国家税务总局关于印发〈营业税改征增值税试点方案〉的通知》（财税〔2011〕110号）和《财政部 国家税务总局关于在上海市开展交通运输业和部分现代服务业营业税改征增值税试点的通知》（财税〔2011〕111号），现将应税服务适用增值税零税率和免税政策的有关事项通知如下：

一、试点地区的单位和个人提供的国际运输服务、向境外单位提供的研发服务和设计服务适用增值税零税率。

（一）国际运输服务，是指：

1. 在境内载运旅客或者货物出境；
2. 在境外载运旅客或者货物入境；
3. 在境外载运旅客或者货物。

（二）试点地区的单位和个人适用增值税零税率，以水路运输方式提供国际运输服务的，应当取得《国际船舶运输经营许可证》；以陆路运输方式提供国际运输服务的，应当取得《道路运输经营许可证》和《国际汽车运输行车许可证》，且《道路运输经营许可证》的经营范围应当包括"国际运输"；以航空运输方式提供国际运输服务的，应当取得《公共航空运输企业经营许可证》且其经营范围应当包括"国际航空客货邮运输业务"。

（三）向境外单位提供的设计服务，不包括对境内不动产提供的设计服务。

二、试点地区的单位和个人提供适用零税率的应税服务，如果属于适用增值税一般计税方法的，实行免抵退税办法，退税率为其按照《交通运输业和部分现代服务业营业税改征增值税试点实施办法》（财税〔2011〕111号）第十二条第（一）至（三）项规定适用的增值税税率；如果属于适用简易计税方法的，实行免征增值税办法。

三、试点地区的单位和个人提供适用零税率的应税服务，按月向主管退税的税务机关申报办理增值税免抵退税或免税手续。具体管理办法由国家税务总局商财政部另行制定。

四、试点地区的单位和个人提供的下列应税服务免征增值税，但财政部和国家税务总局规定适用零税率的除外：

（一）工程、矿产资源在境外的工程勘察勘探服务。

（二）会议展览地点在境外的会议展览服务。

（三）存储地点在境外的仓储服务。

（四）标的物在境外使用的有形动产租赁服务。

（五）符合本通知第一条第（一）项规定但不符合第一条第（二）项规定条件的国际运输服务。

（六）向境外单位提供的下列应税服务：

（1）技术转让服务、技术咨询服务、合同能源管理服务、软件服务、电路设计及测试服务、信息系统服务、业务流程管理服务、商标著作权转让服务、知识产权服务、物流辅助服务（仓储服务除外）、认证服务、鉴证服务、咨询服务。但不包括：合同标的物在境内的合同能源管理服务，对境内货物或不动产的认证服务、鉴证服务和咨询服务。

（2）广告投放地在境外的广告服务。

五、本通知自 2012 年 1 月 1 日起执行。

总机构试点纳税人增值税计算缴纳暂行办法

（财税〔2011〕132 号 文件已废止）

一、为妥善解决营业税改征增值税试点期间总机构试点纳税人缴纳增值税问题，根据《交通运输业和部分现代服务业营业税改征增值税试点实施办法》（财税〔2011〕111 号，以下简称《试点实施办法》）和现行增值税有关规定，制定本办法。

二、财政部和国家税务总局规定的总机构（以下称总机构）及其分支机构（以下称分支机构）适用本办法。

三、总机构应当汇总计算总机构及其分支机构的应交增值税，抵减分支机构已缴纳的增值税和营业税税款后，解缴入库。分支机构按现行规定计算缴纳增值税和营业税，并按规定归集汇总已缴纳的增值税和营业税数据，传递给总机构。

四、总机构的汇总应征增值税销售额由以下两部分组成：

（一）总机构及其分支机构的应征增值税销售额；

（二）非试点地区分支机构发生《试点实施办法》中《应税服务范围注释》所列业务的销售额。计算公式如下：

$$销售额 = 应税服务的营业额 \div (1 + 增值税适用税率)$$

应税服务的营业额，是指非试点地区分支机构发生《应税服务范围注释》所列业务的营业额。增值税适用税率，是指《试点实施办法》规定的增值税适用税率。

五、总机构的销项税额，按照本办法第四条规定的汇总应征增值税销售额和《试点实施办法》规定的增值税适用税率计算。

六、总机构的进项税额，是指总机构及其分支机构购进货物或者接受加工修理修配劳务和应税服务，支付或者负担的增值税税额，用于销售货物、提供加工修理修配劳务和发生《应税服务范围注释》所列业务之外的进项税额不得抵扣。

非试点地区分支机构发生《应税服务范围注释》所列业务而购进货物或者接受加工修理修配劳务和应税服务，应当索取增值税扣税凭证。

七、非试点地区分支机构销售货物、提供加工修理修配劳务，按照现行规定申报缴纳增值税；发生《应税服务范围注释》所列业务，按照现行规定申报缴纳营业税。

分支机构当期已缴纳的增值税税款和营业税税款，允许在总机构当期增值税应纳税额中抵减，抵减不完的，可以结转下期继续抵减。

八、总机构及其分支机构，一律由其机构所在地主管国税机关认定为增值税一般纳税人。

九、发生《应税服务范围注释》所列业务的非试点地区分支机构，应按月将当月的营业税应税营业额和已缴纳的营业税税款归集汇总,填写《营业税传递单》(附1),报送主管地税机关签章确认后,于次月10日前传递给总机构。

销售货物、提供加工修理修配劳务和应税服务的分支机构,应按月将当月应征增值税销售额、进项税额和已缴纳的增值税税款归集汇总,填写《增值税传递单》(附2),报送主管国税机关签章确认后,于次月10日前传递给总机构。

十、总机构的增值税纳税期限为一个季度。

总机构应当在开具增值税专用发票的次月15日前向主管税务机关报税。

总机构的增值税进项税额,应当在认证当季终了后的申报期内申报抵扣。

十一、总机构及其分支机构取得的增值税扣税凭证,应当在规定期限内到主管国税机关办理认证或者申请稽核比对。

十二、总机构其他增值税涉税事项,按照《财政部、国家税务总局关于在上海市开展交通运输业和部分现代服务业营业税改征增值税试点的通知》(财税〔2011〕111号)及其他增值税有关政策执行。

财政部 国家税务总局关于交通运输业和部分现代服务业营业税改征增值税试点若干税收政策的通知

(财税〔2011〕133号)

各省、自治区、直辖市、计划单列市财政厅(局)、国家税务局、地方税务局,新疆生产建设兵团财务局:

现将上海市(以下称试点地区)开展交通运输业和部分现代服务业营业税改征增值税试点若干税收政策通知如下:

一、销售使用过的固定资产

按照《交通运输业和部分现代服务业营业税改征增值税试点实施办法》

（财税〔2011〕111号，以下简称《试点实施办法》）和《交通运输业和部分现代服务业营业税改征增值税试点有关事项的规定》（财税〔2011〕111号，以下简称《试点有关事项的规定》）认定的一般纳税人，销售自己使用过的2012年1月1日（含）以后购进或自制的固定资产，按照适用税率征收增值税；销售自己使用过的2011年12月31日（含）以前购进或者自制的固定资产，按照4%征收率减半征收增值税。

使用过的固定资产，是指纳税人根据财务会计制度已经计提折旧的固定资产。

二、计税方法

试点地区的增值税一般纳税人兼有销售货物、提供加工修理修配劳务或者提供应税服务的，凡未规定可以选择按照简易计税方法计算缴纳增值税的，其全部销售额应一并按照一般计税方法计算缴纳增值税。

三、跨年度业务

（一）试点纳税人（指按照《试点实施办法》缴纳增值税的纳税人，下同）提供应税服务，按照国家有关营业税政策规定差额征收营业税的，因取得的全部价款和价外费用不足以抵减允许扣除项目金额，截至2011年12月31日尚未扣除的部分，不得在计算试点纳税人2012年1月1日后的销售额时予以抵减，应当向主管税务机关申请退还营业税。

试点纳税人按照《试点有关事项的规定》第一条第（六）项，继续缴纳营业税的有形动产租赁服务，不适用上述规定。

（二）试点纳税人提供应税服务在2011年底前已缴纳营业税，2012年1月1日后因发生退款减除营业额的，应当向主管税务机关申请退还已缴纳的营业税。

（三）试点纳税人2011年底前提供的应税服务，因税收检查等原因需要补缴税款的，应按照现行营业税政策规定补缴营业税。

四、船舶代理服务

船舶代理服务按照港口码头服务缴纳增值税。

船舶代理服务，是指接受船舶所有人或者船舶承租人、船舶经营人的委托，经营办理船舶进出港口手续，联系安排引航、靠泊和装卸；代签提单、运输合同，代办接受订舱业务；办理船舶、集装箱以及货物的报关手续；承揽货物、组织货载，办理货物、集装箱的托运和中转；代收运费，代办结算；组织客源，办理有关海上旅客运输业务；其他为船舶提供的相关服务。

提供船舶代理服务的单位和个人，受船舶所有人、船舶经营人或者船舶承租人委托向运输服务接受方或者运输服务接受方代理人收取的运输服务收入，应当按照水路运输服务缴纳增值税。

五、销售额

试点纳税人中的一般纳税人按《试点有关事项的规定》第一条第（三）项确定销售额时，其支付给非试点纳税人价款中，不包括已抵扣进项税额的货物、加工修理修配劳务的价款。

六、扣缴增值税适用税率

中华人民共和国境内的代理人和接受方为境外单位和个人扣缴增值税的，按照适用税率扣缴增值税。

七、航空运输企业

（一）除中国东方航空股份有限公司、上海航空有限公司、中国货运航空有限公司、春秋航空股份有限公司、上海吉祥航空股份有限公司、扬子江快运航空有限公司外，其他注册在试点地区的单位从事《试点实施办法》中《应税服务范围注释》规定的航空运输业务，不缴纳增值税，仍按照现行营业税政策规定缴纳营业税。

（二）提供的旅客利用里程积分兑换的航空运输服务，不征收增值税。

（三）根据国家指令无偿提供的航空运输服务，属于《试点实施办法》第十一条规定的以公益活动为目的的服务，不征收增值税。

（四）试点航空企业的应征增值税销售额不包括代收的机场建设费和代

售其他航空运输企业客票而代收转付的价款。

（五）试点航空企业已售票但未提供航空运输服务取得的逾期票证收入，不属于增值税应税收入，不征收增值税。

财政部 国家税务总局关于交通运输业和部分现代服务业营业税改征增值税试点若干税收政策的补充通知

（财税〔2012〕53号）

各省、自治区、直辖市、计划单列市财政厅（局）、国家税务局、地方税务局，新疆生产建设兵团财务局：

现就试点地区开展交通运输业和部分现代服务业营业税改征增值税试点有关税收政策补充通知如下：

一、未与我国政府达成双边运输免税安排的国家和地区的单位或者个人，向境内单位或者个人提供的国际运输服务，符合《交通运输业和部分现代服务业营业税改征增值税试点实施办法》（财税〔2011〕111号，以下称《试点实施办法》）第六条规定的，试点期间扣缴义务人暂按3%的征收率代扣代缴增值税。

应扣缴税额按照下列公式计算：

$$应扣缴税额＝接受方支付的价款÷(1＋征收率)×征收率$$

二、被认定为动漫企业的试点纳税人中的一般纳税人，为开发动漫产品提供的动漫脚本编撰、形象设计、背景设计、动画设计、分镜、动画制作、摄制、描线、上色、画面合成、配音、配乐、音效合成、剪辑、字幕制作、压缩转码（面向网络动漫、手机动漫格式适配）服务，以及在境内转让动漫版权（包括动漫品牌、形象或者内容的授权及再授权），自试点开始实施之日至2012年12月31日，可以选择适用简易计税方法计算缴纳增值税，但一经选择，在此期间不得变更计税方法。

动漫企业和自主开发、生产动漫产品的认定标准和认定程序，按照

《文化部 财政部 国家税务总局关于印发〈动漫企业认定管理办法（试行）〉的通知》（文市发〔2008〕51号）的规定执行。

三、船舶代理服务统一按照港口码头服务缴纳增值税。《财政部 国家税务总局关于交通运输业和部分现代服务业营业税改征增值税试点若干税收政策的通知》（财税〔2011〕133号）第四条中"提供船舶代理服务的单位和个人，受船舶所有人、船舶经营人或者船舶承租人委托向运输服务接收方或者运输服务接收方代理人收取的运输服务收入，应当按照水路运输服务缴纳增值税"的规定相应废止。

四、试点纳税人中的一般纳税人，以试点实施之前购进或者自制的有形动产为标的物提供的经营租赁服务，试点期间可以选择适用简易计税方法计算缴纳增值税。

五、本通知第一条、第二条、第三条自2012年1月1日起执行，第四条自2012年7月1日起执行。

财政部 国家税务总局
二〇一二年六月二十九日

财政部 国家税务总局关于在北京等8省市开展交通运输业和部分现代服务业营业税改征增值税试点的通知

（财税〔2012〕71号）

各省、自治区、直辖市、计划单列市财政厅（局）、国家税务局、地方税务局，新疆生产建设兵团财务局：

经国务院批准，将交通运输业和部分现代服务业营业税改征增值税试点范围，由上海市分批扩大至北京等8个省（直辖市）。现将有关事项通知如下：

一、试点地区。

北京市、天津市、江苏省、安徽省、浙江省（含宁波市）、福建省（含厦门市)、湖北省、广东省（含深圳市）。

二、试点日期。

试点地区应自2012年8月1日开始面向社会组织实施试点工作，开展试点纳税人认定和培训、征管设备和系统调试、发票税控系统发行和安装，以及发票发售等准备工作，确保试点顺利推进，按期实现新旧税制转换。

北京市应当于2012年9月1日完成新旧税制转换。江苏省、安徽省应当于2012年10月1日完成新旧税制转换。福建省、广东省应当于2012年11月1日完成新旧税制转换。天津市、浙江省、湖北省应当于2012年12月1日完成新旧税制转换。

三、试点地区自新旧税制转换之日起，适用下列试点税收政策文件：

（一）《交通运输业和部分现代服务业营业税改征增值税试点实施办法》（财税〔2011〕111号）；

（二）《交通运输业和部分现代服务业营业税改征增值税试点有关事项的规定》（以下称《试点有关事项的规定》，财税〔2011〕111号）；

（三）《交通运输业和部分现代服务业营业税改征增值税试点过渡政策的规定》（以下称《试点过渡政策的规定》，财税〔2011〕111号）；

（四）《财政部 国家税务总局关于应税服务适用增值税零税率和免税政策的通知》（财税〔2011〕131号）；

（五）《总机构试点纳税人增值税计算缴纳暂行办法》（财税〔2011〕132号）；

（六）《财政部 国家税务总局关于交通运输业和部分现代服务业营业税改征增值税试点若干税收政策的通知》（以下称《试点若干政策通知》，财税〔2011〕133号）；

（七）《财政部 国家税务总局关于交通运输业和部分现代服务业营业税改征增值税试点若干税收政策的补充通知》（财税〔2012〕53号）。

四、上述税收政策文件的有关内容修改如下：

（一）《试点有关事项的规定》

1. 第一条第（四）项中，"2012年1月1日（含）"修改为"该地区试点实施之日（含）"。

试点实施之日是指完成新旧税制转换之日，下同。

2. 第一条第（五）项中，"试点地区应税服务年销售额未超过500万元的原公路、内河货物运输业自开票纳税人，应当申请认定为一般纳税人。"的规定废止。

3. 第一条第（六）项中，"2011年12月31日（含）"修改为"该地区试点实施之日"。

4. 第三条第（一）项第6点中，"2012年1月1日（含）"修改为"该地区试点实施之日（含）"。

5. 第三条第（三）项中，"2011年12月31日"修改为"该地区试点实施之日前"。

（二）《试点过渡政策的规定》

1. 第一条第（六）项中，"2012年1月1日"修改为"本地区试点实施之日"，"上海"修改为"属于试点地区的中国服务外包示范城市"。

2. 第三条中"2011年12月31日（含）"修改为"本地区试点实施之日"。

（三）《试点若干政策通知》

1. 第一条中，"2012年1月1日（含）"修改为"本地区试点实施之日（含）"；"2011年12月31日（含）"修改为"本地区试点实施之日"。

2. 第三条第（一）项中，"截至2011年12月31日尚未扣除的部分，不得在计算试点纳税人2012年1月1日后的销售额时予以抵减"，修改为"截至本地区试点实施之日前尚未扣除的部分，不得在计算试点纳税人本地区试点实施之日（含）后的销售额时予以抵减"。

3. 第三条第（二）项中，"2011年底"修改为"本地区试点实施之日"，"2012年1月1日"修改为"本地区试点实施之日（含）"。

4. 第三条第（三）项中，"2011年底"修改为"本地区试点实施之日"。

5. 第七条第（一）项规定的注册在试点地区的单位从事航空运输业务缴纳增值税和营业税的有关问题另行通知。

五、这次营业税改征增值税试点，范围广、时间紧、任务重，试点地区要高度重视，切实加强试点工作的组织领导，精心组织、周密安排、明确责任，采取各种有效措施，做好试点前的各项准备以及试点过程中的监测分析和宣传解释等工作，确保改革的平稳、有序、顺利进行。遇到问题及时向财政部和国家税务总局反映，财政部和国家税务总局将加强对试点工作的指导。

财政部 国家税务总局
二〇一二年七月三十一日

关于营业税改征增值税试点中文化事业建设费征收有关问题的通知

（财综〔2012〕68号）

各省、自治区、直辖市财政厅（局）、国家税务局、地方税务局：

为促进文化事业发展，加强实施营业税改征增值税（以下简称营改增）试点地区文化事业建设费的征收管理，确保营改增试点工作有序开展，现就有关问题通知如下：

一、原适用《财政部 国家税务总局关于印发〈文化事业建设费征收管理暂行办法〉的通知》（财税字〔1997〕95号）缴纳文化事业建设费的提供广告服务的单位和个人，以及试点地区试点后成立的提供广告服务的单位和个人，纳入营改增试点范围后，应按照本通知的规定缴纳文化事业建设费。

二、缴纳文化事业建设费的单位和个人（以下简称缴纳义务人）应按照提供增值税应税服务取得的销售额和3％的费率计算应缴费额，并由国家税务局在征收增值税时一并征收，计算公式如下：

$$应缴费额＝销售额×3\%$$

三、文化事业建设费的缴纳义务发生时间和缴纳地点，与缴纳义务人的增值税纳税义务发生时间和纳税地点相同。

四、文化事业建设费的缴纳期限与缴纳义务人的增值税纳税期限相同，或者由主管国税机关根据缴纳义务人应缴费额的大小核定。

五、根据《交通运输业和部分现代服务业营业税改征增值税试点实施办法》（财税〔2011〕111号）的有关规定负有相关增值税扣缴义务的扣缴义务人，按照本通知规定扣缴文化事业建设费。

六、文化事业建设费的其他事项，仍按照《财政部 国家税务总局关于印发〈文化事业建设费征收管理暂行办法〉的通知》（财税字〔1997〕95号）的有关规定执行。

七、本通知自2012年1月1日起施行。

财政部关于印发《营业税改征增值税试点有关企业会计处理规定》的通知
（财会〔2012〕13号）

财政部国务院有关部委、有关直属机构，各省、自治区、直辖市、计划单列市财政厅（局），新疆生产建设兵团财务局，财政部驻各省、自治区、直辖市、计划单列市财政监察专员办事处：

为配合营业税改征增值税试点工作，根据《财政部 国家税务总局关于印发〈营业税改征增值税试点方案〉的通知》（财税〔2011〕110号）等相关规定，我们制定了《营业税改征增值税试点有关企业会计处理规定》，请布置本地区相关企业执行。执行中有何问题，请及时反馈我部。

附件：营业税改征增值税试点有关企业会计处理规定

财政部
2012年7月5日

营业税改征增值税试点有关企业会计处理规定

根据"财政部、国家税务总局关于印发《营业税改征增值税试点方案》的通知"（财税〔2011〕110号）等相关规定，现就营业税改征增值税试点有关企业会计处理规定如下：

一、试点纳税人差额征税的会计处理

（一）一般纳税人的会计处理

一般纳税人提供应税服务，试点期间按照营业税改征增值税有关规定允许从销售额中扣除其支付给非试点纳税人价款的，应在"应交税费——应交增值税"科目下增设"营改增抵减的销项税额"专栏，用于记录该企业因按规定扣减销售额而减少的销项税额；同时，"主营业务收入"、"主营业务成本"等相关科目应按经营业务的种类进行明细核算。

企业接受应税服务时，按规定允许扣减销售额而减少的销项税额，借记"应交税费——应交增值税（营改增抵减的销项税额）"科目，按实际支付或应付的金额与上述增值税额的差额，借记"主营业务成本"等科目，按实际支付或应付的金额，贷记"银行存款"、"应付账款"等科目。

对于期末一次性进行账务处理的企业，期末，按规定当期允许扣减销售额而减少的销项税额，借记"应交税费——应交增值税（营改增抵减的销项税额）"科目，贷记"主营业务成本"等科目。

（二）小规模纳税人的会计处理

小规模纳税人提供应税服务，试点期间按照营业税改征增值税有关规定允许从销售额中扣除其支付给非试点纳税人价款的，按规定扣减销售额而减少的应交增值税应直接冲减"应交税费——应交增值税"科目。

企业接受应税服务时，按规定允许扣减销售额而减少的应交增值税，借记"应交税费——应交增值税"科目，按实际支付或应付的金额与上述增值税额的差额，借记"主营业务成本"等科目，按实际支付或应付的金额，贷记"银行存款"、"应付账款"等科目。

对于期末一次性进行账务处理的企业，期末，按规定当期允许扣减销售额而减少的应交增值税，借记"应交税费——应交增值税"科目，贷记"主营业务成本"等科目。

二、增值税期末留抵税额的会计处理

试点地区兼有应税服务的原增值税一般纳税人，截止到开始试点当月月初的增值税留抵税额按照营业税改征增值税有关规定不得从应税服务的销项税额中抵扣的，应在"应交税费"科目下增设"增值税留抵税额"明细科目。

开始试点当月月初，企业应按不得从应税服务的销项税额中抵扣的增值税留抵税额，借记"应交税费——增值税留抵税额"科目，贷记"应交税费——应交增值税（进项税额转出）"科目。待以后期间允许抵扣时，按允许抵扣的金额，借记"应交税费——应交增值税（进项税额）"科目，贷记"应交税费——增值税留抵税额"科目。

"应交税费——增值税留抵税额"科目期末余额应根据其流动性在资产负债表中的"其他流动资产"项目或"其他非流动资产"项目列示。

三、取得过渡性财政扶持资金的会计处理

试点纳税人在新老税制转换期间因实际税负增加而向财税部门申请取得财政扶持资金的，期末有确凿证据表明企业能够符合财政扶持政策规定的相关条件且预计能够收到财政扶持资金时，按应收的金额，借记"其他应收款"等科目，贷记"营业外收入"科目。待实际收到财政扶持资金时，按实际收到的金额，借记"银行存款"等科目，贷记"其他应收款"等科目。

四、增值税税控系统专用设备和技术维护费用抵减增值税额的会计处理

（一）增值税一般纳税人的会计处理

按税法有关规定，增值税一般纳税人初次购买增值税税控系统专用设备支付的费用以及缴纳的技术维护费允许在增值税应纳税额中全额抵减的，应在"应交税费——应交增值税"科目下增设"减免税款"专栏，用于记录该企业按规定抵减的增值税应纳税额。

企业购入增值税税控系统专用设备，按实际支付或应付的金额，借记"固定资产"科目，贷记"银行存款"、"应付账款"等科目。按规定抵减的增值税应纳税额，借记"应交税费——应交增值税（减免税款）"科目，贷记"递延收益"科目。按期计提折旧，借记"管理费用"等科目，贷记

"累计折旧"科目;同时,借记"递延收益"科目,贷记"管理费用"等科目。

企业发生技术维护费,按实际支付或应付的金额,借记"管理费用"等科目,贷记"银行存款"等科目。按规定抵减的增值税应纳税额,借记"应交税费——应交增值税(减免税款)"科目,贷记"管理费用"等科目。

(二)小规模纳税人的会计处理

按税法有关规定,小规模纳税人初次购买增值税税控系统专用设备支付的费用以及缴纳的技术维护费允许在增值税应纳税额中全额抵减的,按规定抵减的增值税应纳税额应直接冲减"应交税费——应交增值税"科目。

企业购入增值税税控系统专用设备,按实际支付或应付的金额,借记"固定资产"科目,贷记"银行存款"、"应付账款"等科目。按规定抵减的增值税应纳税额,借记"应交税费——应交增值税"科目,贷记"递延收益"科目。按期计提折旧,借记"管理费用"等科目,贷记"累计折旧"科目;同时,借记"递延收益"科目,贷记"管理费用"等科目。

企业发生技术维护费,按实际支付或应付的金额,借记"管理费用"等科目,贷记"银行存款"等科目。按规定抵减的增值税应纳税额,借记"应交税费——应交增值税"科目,贷记"管理费用"等科目。

"应交税费——应交增值税"科目期末如为借方余额,应根据其流动性在资产负债表中的"其他流动资产"项目或"其他非流动资产"项目列示;如为贷方余额,应在资产负债表中的"应交税费"项目列示。

国家税务总局关于发布《营业税改征增值税试点地区适用增值税零税率应税服务免抵退税管理办法(暂行)》的公告

(国家税务总局公告2012年第13号)

为确保营业税改征增值税试点工作顺利实施,根据《财政部 国家税务总局关于应税服务适用增值税零税率和免税政策的通知》(财税〔2011〕

131号）等相关规定，经商财政部，国家税务总局制定了《营业税改征增值税试点地区适用增值税零税率应税服务免抵退税管理办法（暂行）》。现予以发布，自2012年1月1日起施行。

零税率应税服务提供者目前暂按出口货物退（免）税申报系统中出口货物免抵退税申报表格式报送申报表和电子申报数据，申报表填表口径和方法由上海市国税局另行明确。本办法附件1、附件2、附件3启用时间另行通知。与本办法相关的财政负担机制、免抵税款调库方式另行明确。

特此公告。

营业税改征增值税试点地区适用增值税零税率应税服务免抵退税管理办法（暂行）

第一条 试点地区提供增值税零税率应税服务（以下简称零税率应税服务）并认定为增值税一般纳税人的单位和个人（以下称零税率应税服务提供者），在营业税改征增值税试点以后提供的零税率应税服务，适用增值税零税率，实行免抵退税办法，并不得开具增值税专用发票。

第二条 零税率应税服务的范围是：

（一）国际运输服务

1. 在境内载运旅客或货物出境；
2. 在境外载运旅客或货物入境；
3. 在境外载运旅客或货物。

从境内载运旅客或货物至国内海关特殊监管区域及场所、从国内海关特殊监管区域及场所载运旅客或货物至国内其他地区以及在国内海关特殊监管区域内载运旅客或货物，不属于国际运输服务。

（二）向境外单位提供研发服务、设计服务

研发服务是指就新技术、新产品、新工艺或者新材料及其系统进行研究与试验开发的业务活动。

设计服务是指把计划、规划、设想通过视觉、文字等形式传递出来的业务活动。包括工业设计、造型设计、服装设计、环境设计、平面设计、包装设计、动漫设计、展示设计、网站设计、机械设计、工程设计、创意策划等。

向国内海关特殊监管区域内单位提供研发服务、设计服务不实行免抵退税办法,应按规定征收增值税。

第三条 零税率应税服务的退税率为其在境内提供对应服务的增值税税率。

第四条 本办法所称免抵退税办法是指,零税率应税服务提供者提供零税率应税服务,免征增值税,相应的进项税额抵减应纳增值税额(不包括适用增值税即征即退、先征后退政策的应纳增值税额),未抵减完的部分予以退还。具体计算公式如下:

(一) 零税率应税服务当期免抵退税额的计算:

$$当期零税率应税服务免抵退税额 = 当期零税率应税服务免抵退税计税价格 \times 外汇人民币牌价 \times 零税率应税服务退税率$$

零税率应税服务免抵退税计税价格为提供零税率应税服务取得的全部价款,扣除支付给非试点纳税人价款后的余额。

(二) 当期应退税额和当期免抵税额的计算:

1. 当期期末留抵税额≤当期免抵退税额时,

   当期应退税额＝当期期末留抵税额

   当期免抵税额＝当期免抵退税额－当期应退税额

2. 当期期末留抵税额＞当期免抵退税额时,

   当期应退税额＝当期免抵退税额

   当期免抵税额＝0

"当期期末留抵税额"为当期《增值税纳税申报表》的"期末留抵税额"。

(三) 零税率应税服务提供者如同时有货物出口的,可结合现行出口货物免抵退税公式一并计算免抵退税。

第五条 零税率应税服务提供者在申报办理零税率应税服务免抵退税前，应向主管税务机关办理出口退（免）税认定。办理出口退（免）税认定时，应提供以下资料：

1. 银行开户许可证。

2. 从事水路国际运输的应提供《国际船舶运输经营许可证》；从事航空国际运输的应提供《公共航空运输企业经营许可证》，且其经营范围应包括"国际航空客货邮运输业务"；从事陆路国际运输的应提供《道路运输经营许可证》和《国际汽车运输行车许可证》，且《道路运输经营许可证》的经营范围应包括"国际运输"；从事对外提供研发设计服务的应提供《技术出口合同登记证》。

零税率应税服务提供者在营业税改征增值税试点后提供的零税率应税服务，如发生在办理出口退（免）税认定前，在办理出口退（免）税认定后，可按规定申报免抵退税。

第六条 主管税务机关在办理服务出口退（免）税认定时，对零税率应税服务提供者属原适用免退税计税方法的出口企业，应将其计税方法调整为免抵退税办法。

第七条 零税率应税服务提供者在提供零税率应税服务，并在财务作销售收入次月（按季度进行增值税纳税申报的为次季度，下同）的增值税纳税申报期内，向主管税务机关办理增值税纳税和免抵退税相关申报。

零税率应税服务提供者应于收入之日次月起至次年4月30日前的各增值税纳税申报期内收齐有关凭证，向主管税务机关如实申报免抵退税。资料不齐全或内容不真实的零税率应税服务，不得向税务机关申报办理免抵退税。逾期未收齐有关凭证申报免抵退税的，主管税务机关不再受理免抵退税申报，零税率应税服务提供者应缴纳增值税。

（一）提供国际运输的零税率应税服务提供者办理增值税免抵退税申报时，应提供下列凭证资料：

1. 《免抵退税申报汇总表》及其附表。

2. 《零税率应税服务（国际运输）免抵退税申报明细表》（附件1）。

3. 当期《增值税纳税申报表》。

4．免抵退税正式申报电子数据。

5．下列原始凭证：

（1）零税率应税服务的载货、载客舱单（或其他能够反映收入原始构成的单据凭证）；

（2）提供零税率应税服务的发票；

（3）主管税务机关要求提供的其他凭证；

上述第（1）、（2）项原始凭证，经主管税务机关批准，可留存零税率应税服务提供者备查。

（二）对外提供研发、设计服务的零税率应税服务提供者办理增值税免抵退税申报时，应提供下列凭证资料：

1．《免抵退税申报汇总表》及其附表。

2．《应税服务（研发、设计服务）免抵退税申报明细表》（附件2）。

3．当期《增值税纳税申报表》。

4．免抵退税正式申报电子数据。

5．下列原始凭证：

（1）与零税率应税服务收入相对应的《技术出口合同登记证》复印件；

（2）与境外单位签订的研发、设计合同；

（3）提供零税率应税服务的发票；

（4）《向境外单位提供研发、设计服务收讫营业款明细清单》（附件3）；

（5）从与签订研发、设计合同的境外单位取得收入的收款凭证；

（6）主管税务机关要求提供的其他凭证。

第八条 对新发生零税率应税服务的零税率应税服务提供者（以下简称新零税率应税服务提供者），自发生首笔零税率应税服务之日（国际运输企业以提单载明的日期为准，对外提供研发、设计服务企业以收款凭证载明日期的月份为准）起6个月内提供的零税率应税服务，按月分别计算免抵税额和应退税额。税务机关对6个月内各月审核无误的应退税额在当月暂不办理退库，在第7个月将各月累计审核无误的应退税额一次性办理退库。自第7个月起，新零税率应税服务提供者提供的零税率应税服务，实行按月申报办理免抵退税。

新零税率应税服务提供者是指，在营业税改征增值税试点以前未发生过本办法第一条所列的零税率应税服务的零税率应税服务提供者。零税率应税服务提供者在办理出口退（免）税认定时，应向主管税务机关提供证明在营业税改征增值税试点以前发生过零税率应税服务的资料，不能提供的，主管税务机关认定为新零税率应税服务提供者。

第九条　主管税务机关在接受零税率应税服务提供者免抵退税申报后，应在下列内容人工审核无误后，使用出口退税审核系统进行审核。在审核中如有疑问的，可抽取企业进项增值税发票进行发函调查或核查：

（一）对于提供国际运输的零税率应税服务提供者，主管税务机关可从零税率应税服务提供者申报中抽取若干申报记录审核以下内容：

1. 所申报的国际运输服务是否符合本办法第一条规定；

2. 所抽取申报记录申报应税服务收入是否小于等于该申报记录所对应的载货或载客舱单上记载的国际运输服务收入。

（二）对于提供研发、设计服务的零税率应税服务提供者审核以下内容：

1. 企业所申报的研发、设计服务是否符合本办法第一条规定；

2. 研发、设计合同签订的对方是否为境外单位；

3. 应税服务收入的支付方是否为与之签订研发、设计合同的境外单位；

4. 申报应税服务收入是否小于等于从与之签订研发、设计合同的境外单位的取得的收款金额。

第十条　对零税率应税服务提供者按第七条规定提供的凭证资料齐全的，主管税务机关在经过出口退税审核系统审核通过后，办理退税，退税资金由中央金库统一支付。

第十一条　零税率应税服务提供者骗取国家出口退税款的，税务机关按《国家税务总局关于停止为骗取出口退税企业办理出口退税有关问题的通知》（国税发〔2008〕32号）规定停止其出口退税权。零税率应税服务提供者在税务机关停止为其办理出口退税期间发生零税率应税服务，不得申报免抵退税，应按规定征收增值税。

第十二条　主管税务机关应对零税率应税服务提供者适用零税率的免抵退税加强分析监控。

第十三条 本办法自 2012 年 1 月 1 日开始执行。

附件：1. 零税率应税服务（国际运输）免抵退税申报明细表（略）

2. 零税率应税服务（研发、设计服务）免抵退税申报明细表（略）

3. 向境外单位提供研发、设计服务收讫营业款明细清单（略）

国家税务总局关于北京等 8 省市营业税改征增值税试点增值税一般纳税人资格认定有关事项的公告

（国家税务总局公告 2012 年第 38 号）

根据《财政部 国家税务总局关于在北京等 8 省市开展交通运输业和部分现代服务业营业税改征增值税试点的通知》（财税〔2012〕71 号）、《财政部 国家税务总局关于在上海市开展交通运输业和部分现代服务业营业税改征增值税试点的通知》（财税〔2011〕111 号）及《增值税一般纳税人资格认定管理办法》（国家税务总局令第 22 号），现就试点纳税人有关增值税一般纳税人资格认定事项公告如下：

一、除本公告第二条外，营业税改征增值税试点实施前（以下简称试点实施前）应税服务年销售额超过 500 万元的试点纳税人，应向国税主管税务机关（以下简称主管税务机关）申请办理一般纳税人资格认定手续。

试点纳税人试点实施前的应税服务年销售额按以下公式换算：应税服务年销售额＝连续不超过 12 个月应税服务营业额合计÷（1＋3%）。计算应税服务营业额的具体起、止时间由试点地区省级国家税务局（包括计划单列市，下同）根据本省市的实际情况确定。

按照现行营业税规定差额征收营业税的试点纳税人，其应税服务营业额按未扣除之前的营业额计算。

二、试点实施前已取得一般纳税人资格并兼有应税服务的试点纳税人，不需重新申请认定，由主管税务机关制作、送达《税务事项通知书》，告知纳税人。

三、试点实施前应税服务年销售额未超过 500 万元的试点纳税人，可以向主管税务机关申请一般纳税人资格认定。

四、试点实施前，试点纳税人一般纳税人资格认定具体程序由试点地区省级国家税务局根据国家税务总局令第 22 号和本公告确定，并报国家税务总局备案。

五、营业税改征增值税试点实施后，试点纳税人应按照国家税务总局令第 22 号及其相关程序规定，办理增值税一般纳税人资格认定。

按《交通运输业和部分现代服务业营业税改征增值税试点有关事项的规定》（财税〔2011〕111 号印发）第一条第（三）项确定销售额的试点纳税人，其应税服务年销售额按未扣除之前的销售额计算。

六、试点纳税人取得一般纳税人资格后，发生增值税偷税、骗取退税和虚开增值税扣税凭证等行为的，主管税务机关可以对其实行不少于 6 个月的纳税辅导期管理。

七、本公告按照财税〔2012〕71 号第二条试点日期规定的日期执行。

特此公告。

国家税务总局关于北京等 8 省市营业税改征增值税试点有关税收征收管理问题的公告

（国家税务总局公告 2012 年第 42 号）

为了认真贯彻落实《财政部 国家税务总局关于在北京等 8 省市开展交通运输业和部分现代服务业营业税改征增值税试点的通知》（财税〔2012〕71 号）精神，保障改革试点的顺利实施，现将税收征收管理有关问题公告如下：

一、关于试点地区发票使用问题

（一）自本地区试点实施之日起，试点地区增值税一般纳税人（以下简称一般纳税人）从事增值税应税行为（提供货物运输服务除外）统一使用增值税专用发票（以下简称专用发票）和增值税普通发票，一般纳税人提供货物运输服务统一使用货物运输业增值税专用发票（以下简称货运专用发票）和普通发票。

小规模纳税人提供货物运输服务，接受方索取货运专用发票的，可向主管税务机关申请代开货运专用发票。代开货运专用发票按照代开专用发票的有关规定执行。

（二）自本地区试点实施之日起，试点地区纳税人不得开具公路、内河货物运输业统一发票。

（三）试点地区提供港口码头服务、货运客运场站服务、装卸搬运服务以及旅客运输服务的一般纳税人可以选择使用定额普通发票。

（四）试点地区从事国际货物运输代理业务的一般纳税人，应使用六联增值税专用发票或五联增值税普通发票，其中第四联用作购付汇联；从事国际货物运输代理业务的小规模纳税人开具的普通发票第四联用作购付汇联。

（五）纳税人于本地区试点实施之日前提供改征增值税的营业税应税服务并开具发票后，如发生服务中止、折让、开票有误等，且不符合发票作废条件的，应开具红字普通发票，不得开具红字专用发票和红字货运专用发票。对于需重新开具发票的，应开具普通发票，不得开具专用发票和货运专用发票。

二、关于税控系统使用问题

（一）自本地区试点实施之日起，试点地区新认定的一般纳税人（提供货物运输服务的纳税人除外）使用增值税防伪税控系统，提供货物运输服务的一般纳税人使用货物运输业增值税专用发票税控系统。试点地区使用的增值税防伪税控系统专用设备为金税盘和报税盘，纳税人应当使用金税盘开具发票，使用报税盘领购发票、抄报税。货物运输业增值税专用发票税控系统专用设备为税控盘和报税盘，纳税人应当使用税控盘开具发票，使用报税盘领购发票、抄报税。

（二）货物运输业增值税专用发票税控系统及专用设备管理按照现行增值税防伪税控系统有关规定执行，涉及的相关文书试点地区可在现有文书基础上适当调整。

（三）自试点实施之日起，北京市小规模纳税人可使用金税盘或税控盘开具普通发票，使用报税盘领购发票、抄报税。

三、关于货运专用发票开具问题

（一）一般纳税人提供应税货物运输服务使用货运专用发票，提供其他应税项目、免税项目或非增值税应税项目不得使用货运专用发票。

（二）货运专用发票中"承运人及纳税人识别号"栏内容为提供货物运输服务、开具货运专用发票的一般纳税人信息；"实际受票方及纳税人识别号"栏内容为实际负担运输费用、抵扣进项税额的一般纳税人信息；"费用项目及金额"栏内容为应税货物运输服务明细项目不含增值税额的销售额；"合计金额"栏内容为应税货物运输服务项目不含增值税额的销售额合计；"税率"栏内容为增值税税率；"税额"栏为按照应税货物运输服务项目不含增值税额的销售额和增值税税率计算的增值税额；"价税合计（大写）（小写）"栏内容为不含增值税额的销售额和增值税额的合计；"机器编号"栏内容为货物运输业增值税专用发票税控系统税控盘编号。

（三）税务机关在代开货运专用发票时，货物运输业增值税专用发票税控系统在货运专用发票左上角自动打印"代开"字样；货运专用发票"费用项目及金额"栏内容为应税货物运输服务明细项目含增值税额的销售额；"合计金额"栏和"价税合计（大写）（小写）"栏内容为应税货物运输服务项目含增值税额的销售额合计；"税率"栏和"税额"栏均自动打印"＊＊＊"；"备注"栏打印税收完税凭证号码。

（四）一般纳税人提供货物运输服务，开具货运专用发票后，发生应税服务中止、折让、开票有误以及发票抵扣联、发票联均无法认证等情形，且不符合发票作废条件，需要开具红字货运专用发票的，实际受票方或承运人应向主管税务机关填报《开具红字货物运输业增值税专用发票申请单》（附件1），经主管税务机关审核后，出具《开具红字货物运输业增值税专用发票通知单》（附件 2，以下简称《通知单》）。承运方凭《通知单》在货物运输业增值税专用发票税控系统中以销项负数开具红字货运专用发票。《通知单》暂不通过系统开具和管理，其他事项按照现行红字专用发票有关规定执行。

四、关于货运专用发票管理问题

（一）货运专用发票暂不纳入失控发票快速反应机制管理。

（二）货运专用发票的认证结果、稽核结果分类暂与公路、内河货物运输业统一发票一致，认证、稽核异常货运专用发票的处理暂按照现行公路、内河货物运输业统一发票的有关规定执行。

（三）对稽核异常货运专用发票的审核检查暂按照现行公路、内河货物运输业统一发票的有关规定执行。

国家税务总局关于北京等 8 省市营业税改征增值税试点增值税纳税申报有关事项的公告

（国家税务总局公告 2012 年第 43 号）

根据《财政部 国家税务总局关于在北京等 8 省市开展交通运输业和部分现代服务业营业税改征增值税试点的通知》（财税〔2012〕71 号），现就北京等 8 个省（直辖市）（以下简称试点 8 省市）增值税纳税人增值税纳税申报有关事项公告如下：

一、试点 8 省市自营业税改征增值税试点实施之日税款所属期起，其所辖全部增值税纳税人均应按照本公告的规定进行增值税纳税申报。

二、纳税申报资料

纳税申报资料包括纳税申报表及其附列资料和纳税申报其他资料两类。

（一）纳税申报表及其附列资料

1. 增值税一般纳税人（以下简称一般纳税人）纳税申报表及其附资

料包括：

(1)《增值税纳税申报表（适用于增值税一般纳税人）》；

(2)《增值税纳税申报表附列资料（一）》（本期销售情况明细）；

(3)《增值税纳税申报表附列资料（二）》（本期进项税额明细）；

(4)《增值税纳税申报表附列资料（三）》（应税服务扣除项目明细）；

一般纳税人提供营业税改征增值税的应税服务，按照国家有关营业税政策规定差额征收营业税的，需填报《增值税纳税申报表附列资料（三）》。其他一般纳税人不填写该附列资料。

(5)《固定资产进项税额抵扣情况表》。

2. 增值税小规模纳税人（以下简称小规模纳税人）纳税申报表及其附列资料包括：

(1)《增值税纳税申报表（适用于增值税小规模纳税人）》；

(2)《增值税纳税申报表（适用于增值税小规模纳税人）附列资料》。

小规模纳税人提供营业税改征增值税的应税服务，按照国家有关营业税政策规定差额征收营业税的，需填报《增值税纳税申报表（适用于增值税小规模纳税人）附列资料》。其他小规模纳税人不填写该附列资料。

3. 上述纳税申报表及其附列资料表样和《填表说明》详见附件。

（二）纳税申报其他资料

1. 已开具的税控《机动车销售统一发票》和普通发票的存根联；

2. 符合抵扣条件且在本期申报抵扣的防伪税控《增值税专用发票》、《货物运输业增值税专用发票》、税控《机动车销售统一发票》、《公路、内河货物运输业统一发票》的抵扣联；

3. 符合抵扣条件且在本期申报抵扣的海关进口增值税专用缴款书、购进农产品取得的普通发票、运输费用结算单据的复印件；

4. 符合抵扣条件且在本期申报抵扣的代扣代缴增值税的税收通用缴款书及其清单，书面合同、付款证明和境外单位的对账单或者发票；

5. 已开具的农产品收购凭证的存根联或报查联；

6. 应税服务扣除项目的合法凭证及其清单；

7. 主管税务机关规定的其他资料。

（三）纳税申报表及其附列资料为必报资料。纳税申报其他资料的报备要求由试点 8 省市省国家税务局确定。

三、主管税务机关应做好增值税纳税申报的宣传、辅导和培训工作。

特此公告。

财政部 国家税务总局关于交通运输业和部分现代服务业营业税改征增值税试点应税服务范围等若干税收政策的补充通知

（财税〔2012〕86 号）

各省、自治区、直辖市、计划单列市财政厅（局）、国家税务局、地方税务局，新疆生产建设兵团财务局：

根据交通运输业和部分现代服务业营业税改征增值税（以下简称营改增）试点情况，经研究，现将有关税收政策通知如下：

一、建筑图纸审核服务、环境评估服务、医疗事故鉴定服务，按照"鉴证服务"征收增值税；代理记账服务按照"咨询服务"征收增值税；文印晒图服务按照"设计服务"征收增值税；组织安排会议或展览的服务按照"会议展览服务"征收增值税；港口设施经营人收取的港口设施保安费按照"港口码头服务"征收增值税；网站对非自有的网络游戏提供的网络运营服务按照"信息系统服务"征收增值税；出租车公司向出租车司机收取的管理费用，出租车属于出租车公司的，按照"陆路运输服务"征收增值税，出租车属于出租车司机的，不征收增值税。

二、对注册在天津市东疆保税港区内的试点纳税人提供的国内货物运输、仓储和装卸搬运服务，实行增值税即征即退政策。

三、自 2012 年 11 月 1 日起，对注册在平潭的试点纳税人从事离岸服务外包业务中提供的应税服务，免征增值税。

四、2013 年 12 月 31 日之前，广播电影电视行政主管部门（包括中央、省、地市及县级）按照各自职能权限批准从事电影制片、发行、放映的电影集团公司（含成员企业）、电影制片厂及其他电影企业，属于试点纳税人的，对其转让电影版权免征增值税。

五、营改增试点地区的试点纳税人提供的往返台湾、香港、澳门的交通运输服务以及在台湾、香港、澳门提供的交通运输服务，适用增值税零税率。

试点纳税人适用增值税零税率，以陆路运输方式提供至香港、澳门的交通运输服务的，应当取得《道路运输经营许可证》并具有持《道路运输证》的直通港澳运输车辆；以水路运输方式提供至台湾的交通运输服务的，应当取得《台湾海峡两岸间水路运输许可证》并具有持《台湾海峡两岸间船舶营运证》的船舶；以水路运输方式提供至香港、澳门的交通运输服务的，应当具有获得港澳线路运营许可的船舶；以航空运输方式提供上述交通运输服务的，应当取得《公共航空运输企业经营许可证》且其经营范围应当包括"国际、国内（含港澳）航空客货邮运输业务"。

六、长途客运、班车（指按固定路线、固定时间运营并在固定停靠站停靠的运送旅客的陆路运输服务）、地铁、城市轻轨服务属于《交通运输业和部分现代服务业营业税改征增值税试点有关事项的规定》（财税〔2011〕111号）第一条第（五）项第2款规定的公共交通运输服务。试点纳税人中的一般纳税人提供上述服务，可以选择按照简易计税方法计算缴纳增值税。

七、船舶代理服务属于"货物运输代理服务"，国际船舶代理服务属于国际货物运输代理服务。

船舶代理服务，是指接受货物收货人、发货人、船舶所有人、船舶承租人或船舶经营人的委托，以委托人的名义或者自己的名义，在不直接提供货物运输劳务情况下，为委托人办理货物运输以及船舶进出港口、联系安排引航、靠泊和装卸等相关业务手续的业务活动。《财政部 国家税务总局关于交通运输业和部分现代服务业营业税改征增值税试点若干税收政策的通知》（财税〔2011〕133号）第四条和《财政部 国家税务总局关于交通运输业和部分现代服务业营业税改征增值税试点若干税收政策的补充通知》（财税〔2012〕53号）第三条相应废止。

八、《交通运输业和部分现代服务业营业税改征增值税试点过渡政策的规定》（财税〔2011〕111号）第二条第（三）项、第（四）项中增值税实际税负是指，纳税人当期实际缴纳的增值税税额占纳税人当期提供应税服务取得的全部价款和价外费用的比例。

九、本通知除第三条另有规定外，自2012年12月1日起执行。

财政部 国家税务总局
2012年12月4日

财政部 国家税务总局关于营业税改征增值税试点中文化事业建设费征收问题的补充通知

（财综〔2012〕96号）

各省、自治区、直辖市、计划单列市财政厅（局）、国家税务局、地方税务局：

2012年8月29日，财政部、国家税务总局联合印发了《关于营业税改征增值税试点中文化事业建设费征收有关问题的通知》（财综〔2012〕68号），对试点地区文化事业建设费的缴纳义务人、征收对象及征收标准、缴纳时间和地点等作了规定。为使营业税改征增值税（以下简称营改增）试点过程中文化事业建设费征收工作顺利实施，现就有关问题补充通知如下：

一、财综〔2012〕68号文件第二条计算缴纳文化事业建设费的销售额，为纳税人提供广告服务取得的全部含税价款和价外费用，减除支付给试点地区或非试点地区的其他广告公司或广告发布者的含税广告发布费后的余额。

允许扣除的价款应当取得符合法律、行政法规和国家税务总局有关规定的凭证，否则不予扣除。上述凭证包括增值税发票和营业税发票。

二、按规定扣缴文化事业建设费的，扣缴义务人应按下列公式计算应扣缴费额：

应扣缴费额＝接收方支付的含税价款×费率

三、提供应税服务未达到增值税起征点的个人，免征文化事业建设费。

四、营改增试点中文化事业建设费的预算科目、预算级次和缴库办法等，参照《财政部关于开征文化事业建设费有关预算管理问题的通知》（财预字〔1996〕469号）的规定执行，具体如下：

中央所属企事业单位缴纳的文化事业建设费，中央所属企事业单位组成的联营企业、股份制企业缴纳的文化事业建设费，中央所属企事业单位与集体企业、私营企业组成的联营企业、股份制企业缴纳的文化事业建设费，中央所属企事业单位与港、澳、台商组成的合资经营企业（港或澳、台资）、合作经营企业（港或澳、台资）缴纳的文化事业建设费，中央所属企事业单位与外商组成的中外合资经营企业、中外合作经营企业缴纳的文化事业建设费，全部作为中央预算收入，由税务机关开具税收缴款书，以"103012601中央文化事业建设费收入"目级科目就地缴入中央国库。

地方所属企事业单位、集体企业、私营企业、港澳台商独资经营企业、外商独资企业缴纳的文化事业建设费，地方所属企事业单位、集体企业、私营企业组成的联营企业、股份制企业缴纳的文化事业建设费，地方所属企事业单位、集体企业、私营企业与港、澳、台商组成的合资经营企业（港或澳、台资）、合作经营企业（港或澳、台资）缴纳的文化事业建设费，地方所属企事业单位、集体企业、私营企业与外商组成的中外合资经营企业、中外合作经营企业缴纳的文化事业建设费，全部作为地方预算收入，由税务机关开具税收缴款书，以"103012602地方文化事业建设费收入"目级科目就地缴入省级国库。

中央所属企事业单位与地方所属企事业单位组成的联营企业、股份制企业缴纳的文化事业建设费，中央所属企事业单位与地方所属企事业单位联合与集体企业、私营企业、港澳台商、外商组成的联营企业、股份制企业、合资经营企业（港或澳、台资）、合作经营企业（港或澳、台资）、中外合资经营企业、中外合作经营企业缴纳的文化事业建设费，按中央、地方各自投资占中央和地方投资之和的比例，分别作为中央预算收入和地方预算收入，由税务机关开具税收缴款书就地缴入中央国库和省级国库。

国家税务总局关于营业税改征增值税试点文化事业建设费缴费信息登记有关事项的公告

（国家税务总局公告 2012 年第 50 号）

根据《财政部 国家税务总局关于营业税改征增值税试点中文化事业建设费征收有关问题的通知》（财综〔2012〕68 号）、《财政部 国家税务总局关于营业税改征增值税试点中文化事业建设费征收有关问题的补充通知》（财综〔2012〕96 号），现将营业税改征增值税试点中文化事业建设费缴费信息登记有关事项公告如下：

适用《财政部 国家税务总局关于营业税改征增值税试点中文化事业建设费征收有关问题的通知》（财综〔2012〕68 号），缴纳和扣缴文化事业建设费的单位和个人（以下简称缴纳义务人、扣缴义务人），按以下规定，如实填写《文化事业建设费登记表》（附件），向主管税务机关申报办理文化事业建设费缴费信息登记（以下简称缴费登记）。

一、缴纳义务人、扣缴义务人在办理税务登记或扣缴税款登记的同时，办理缴费登记。

二、本公告发布之日前已经办理税务登记或扣缴税款登记，但未办理缴费登记的缴纳义务人、扣缴义务人，应在本公告发布后，首次申报缴纳文化事业建设费前，补办缴费登记。

三、不经常发生文化事业建设费应费行为或按规定不需要办理税务登记、扣缴税款登记的缴纳义务人、扣缴义务人，可以在首次应费行为发生后，办理缴费登记。

四、本公告自发布之日起施行。

特此公告。

附件：《文化事业建设费登记表》及填表说明.doc（略）

国家税务总局
2012 年 12 月 4 日

国家税务总局关于营业税改征增值税试点
文化事业建设费申报有关事项的公告

(国家税务总局公告 2012 年第 51 号)

根据《财政部 国家税务总局关于营业税改征增值税试点中文化事业建设费征收有关问题的通知》(财综〔2012〕68号)、《财政部 国家税务总局关于营业税改征增值税试点中文化事业建设费征收有关问题的补充通知》(财综〔2012〕96号),现将营业税改征增值税试点中文化事业建设费申报有关事项公告如下:

一、适用《财政部 国家税务总局关于营业税改征增值税试点中文化事业建设费征收有关问题的通知》(财综〔2012〕68号)规定,缴纳和扣缴文化事业建设费的单位和个人(以下分别简称缴纳义务人、扣缴义务人),应按照本公告申报缴纳文化事业建设费。

二、申报资料及管理

(一)缴纳义务人、扣缴义务人应在申报期内分别向主管税务机关报送《文化事业建设费申报表》(附件1)、《文化事业建设费代扣代缴报告表》(附件3)(以下简称申报表)。申报数据实行电子信息采集的缴纳义务人、扣缴义务人,其纸介质申报表按照各省税务机关要求报送。

(二)缴纳义务人计算缴纳文化事业建设费时,允许从其提供相关应税服务所取得的全部含税价款和价外费用中扣除相关价款的,应根据取得扣除项目的合法有效凭证逐一填列《应税服务扣除项目清单》(附件2),作为申报表附列资料,向主管税务机关同时报送。

(三)上述"合法有效凭证",是指符合法律、行政法规或者国务院税务主管部门有关规定的凭证。缴纳义务人应将合法有效凭证的复印件加盖财务印章后编号并装订成册,作为备查资料。备查资料由缴纳义务人留存并妥善保管,以备税务机关检查审核。

三、申报期限

文化事业建设费的申报期限与缴纳义务人、扣缴义务人的增值税申报期限相同。

四、本公告自规定的营业税改征增值税实施之日起施行。

特此公告。

附件：

1. 《文化事业建设费申报表》及填表说明.doc（略）
2. 《应税服务扣除项目清单》及填表说明.doc（略）
3. 《文化事业建设费代扣代缴报告表》及填表说明.doc（略）

国家税务总局

2012 年 12 月 4 日

财政部 国家税务总局关于印发《总分支机构试点纳税人增值税计算缴纳暂行办法》的通知

（财税〔2012〕84 号）

各省、自治区、直辖市、计划单列市财政厅（局）、国家税务局、地方税务局，新疆生产建设兵团财务局：

为解决营业税改征增值税（以下简称营改增）试点期间总分机构试点纳税人缴纳增值税问题，根据《交通运输业和部分现代服务业营业税改征增值税试点实施办法》（财税〔2011〕111 号）和现行增值税有关规定，我们制定了《总分机构试点纳税人增值税计算缴纳暂行办法》（见附件），现予以印发。

附件：总分机构试点纳税人增值税计算缴纳暂行办法

财政部 国家税务总局

2012 年 12 月 31 日

附件：

总分机构试点纳税人增值税计算缴纳暂行办法

一、经财政部和国家税务总局批准的总机构试点纳税人，及其分支机构按照本办法的规定计算缴纳增值税。

二、总机构应当汇总计算总机构以及其分支机构发生《应税服务范围注释》所列业务的应交增值税,分支机构发生《应税服务范围注释》所列业务已缴纳的增值税和营业税税款后,在总机构所在地解缴入库。总机构销售货物、提供加工修理修配劳务,按照增值税暂行条例及相关规定申报缴纳增值税。

三、总机构的汇总应征增值税销售额由以下两部分组成:

(一)总机构及其试点地区分支机构发生《应税服务范围注释》所列业务的应征增值税销售额;

(二)非试点地区分支机构发生《应税服务范围注释》所列业务的销售额。计算公式如下:

销售额=应税服务的营业额÷(1+增值税适用税率)

应税服务的营业额,是指非试点地区分支机构发生《应税服务范围注释》所列业务的营业额。增值税适用税率,是指《交通运输业和部分现代服务业营业税改征增值税试点实施办法》(以下简称《试点实施办法》)规定的增值税适用税率。

四、总机构汇总的销项税额,按照本办法第三条规定的应征增值税销售额和《试点实施办法》规定的增值税适用税率计算。

五、总机构汇总的进项税额,是指总机构及其分支机构因发生《应税服务范围注释》所列业务而购进货物或者接受加工修理修配劳务和应税服务,支付或者负担的增值税税额。总机构及其分支机构用于发生《应税服务范围注释》所列业务之外的进项税额不得汇总。

六、试点地区分支机构发生《应税服务范围注释》所列业务,按照应征增值税销售额和预征率计算缴纳增值税。计算公式如下:

应缴纳的增值税=应征增值税销售额×预征率

预征率由财政部和国家税务总局规定,并适时予以调整。

试点地区分支机构和非试点地区分支机构销售货物、提供加工修理修配劳务,按照增值税暂行条例及相关规定就地申报缴纳增值税;非试点地区分支机构发生《应税服务范围注释》所列业务,按照现行规定申报缴纳营业税。

七、分支机构发生《应税服务范围注释》所列业务当期已缴纳的增值税和营业税税款,允许在总机构当期增值税应纳税额中抵减,抵减不完的,可以结转下期继续抵减。

八、总机构以及试点地区分支机构的其他增值税涉税事项,按照《财政部 国家税务总局关于在上海市开展交通运输业和部分现代服务业营业税改征增值税试点的通知》(财税〔2011〕111号)及其他增值税有关政策执行。

九、总分机构试点纳税人增值税具体管理办法由国家税务总局另行制定。

财政部 国家税务总局关于部分航空公司执行总分机构试点纳税人增值税计算缴纳暂行办法的通知

(财税〔2013〕9号)

各省、自治区、直辖市、计划单列市财政厅(局)、国家税务局、地方税务局,新疆生产建设兵团财务局:

为确保营业税改征增值税试点(以下称营改增试点)顺利实施,现将部分航空公司总机构及其分支机构缴纳增值税的问题通知如下:

一、本通知列明的航空公司总分支机构(具体名单见附件,附件略),除中国东方航空股份有限公司及其分支机构外,自总机构所在地纳入营改增试点范围之日起,按照《总分机构试点纳税人增值税计算缴纳暂行办法》(财税〔2012〕84号)计算缴纳增值税。

二、中国东方航空股份有限公司及其分支机构,自2012年9月1日起,按《总分机构试点纳税人增值税计算缴纳暂行办法》(财税〔2012〕84号)计算缴纳增值税。

三、上述航空公司分支机构的预征率为1%。

四、本通知自2012年9月1日起执行。《财政部 国家税务总局关于中国东方航空公司执行总机构试点纳税人增值税计算缴纳暂行办法的通知》（财税〔2011〕132号）和《国家税务总局关于中国东方航空股份有限公司增值税计算缴纳有关问题的公告》（国家税务总局公告2012年第32号）同时停止执行。